Andreas Boettger

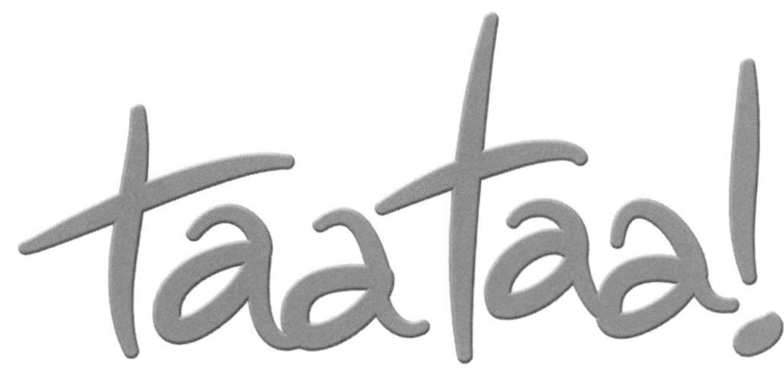

Rhythmus lesen und hören

Lehrbuch zur rhythmischen Gehörbildung
mit 444 Übungen

www.taataa.net

Carus 24.068

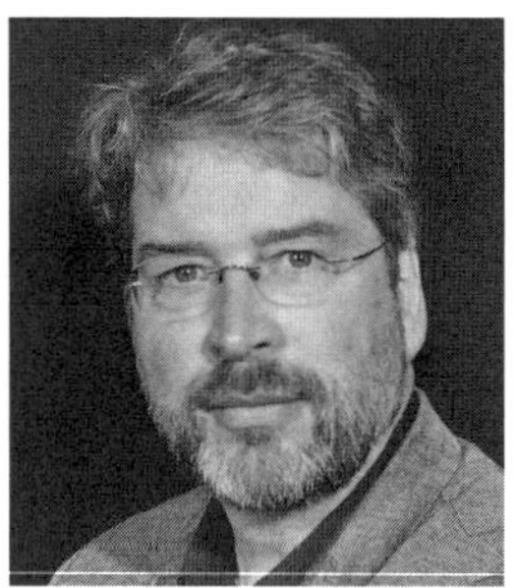

Andreas Boettger erhielt 1968 seinen ersten Schlagzeugunterricht in Guinea (Westafrika). Er studierte an der Staatlichen Hochschule für Musik in Freiburg bei Prof. Bernhard Wulff.

Im Anschluss daran war er Mitglied des *Ensemble Modern* und des *Karlheinz-Stockhausen-Ensembles*. Er gastierte bei großen Musik-Festivals als Schlagzeug-Solist und Kammermusiker. Durch zahlreiche Aufführungen und Uraufführungen neuer Werke begegnete er Komponisten wie Boulez, Henze, Nono, Lachenmann, Cage, Mello, Battistelli, N. A. Huber, Stahnke, etc.

Stets hielt er den Kontakt zu Orchestern, indem er regelmäßig als Orchesterschlagzeuger gastierte. Seit 1994 ist er Professor für Schlagzeug und Pauken an der Hochschule für Musik, Theater und Medien Hannover (HMTMH) und leitet dort unter anderem Kurse für rhythmische Gehörbildung, die von angehenden Musikern – Schulmusikern, Musikpädagogen, Chor- und Orchesterleitern – besucht werden.

Impressum

Hochschule für Musik, Theater und Medien Hannover (HMTMH)
Prof. Andreas Boettger
Emmichplatz 1
D-30175 Hannover

Notensatz: Andreas Boettger
Satz: Carus-Verlag
Bildnachweis: Andreas Boettger, Cover
Lektorat: Barbara Großmann
Druck und Buchbindung: Roth Offset Owen OHG
Printed in Germany 2012

ISBN 978-3-89948-178-5

www.carus-verlag.com
www.taataa.net

Inhalt

Die Übungen

Anhang

Vorwort

Wie und wo entsteht Rhythmus im Körper? Das ist seit Mitte des 19. Jahrhunderts eine elementare, in der Medizin, Psychologie und Musikwissenschaft interdisziplinär erforschte Frage.

Warum möchte man tanzen? Wie und warum werden manche Arbeitsabläufe rhythmisch koordiniert? Warum kennt der Körper kurze und längere periodische Abläufe? Warum ist jemand rhythmisch talentiert?

Das Modell der inneren Uhr bietet einen psychologischen Erklärungsansatz für einen internen Zeitgeber auf mehreren Zeitebenen. Die innere Uhr ermöglicht es einem Interpreten, die komplexen Abläufe beim Erlernen eines Musikstücks koordinieren und sie beim nächsten Mal wieder abrufen zu können. Durch rhythmische Gehörbildung wird der Rhythmus als innerer Zeitkoordinator nachvollzogen. Aufbauend auf dem Bewusstsein für Puls, Dauer und Tempo, also allem, was eine Person zum Musizieren und Tanzen anregt, lassen sich in Kombination mit dem Empfinden für größere Zeiträume ganze Werke, Stücke, Phrasen, Takte und kleinste Zeiteinheiten erfassen.

Das vorliegende **Lehrbuch für rhythmische Gehörbildung** beinhaltet 444 Übungen, die sich mit den Themen A. *Divisive, multiplikative und additive Rhythmen*, B. *Konfliktrhythmen* und C. *Takt- und Tempowechsel, Tempomodulationen* auseinandersetzen. Zu Beginn jedes Kapitels weisen Erläuterungen zu den jeweiligen Übungen auf Besonderheiten und Übungstechniken hin.

Den **444 Übungen** sind in einem allgemeinen Teil **Grundlagen und Methodik** Ausführungen zu theoretischen Grundfragen der rhythmischen Gehörbildung sowie Vorschläge zur Methodik und praktische Hilfen für den musikalischen Alltag vorangestellt. Dies beinhaltet sowohl die Klärung zentraler Begrifflichkeiten wie Tempo, Metrum, Puls, etc. als auch eine kurze Einführung in die Schlagtechnik des Dirigierens. Darüber hinaus findet man grundlegende Ausführungen zur Notation von X-tolen und Polyrhythmen sowie praktische Hinweise für Rhythmusdiktate, für Tempoberechnungen im musikalischen Alltag oder für die Realisierung komplexer Rhythmen mit Hilfe von Rhythmusdiagrammen.

Das Lehrbuch richtet sich an **Musiker, Musikpädagogen[1], Musikschüler und Studierende**, die bereits mit den Grundregeln der traditionellen rhythmischen Notation in Berührung gekommen sind und deren rhythmisches Körpergefühl vorgebildet ist. Es spricht **Instrumentalisten, Sänger, Dirigenten und Komponisten aller Musikrichtungen** gleichermaßen an, denn trotz großer Unterschiede der Spielweise und der stilprägenden Agogik gibt es allgemeingültige Kriterien in der Ausführung rhythmisch angelegter Passagen und im Lesen rhythmischer Notation.

taataa! eignet sich **zum Selbststudium oder als Arbeitsgrundlage eines Einzel- oder Gruppenunterrichts**. Den Unterricht begleitend oder zum autodidaktischen Üben stehen **auf der Website *www.taataa.net* Hörbeispiele oder Videos zu allen Übungen** bereit. Sie können im Internet und über QR-Codes mit dem Smartphone abgerufen werden. Empfehlenswert ist das gemeinsame Lernen mit anderen; Lernziele werden erfahrungsgemäß in einer Gruppe durch wechselseitiges Diktieren und Korrigieren schneller erreicht als allein.

[1] Bei der Verwendung der männlichen Form ist stets auch die weibliche Form inbegriffen.

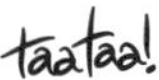

Ziel von *taataa!* ist es einerseits, das Verständnis rhythmischer Notation zu vertiefen, das Lesen zu beschleunigen und den Umgang mit dem Metronom zu üben, andererseits die Tempoeinschätzung, das Rhythmusgefühl und das innere Zählen verschiedener Taktarten zu verfeinern.

Das Lehrbuch bietet eine vom eigentlichen Instrumentalspiel abgekoppelte Methode zum Erwerb rhythmischer Sicherheit und Stabilität sowie rhythmischen Verständnisses. Auf diese Weise kann zielgerichtet auf spezifische rhythmische Phänomene und Probleme eingegangen werden, die in sinnvoll aufeinander aufbauenden Übungen erfasst und in begleitenden Texten erläutert werden.

Von Anfang an werden in den einzelnen Kapiteln „einfache" und „komplizierte" Taktarten und Notationsformen nebeneinander gestellt, was zu neuen Sichtweisen auf die rhythmische Notation führt und oftmals Kompliziertes einfacher erscheinen lässt. Puls, Tempoeinschätzung, inneres Zählen des Taktmaßes und Rhythmusgefühl müssen gleichzeitig koordiniert und durch das Üben stabilisiert werden.

Ein am präzisen Rhythmus gebildetes musikalisches Gehör formt die Bewegung am Instrument und damit auch den Klang. Es gibt der Agogik eine neutrale Basis und befreit von immer gleichen Fehlern. Ein rhythmisch-musikalisch gut ausgebildeter Musiker fügt sich sensibel in das Zusammenspiel in einem Ensemble oder Orchester ein. Das Vorfühlen oder Vorhören rhythmischer Figuren vor dem Einsatz, die Unterteilung eines langsamen Pulses in schnellere Bewegungen und das Übernehmen eines vorgegebenen Tempos sind elementare Voraussetzung für das Musizieren als Solist oder im Ensemble.

Seit 2002 wurden an der Hochschule für Musik, Theater und Medien Hannover (HMTMH) von einem Dozententeam in mehreren Kursen neue Konzepte zur rhythmischen Gehörbildung entwickelt. **Aus dieser praktischen Arbeit heraus entstand *taataa!*.** Die Einwände und Erfahrungen der bisherigen Kurse für rhythmische Gehörbildung wurden in *taataa!* berücksichtigt. In diesem Rahmen entstanden auch die Einspielungen der 444 Übungen als Audio- und Videosequenzen unter *www.taataa.net*, die dieses Buch ergänzen.

Danken möchte ich all den Lehrenden und Studierenden an der HMTMH, die im Laufe der Jahre zahlreiche Korrekturen und vielseitige Ideen in das Konzept eingebracht haben. Mein Dank richtet sich an die Abteilung Technik der HMTMH und an alle Musikerinnen und Musiker, die an der Einspielung und der technischen Bearbeitung der Übungen für *www.taataa.net* beteiligt waren. Ein besonderer Dank gilt meiner Frau Angelina Soller, die meiner Arbeit wertvolle inhaltliche Anregungen beisteuerte und mich bei der Arbeit an diesem Buch in allen Dingen rückhaltlos unterstützte. Dem Carus-Verlag danke ich für die fachlich inspirierende Zusammenarbeit.

August 2012

Andreas Boettger

Grundlagen und Methodik

Die Übungen – ein Überblick

taataa! umfasst 444 ein- und zweistimmige Übungen, untergliedert in drei Themenbereiche, sowie grafisch notierte Vorübungen zu den jeweiligen rhythmischen Phänomenen und Besonderheiten.

Vorübungen

Die Vorübungen nehmen exemplarisch rhythmische Figuren aus den jeweiligen Unterkapiteln vorweg. Sie sind mit Großbuchstaben bezeichnet. Eine oder mehrere Ziffern in Klammern nach dem Buchstaben geben Aufschluss über die rhythmische Unterteilung oder die Gruppierung. In Teil B wird das Schlagverhältnis der Konfliktrhythmen angezeigt. Die Vorübungen sind, wie in *Beispiel 1*, in drei Parts angelegt:

Beispiel 1:

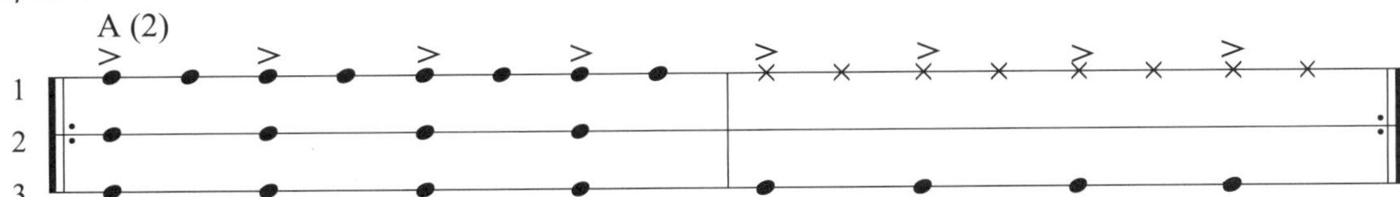

A (2) bedeutet, dass Vorübung A in einem 2-teiligen Rhythmus notiert ist. Part 1 singt oder spricht den Rhythmus. Part 2 stabilisiert durch Händeklatschen das Tempo oder die Tempounterteilung. Part 3 hält den Schlagpuls im Körper und wird mit tanzartigen Sidesteps realisiert. Die Parts können auch vertauscht und auf verschiedene Arten umgesetzt werden. Schwarze Noten sind hörbar, gekreuzte Noten werden nur innerlich gehört. Die Akzente markieren rhythmische Schwerpunkte. Durch Wiederholung in einer so genannten Übeschleife und innerlich durchgefühlte Pausen festigt sich das Gespür für das rhythmische Gebilde.

Motorische Vorübungen (*Beispiel 2*) dienen der Bewegungskoordination der rechten und linken Hand:

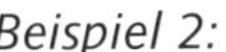

Beispiel 2:

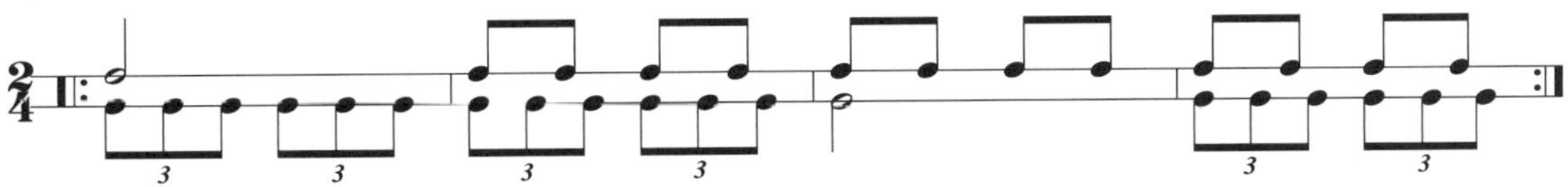

Ein- und zweistimmige Übungen

Die **einstimmigen Übungen** werden dirigiert und gesungen. Auf den inneren Puls werden die verschiedenen Taktarten in **Schlagfiguren** (→ *Schlagfiguren*, S. 15 ff.) dirigiert. Dazu sind über dem Notentext **Schlaganweisungen** z.B. – in 4 – oder – ♩ – angegeben (→ *Schlaganweisungen im Notentext*, S. 14 f.).

Die Takte werden entweder ausgeschlagen oder aber einige Taktteile werden in 2er- oder 3er-Metren zusammengefasst. Solange in den ersten Kapiteln die Rhythmen noch „leicht" sind, sollten alle Schlagfiguren ausgiebig geübt werden. Den „schwierigeren" 5er-, 6er- und 7er-Schlägen sind in den Kapiteln A1, A2 und A4 einige Übungen gewidmet. Von Kapitel A5 an werden aufgrund der zunehmenden Komplexität der Unterteilungen „einfache" Taktarten bevorzugt. Das Verinnerlichen der Schlagfiguren fördert das Taktzählen und den Taktüberblick. Im Kapitel *Schlagfiguren* (→ S. 15 ff.) werden alle Figuren vom 1er- bis zum 7er-Schlag ausführlich besprochen und grafisch dargestellt.

Die **zweistimmigen Übungen** werden mit beiden Händen geklopft. Es ist sinnvoll, hier zwei verschiedene Klangerzeuger, z.B. Bleistift und Hand, zu verwenden. In einer Gruppe bietet sich auch die Aufteilung der Teilnehmer in Oberstimme und Unterstimme an.

Die Untergliederung der 444 Übungen

Die Übungen in *taataa!* sind in drei Teile A, B, C untergliedert. In den jeweiligen Kapiteln und Unterkapiteln sind die Übungen entweder in steigendem rhythmischem Schwierigkeitsgrad von „leicht" nach „schwierig" angeordnet oder die Unterkapitel setzen sich aus mehreren Übungen zusammen: solchen, die einzelne Phänomene eines Rhythmus besonders hervorheben, und solchen, die am Ende diese Phänomene zusammenführen. Zu jedem Kapitel ist ein erläuternder Text vorangestellt. Die grau hinterlegten Übungshinweise gelten kapitelübergreifend.

Teil A: Divisive, multiplikative und additive Rhythmen: 1-bis 9-teilig in unterschiedlichen Taktarten.

Teil B: Konfliktrhythmen: *2:3 – 3:2, 3:4 – 4:3, 2:5 – 5:2, 3:5 – 5:3, 4:5 – 5:4* und motorische Übungen zu Konfliktrhythmen.

Teil C: Takt- und Tempowechsel: Wechsel des Taktzählers, Taktwechsel mit halben und doppelten Tempi, Taktwechsel mit 2- und 3-teiligen Rhythmen, Takt- und Tempowechsel über Konfliktrhythmen und Tempomodulationen.

Taktarten:

1/2	2/2	3/2	4/2	5/2	6/2	7/2								
1/4	2/4	3/4	4/4	5/4	6/4	7/4	8/4	9/4	10/4	11/4	12/4			
1/8	2/8	3/8	4/8	5/8	6/8	7/8	8/8	9/8	10/8	11/8	12/8			
	2/16	3/16	4/16	5/16	6/16	7/16	8/16	9/16	10/16	11/16	12/16	14/16	15/16	21/16
		3/32	4/32	5/32	6/32	7/32	8/32	9/32	10/32	11/32	12/32	14/32	15/32	

Die Zusammenstellung der Übungen erfolgte nicht nach Hörgewohnheiten, sondern unter Verwendung von Permutationstabellen in Hinsicht auf größtmögliche Variationsvielfalt einzelner rhythmischer Phänomene. In einigen Übungen können Taktschwerpunkte und mehrtaktige Phrasen gebildet werden. Innerhalb der Kapitel wechseln sich Übungen mit Grundnotenwerten (Ganze, Halbe, Viertel, etc.) und X-tolen (Duolen, Triolen, Quartolen, etc.) ab. Die Gegenüberstellung hilft, aus mathematischer Sicht die rhythmische Parallelität der unterschiedlichen Notenbilder zu erkennen.

Die Zunahme des Schwierigkeitsgrads erfolgt in Teil A nicht allein durch die steigende Komplexität der Notenbilder durch Pausen, Synkopen und Auftakte, sondern außerdem durch die zunehmende Schlagunterteilung, in Teil B durch Konfliktrhythmen und in Teil C durch Takt- und Tempowechsel. In den zusammenfassenden Unterkapiteln, z. B. 5.2. *Ein- bis fünfteilige Rhythmen*, sind die für die praktische Musikausübung relevanten Wechsel der Unterteilungen und Rhythmen vertieft.

Vorschläge zur Methodik

Je nach Lernziel, Vorbildung und verfügbarer Zeit können die Kapitel und Übungen auf unterschiedliche Weise kombiniert und ausgewählt werden.

Die Kapitel in Teil A *Divisive, multiplikative und additive Rhythmen* können entweder der Reihe nach oder beispielsweise nach den hier vorgeschlagenen Plänen aufeinanderfolgen: Die Kapitel werden entsprechend dem Prinzip der rhythmischen Vervielfachungen ausgehend von 2-teiligen oder 3-teiligen Rhythmen nacheinander behandelt. In jedem Fall sollte das Kapitel A1 *Einteilige Rhythmen* zum Erlernen der Schlagfiguren vorangestellt werden. Die Kapitel A5 *Fünfteilige Rhythmen* und A7 *Siebenteilige Rhythmen* müssen dann im Anschluss behandelt werden. Zu beachten sind auch die grau hinterlegten übergeordneten Anmerkungen in den jeweiligen Kapiteln.

1-teilig (A1)

→ 2-teilig (A2) → 4-teilig (A4) → 8-teilig (A8)

→ 3-teilig (A3) → 6-teilig (A6) → 9-teilig (A9)

→ 5-teilig (A5) → 7-teilig (A7)

Ein weitere Vorgehensweise ergibt sich aus den Lernsträngen – leicht –, – mittel –, – anspruchsvoll –.

– leicht –

Ein leichter Lernstrang gründet darauf, dass z.B. in den Kapiteln B, B2 und C1 bis C4.2. jeweils die ersten Übungen auf die in den Kapiteln A1 bis A4 (*Einteilige Rhythmen* bis *Vierteilige Rhythmen*) erworbenen Fertigkeiten aufbauen.

Teil A: Kapitel A1 – A4

Teil B: Kapitel B1 + B2 (erste Übungen)

Teil C: Kapitel C1 – C4.2. (erste Übungen)

– mittel –

Je nach Fortschritt in Teil A, kann in die weiterführenden Kapitel der Teile B und C gewechselt werden. Beim Lernstrang mittlerer Schwierigkeitsstufe sollten zunächst die Übungen A1 bis A5 (*Einteilige Rhythmen* bis *Fünfteilige Rhythmen*) geübt werden.

Teil A: Kapitel A1 – A5

Teil B: Kapitel B1 – B5 (erste Übungen)

Teil C: Kapitel C1 – C4 (erste Übungen)

– anspruchsvoll –

Der anspruchsvolle Lernstrang führt in Teil A hin zu den höhergradigen Unterteilungen sowie zu den Übungen am jeweiligen Kapitelende. In Teil B liegt die Steigerung in den Konfliktrhythmen über den Taktstrich hinweg und den zweistimmigen Koordinationsübungen. Teil C mündet in die umfangreichen Tempomodulationen der letzten Übungen.

Schreibe eigene Übungen!

Wenn das Prinzip der rhythmischen Teilung in Gruppen und Basisrhythmen verstanden ist, kann man eigene Rhythmen kreieren und das Übungsmaterial ergänzen. Setze dich auch mit höhergradigen Teilungen als den hier vorgestellten 2- bis 9-teiligen Rhythmen auseinander. Z.B. können 10-teilige Rhythmen in Gruppen von (2+2+2+2+2) oder (5+5) auf 5-teiligen und 2-teiligen Basisrhythmen (→ *Basisrhythmus*, S. 13) aufgebaut werden. Für 11-teilige Rhythmen gibt es keinen regelmäßigen Basisrhythmus. Hier werden unperiodische Konstellationen von 2er- und 3er-Metren zusammengestellt.

Die **Stimme** ist unkompliziert zugänglich und als instrumentenübergreifendes Ausführungsorgan vielseitig einsetzbar. Mit der Stimme können Notenwerte in ihrer vollen Dauer erklingen. Es muss betont werden, dass ein rhythmischer Notenwert nicht nur den Start eines Impulses markiert, sondern dass er vor allem dessen Dauer angibt. In allen einstimmigen Übungen werden die Rhythmen auf Sprechsilben wie „ta" mit einfacher oder „ta-ke" mit sog. Doppelzunge gesprochen oder in beliebiger Tonhöhe gesungen. Neben dem Singen gleichzeitig den Puls sowie die Unterteilungen zu beachten und zu dirigieren, ist für einige Musiker ungewohnt und muss unter Umständen erst erlernt werden.

Begriffsklärungen

Tempo

Tempo ist die Geschwindigkeit der Ereignisse in der Zeit. In diesem Lehrbuch werden ausschließlich Tempoangaben in Form von Metronomzahlen verwendet und den jeweiligen Übungen vorangestellt. Seit der Patentierung des Metronoms durch Mälzel im Jahr 1816 kann das musikalische Tempo neben den verbalen Tempobezeichnungen (Allegro, Andante, etc.) als Tempoangabe in Schläge pro Minute, z. B. M.M. ♩ = 120 (M.M. = Mälzels Metronom), definiert werden.

Die Tempoangabe ♩ = 110 bedeutet z.B., dass die Viertelnoten der anschließenden Übung im Tempo 110 Schläge / Minute auszuführen ist. Die hierfür verwendete Bezeichnung lautet **Schlagtempo** = 110. Ein Tempo auf einer schnelleren rhythmischen Ebene als das Schlagtempo wird als **Tempounterteilung** bezeichnet.

Die Tempoangaben sind als Zielvorgabe zu verstehen, an ihnen orientieren sich die Hörbeispiele auf *www.taataa.net*. Bestimme dennoch das Tempo im Hinblick auf die Komplexität des rhythmischen Textes und auf die eigenen Fähigkeiten für jede Übung neu und steigere es dem persönlichen Fortschritt entsprechend. Das präzise Hören, Denken, Singen oder Sprechen der Rhythmen muss jederzeit gewährleistet bleiben. Zweiunddreißigstel z. B. sollten demnach nicht hektisch und „zu" schnell sein. Übe langsam!

Erfahrungsgemäß stellt sich beim Üben ganzer Kapitel ein moderates Durchschnittstempo ein. Der bewusste Einsatz langsamer und schneller Tempi in den Tempoangaben soll einem solchen unbeabsichtigten mittleren Tempo sowie Temposchwankungen innerhalb einer Übung entgegenwirken. In Teil C *Takt- und Tempowechsel* lassen sich mit Hilfe der Tempoangaben Tempoberechnungen (→ *Tempoberechnungen*, S. 32 ff.) durchführen.

Puls, Schlag und Rhythmus

Der musikalische **Puls** ist die Grundlage, auf der Rhythmen ausgeführt und gehört werden. Er steht für das Körpergefühl, welches durch das Tempo oder das Metrum im Körper generiert wird – einer „inneren Uhr"[2]. Er beruht auf der rhythmischen Erfahrung aus Musik und Tanz, körperlicher Arbeit und Talent. Er ermöglicht es, auf den Rhythmus einer Musik zu reagieren und zu tanzen sowie den Takt fühlend zu musizieren und zu dirigieren. Das rhythmische Hören kann, vergleichbar mit dem mehrstimmigen Hören von Tönen, mehrere Unterteilungen des Schlags wahrnehmen oder generieren, also einen Grundschlag als Basis einer Rhythmusfolge erkennen oder selbst innerlich hörend Phrasen, Takte, Grundschläge, Rhythmen und Basisrhythmen entwickeln.

Der **Schlag** wird durch den Puls gefühlt und ausgeführt, ist also sozusagen der sichtbar gewordene Puls. Schlag und Puls können mehrfach unterteilt (**divisiv**) sein. Es entstehen dadurch mehrere Unterteilungsebenen oder auch rhythmische Raster, die den jeweils auszuführenden Rhythmuskonstellationen zugrunde liegen. Auf diesen Unterteilungsebenen bildet das Pulsieren in der entsprechenden Unterteilungsstufe die Grundlage für das Ausführen der jeweiligen Rhythmen. In der **Pulsunterteilung** besteht der Puls aus einem bzw. mehreren Teilen. Es handelt sich z. B. um einen 4-teiligen Puls oder um einen „Sechzehntel-Puls".

Der durch **rhythmische Unterteilungen** (divisiv) gebildete **Rhythmus** ist ebenfalls ein- bzw. mehrteilig, z.B. ein 4-teiliger Rhythmus oder ein „Sechzehntel-Rhythmus". Rhythmen können aber auch ein Mehrfaches des Schlags andauern (**multiplikativ**).

In einem 4/4-Takt (*Beispiel 3*) ist der Viertel-Schlag durch Sechzehntel vierfach unterteilt. Über dem 4-teiligen Puls werden 4-teilige Rhythmen gebildet. Der Rhythmus ist auch dann ein- bzw. mehrteilig (divisiv), wenn er aus mehreren Notenwerten zusammengesetzt ist. Die Teile, aus denen ein Rhythmus gebildet ist, richten sich nach dem kleinsten rhythmischen Wert.

Beispiel 3:

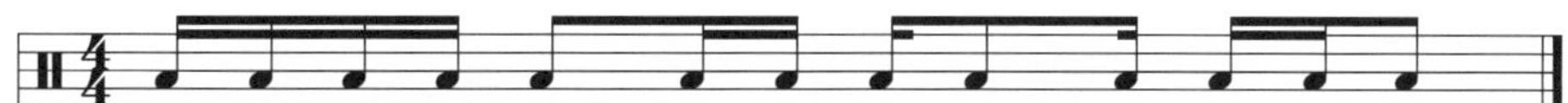

Der Rhythmus und der dafür zu generierende Puls sind auch dann 4-teilig, wenn der Rhythmus wie in *Beispiel 3* aus Achteln und Sechzehnteln besteht.

Wenn Rhythmen nicht durch Teilung des Schlags, sondern aus kleinen Zeiteinheiten zusammengesetzt werden, entstehen **additive Rhythmen** aus 2er- und 3er-Metren, die auf der Grundlage eines Pulses aus kleinen Zeiteinheiten, hier als Kleinstpuls bezeichnet, ausgeführt werden.

Der menschlichen Wahrnehmungsfähigkeit für Pulse, Rhythmen, Tempo und Dauern sind Grenzen gesetzt: Im langsamen Bereich verliert sich das Hören und Empfinden von Pulsen und Dauern bei ca. 1 Schlag / 8 Sekunden (0,125 Hz). Das Vergleichsvermögen für die Dauer setzt allmählich aus und das Empfinden für größere Zeiträume setzt ein. Im schnellen Bereich geht zwischen einer Impulsfolge von 8 Schlägen / Sekunde (8 Hz ≈ 0,125 Sek. Dauer) und 16 Schlägen / Sekunde (16 Hz ≈ 0,06 Sek. Dauer) das Unterteilungsvermögen in das Hören von Tönen über.[3]

[2] Günther Rötter, „Zeitabläufe und Zeitwahrnehmung in der Musik", in: *Rhythmus. Ein interdisziplinäres Handbuch*, hrsg. von Katherina Müller / Gisa Aschersleben, Bern u.a. (Huber) 2000, S. 111–132.

[3] Karlheinz Stockhausen, „Einheit der musikalischen Zeit", in: *Texte zur elektronischen und instrumentalen Musik*, Köln (DuMont Dokumente) 1963, Bd. 1, S. 211–221.

Metrum, Taktphrasierung und Gruppierung

Das **Metrum** hat im Laufe der Geschichte verschiedene Begriffsdefinitionen erfahren:

- Zum einen steht das Metrum im Zusammenhang mit der Quantitätsmetrik der antiken Versmaße aus 2-zeitigen langen und 1-zeitigen kurzen Silben. Der Trochäus (lang – kurz) ist ein Beispiel für ein dreizeitiges Metrum.
- Zum anderen begegnet man dem Begriff „Metrum" im Sinne einer metrischen Struktur bzw. Betonungsordnung[4], die seit dem 17. Jahrhundert unser Taktsystem geprägt hat. Das Metrum besteht aus gleich großen Zeitteilen in bestimmten Taktarten, z.B. im 4/4-Takt schwer – leicht – halbschwer – leicht.[5]
- Metrum ist auch der stete Schlag, über dem sich ein rhythmisches Gestalten, eine musikalische Bewegung einordnen oder frei entwickeln kann.[6]
- Metren kommen auch im Zusammenhang mit unperiodischen Taktstrukturen vor, die auf der Grundlage kleinster Zeiteinheiten entstehen: In so genannten **additiven Rhythmen** werden akzentuierte 2- und 3-zeitige Metren aneinandergereiht. Additiven Rhythmen begegnet man zum Beispiel in der Musik des Balkan oder in der modernen Taktmetrik des 20. und 21. Jahrhunderts. In diesem Buch wird „Metrum" ausschließlich in der zuletzt beschriebenen Bedeutung verwendet. Die Kapitel A3.3, A6.3. und teilweise C1 der Übungen sind den additiven Rhythmen gewidmet. Die 2er- und 3er-Metren, die wesentlichen Einfluss auf die Taktphrasierung und das Dirigat haben (→ *Schlaganweisungen im Notentext*, S. 14ff.), sind dort besonders gekennzeichnet, z. B. 2+3.

Unter **Taktphrasierung** wird allgemein das Gestalten von schweren und leichten Taktteilen verstanden. Dies kann als Akzentabstufung einzelner Taktteile oder als dynamisch fließende Welle (d.h. aus der Crescendo- und Decrescendo-Phrasierung von Motiven[7]) geschehen. Phrasierung berücksichtigt immer auch den Tonhöhenverlauf und die Artikulation. Es hängt von der rhythmischen Gestalt der Übungen ab, ob und in welcher Weise eine Taktphrasierung zur Geltung kommen soll. Taktphrasierung und Dirigat mit entsprechender Schlaganweisung hängen unmittelbar zusammen (→ *Schlaganweisungen im Notentext*, S. 14 f.).

Höhergradige rhythmische Unterteilungen, z.B. 5-teilige Rhythmen und höher, sind häufig in **Gruppen** gegliedert. Diese **Gruppierungen** werden bei den Übungen zusätzlich als Lernhinweis in Klammern angezeigt, z.B. (3+3) in den 6-teiligen Rhythmen (*Beispiel 4*). In der Praxis gehen die Gruppierungen aus dem Verlauf der Tonhöhenphrasierung sowie aus der Balkierung hervor. Im Gegensatz zu Metren sind Gruppierungen nur sehr dezent hörbar oder werden sogar nur gedacht. Beim Dirigieren geht die Armbewegung allenfalls leicht unterteilend auf den Basisrhythmus ein. Die Gruppierungen und der Basisrhythmus haben auf die Taktphrasierung selbst nur geringen Einfluss. In diesem Buch geht der Unterschied zwischen Metrum und Gruppierung eindeutig aus der Anweisung im Notentext (Klammer bei Gruppierungen, ohne Klammer bei Metren) sowie aus den Überschriften und Übungsbeschreibungen hervor.

4 Johann Mattheson, *Der vollkommene Capellmeister*, Hamburg (Herold) 1739, Neuauflage hrsg. von Friederike Ramm, Kassel (Bärenreiter) 1999, S .171.

5 Heinrich Besseler, *Das Musikalische Hören der Neuzeit*, Berlin (Akademie-Verlag) 1959.

6 Johann Georg Sulzer / Johann Abraham Peter Schulz / Johann Philipp Kirnberger, *Allgemeine Theorie der Schönen Künste*, 4 Bde., 2. Aufl. Leipzig 1794, Nachdruck Hildesheim (Olms) 1967, Bd. 4, S. 701.

7 Hugo Riemann, *Musikalische Dynamik und Agogik*, Hamburg, 1884; Hugo Riemann, *System der musikalischen Rhythmik und Metrik*, Leipzig (Breitkopf & Härtel) 1903.

Basisrhythmus

Ein **Basisrhythmus** ist ein ein- bis mehrteiliger Rhythmus, der eine rhythmische Ebene zwischen Schlag und rhythmischer Unterteilung bildet. Basisrhythmen dienen der rhythmischen Absicherung von höhergradigen rhythmischen Unterteilungen oder sind bei der Realisierung von Konfliktrhythmen hilfreich.

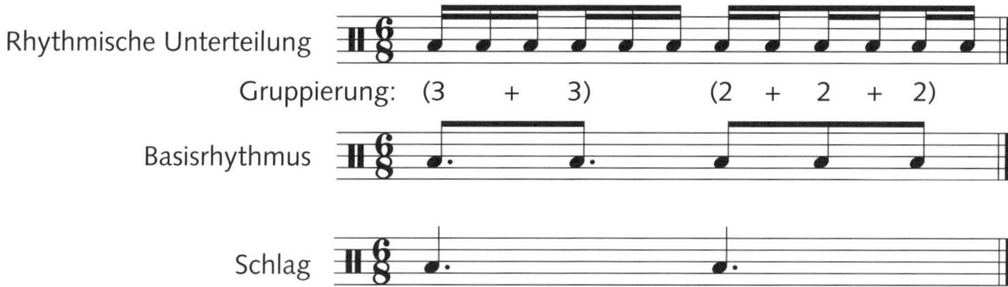

Beispiel 4: 6-teiliger Rhythmus mit Basisrhythmus

Die 6er-Gruppe aus Sechzehnteln im 6/8-Takt in *Beispiel 4* ist ein 6-teiliger Rhythmus. Dieser kann in Gruppen (2+2+2) oder (3+3) gegliedert sein. Der Gruppierung (3+3) liegt ein 2-teiliger Basisrhythmus aus punktierten Achteln und der Gruppierung (2+2+2) ein Basisrhythmus aus Achteln zugrunde.

Bei Konfliktrhythmen (→ *Konfliktrhythmen*, S. 29f.) bildet der Basisrhythmus eine rhythmische Zwischenebene, durch die der Schlag und der Gegenrhythmus stabilisiert werden.

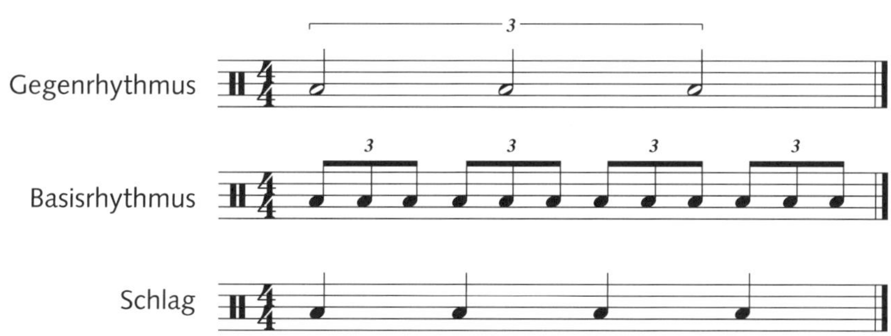

Beispiel 5: Konfliktrhythmus 3:4 mit Basisrhythmus

Der 4/4-Takt in *Beispiel 5* wird – in 4 – dirigiert. Darüber wird als Gegenrhythmus eine Halbe-Triole im Verhältnis *3:4* gesungen. Die Halbe-Triole wird durch den Basisrhythmus aus Achtel-Triolen stabilisiert.

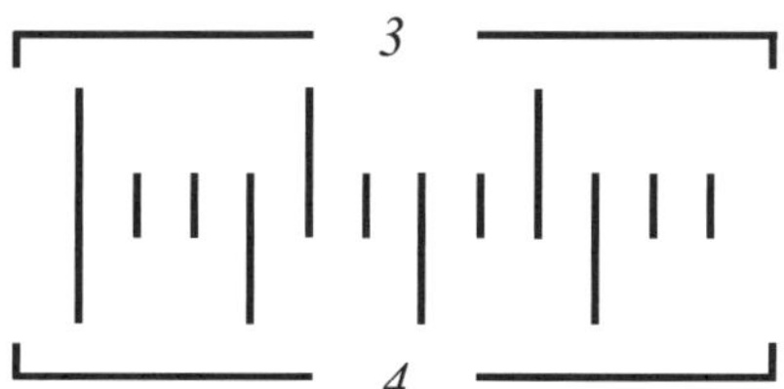

Beispiel 6: Rhythmusdiagramm 3 : 4

Der Vergleich mit dem Rhythmusdigramm *3:4* in *Beispiel 6* (→ *Das Rhythmusdiagramm*, S. 30f.) zeigt, dass der Basisrhythmus dem kleinsten gemeinsamen Vielfachen aus 3 x 4 = 12 entspricht.

Im Glossar sind die hier beschriebenen und andere Begriffe in Kurzform zum Nachschlagen aufgelistet und erklärt.

Dirigieren

Schlaganweisungen im Notentext

Es liegt meist in der Hand des Interpreten, aus Taktart und Tempo die Taktphrasierung (→ *Begriffsklärungen,* S. 10 ff.) zu bestimmen. Oft sind dazu schriftliche Ergänzungen eine Hilfe, die schnell und eindeutig von Musizierenden in den Notentext eingetragen werden können. Vier mögliche Schlaganweisungen sind den Übungen in diesem Buch vorangestellt:

Angabe des Notenwerts

Wird der Schlag durch einen Notenwert, z.B. in Übung 115 – ♩ – (*Beispiel 7*), vorgegeben, ergibt sich die Schlagfigur aus der Häufigkeit des Notenwerts im Takt. Der Takt wird im 4er-Schlag dirigiert. Auch aus dem Notenwert der Tempoangabe kann ggfs. auf Schlag und Schlagfigur geschlossen werden.

Beispiel 7:

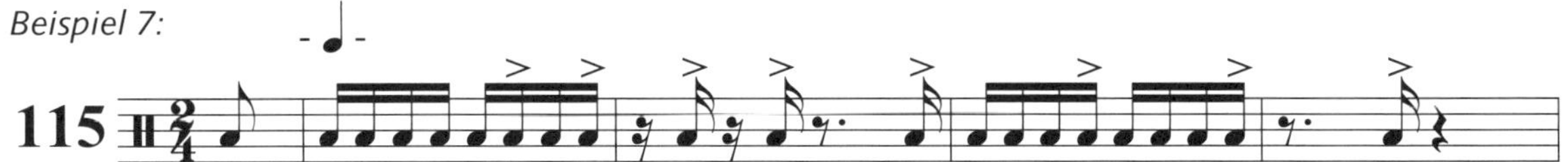

Angabe zur Schlagzahl

In *Beispiel 8* (Übung 52) wird der 9/16-Takt – in 3 – dirigiert. Dadurch ist die Schlagfigur definiert. Hier muss im Gegensatz zu oben der dem Schlag entsprechende rhythmische Notenwert aus der Taktart geschlossen werden.

Beispiel 8:

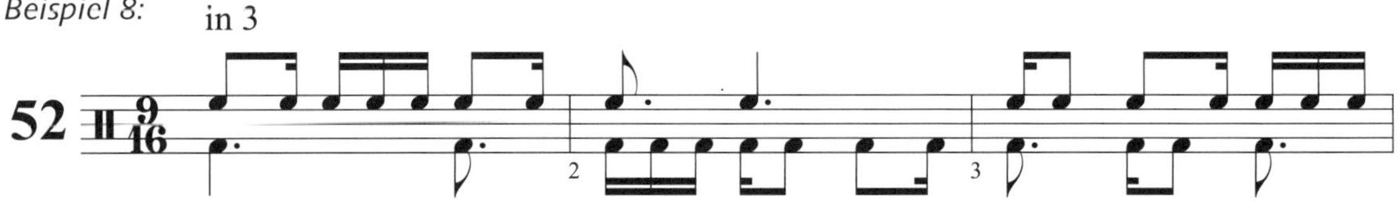

9 : 3 = 3. Das heißt: Der Takt ist aus drei Sechzehntel-Dreiergruppen gebildet, jeder Schlag hat also die Dauer einer punktierten Achtel.

Angabe zur Taktphrasierung in zusammengesetzten Taktarten

In zusammengesetzten Taktarten wie dem 5er- oder 7er-Takt, etc., werden die Taktphrasierungen und die ausdirigierten Schlagfiguren durch Anweisungen wie – in 2+3 – oder – in 2+3+2 – angezeigt.

Die kombinierte Angabe aus Schlagzahl, Metren und Balkierung in *Beispiel 9* (Übung 81) zeigt an, dass der 7/32-Takt in einem unperiodischen 3er- Schlag – in 3 – aus 2er- und 3er-Metren in der Phrasierung 2+2+3 dirigiert wird.

Beispiel 9:

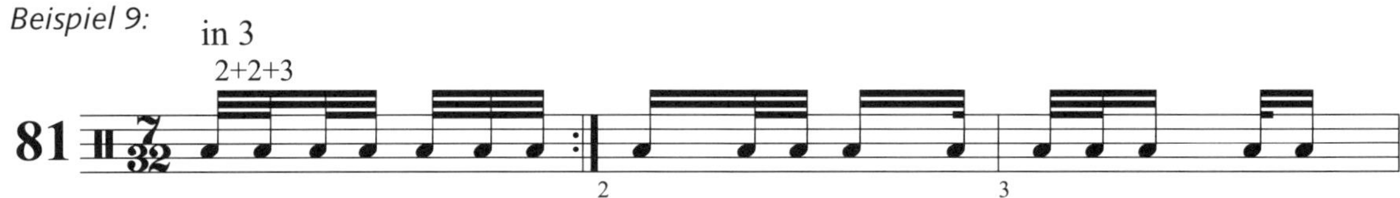

In *Beispiel 10* (Übung 82) gehen die Metren 3+2+2 und damit der Takt 7/16 aus der Taktangabe sowie aus der Balkierung hervor. Die Schlagzahl gibt an, dass der 7/16-Takt – in 3 – geschlagen wird.

Beispiel 10:

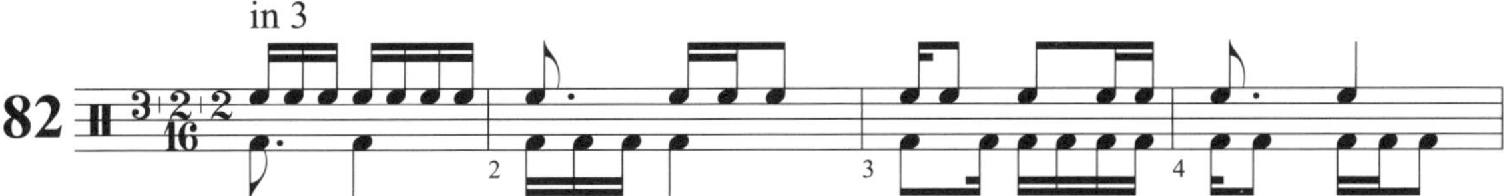

Grafische Zeichen und Zahlen

5er-, 6er-, 7er-Takte, etc. sind unübersichtlich, wenn die Balkierung keine eindeutige Phrasierung des Taktes vorgibt. Die Eintragungen von **Strichen, Zahlen, Haken** und **Dreiecken**, korrekt über den Taktschlägen, helfen der Orientierung im Takt. In einigen Übungen ist nur der erste Takt mit Eintragungen versehen. Führe diese selbständig weiter und gewöhne dir eine zügige, aber deutliche Schreibweise an, denn die Taktphrasierungen werden von Dirigenten bisweilen sehr schnell mündlich vorgegeben.

Pierre Boulez gibt in der Partitur zu „l'artisanat furieux" (*Le Marteau sans maître*) in *Beispiel 11* an einigen Stellen präzise Dirigieranweisungen. Er benutzt Haken, Dreiecke und Striche zur Angabe der Taktphrasierung und stellt diesen grafischen Zeichen eine Schlagzahl, die in den Takten 2 und 4 des Beispiels von der Taktartangabe abweicht, als Ziffer voran.

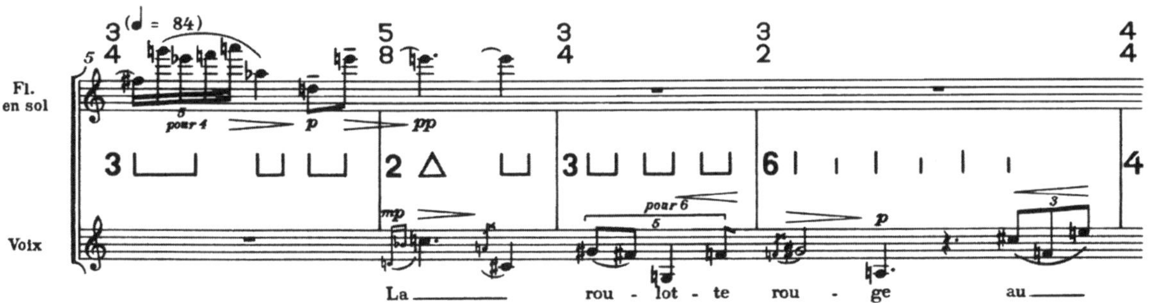

Beispiel 11: Pierre Boulez: „l'artisanat furieux", aus Le Marteau sans maître, *Takte 5–8.*

Schlagfiguren

Dirigiere die Schlagfiguren zunächst ohne Betonung einer schweren oder leichten Taktzeit. Setze die Schlagfiguren auf den inneren Schlagpuls. „Auf den Punkt kommen" heißt im übertragenen Sinn, eine Schlagbewegung zu formen, durch die ein stabiles Tempo auf jeder Zählzeit erkennbar wird. Die Aushol- und Schlagbewegungen werden in das Tempo einbezogen. Vergleichbar mit dem Anschlagen kleiner, in einer Reihe aufgestellter Glocken, bewegt sich der Arm von einer Position zur nächsten. Die letzte Glocke wird zweimal angeschlagen, einmal in Reihenfolge und zuletzt auf dem Weg zurück zur neuen Eins.

Die Wahl der Schlagfiguren richtet sich nach den Zählzeiten im Takt und deren Unterteilung.

Der **1er-Schlag** (*Beispiel 12*) wird in allen ganztaktigen Schlägen und in Übungen, die mit – in 1 – gekennzeichnet sind, verwendet. Er wird, ähnlich dem Anschlagen einer Pauke, von oben kommend und wieder ausholend in einer Linie ausgeführt. Hermann Scherchen schreibt zum Bewegungsablauf seines **Ganztakt-Schlags**: „Seine Darstellung geschieht so, daß die Bewegung nach scharfer, gradliniger Abwärtsführung ohne Aufenthalt sofort zum Schlagausgang zurückgeschleudert [sic] und dort den Beginn des nächsten, genau so erfolgenden Ganztaktschlages abwartet:"[8]

Beispiel 12: 1er-Schlag

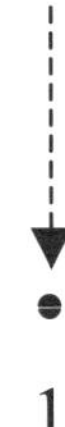

Der **2er-Schlag** (*Beispiel 13*) wird in allen Zweier- und Sechser-Takten, die – in 2 – angezeigt sind, dirigiert. Scherchen nennt den Zweierschlag **Allabreve-Takt** und schreibt dazu: „Der Allabreve-Takt teilt die Bewegung des Ganztaktschlages auf: Nach dem Herunterschlag verharrt die Bewegung auf dem Tiefpunkt, statt sofort nach oben zurückzukehren; erst mit der zweiten Zeiteinheit beginnt die Aufwärtsbewegung zurück in den Ausgangspunkt des ersten Allabreve=Schlages."[9]

Beispiel 13: 2er-Schlag

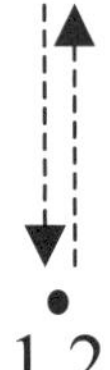

„Der Allabreve-Takt darf auf dem Tiefpunkt nicht seitlich ausweichen, sondern muß sich auf die Gerade der Ganztaktschläge beschränken. Jede seitliche Ausweichung würde ein Mißverstehen möglich machen, da Seitwärtsbewegungen die zweiten Schläge der Drei= und Vierviertel=Takte charakterisieren."[10]

Der **3er-Schlag** (*Beispiel 14*) wird in Dreier- oder Neuner-Takten, die u. a. – in 3 – angezeigt sind, dirigiert. Stelle dir, wie in der folgenden Graphik, zwei rechts und links von deiner Körpermitte aufgestellte Glöckchen vor. Das erste wird links auf der Eins angeschlagen. Das zweite rechts wird zunächst von innen kommend auf der Zwei und von außen auf der Drei angeschlagen, bevor wieder zur neuen Eins nach oben ausgeholt wird.

Beispiel 14: 3er-Schlag

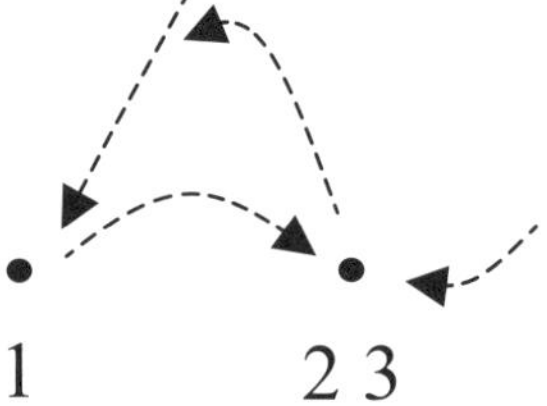

„Der **Dreiviertel=Takt** muß im Ausklang der ersten Schlagbewegung ebenso seine Tendenz zu rechtsseitiger Weiterbewegung andeuten wie der **Vierviertel=Takt** die zu links gerichteter Fortsetzung: Die Schlagarten des ganzen, halben, Dreiviertel= und Vierviertel=Taktes sollen mit der ersten Bewegung erkennbar sein."[11]

---

[8] Hermann Scherchen, *Lehrbuch des Dirigierens*, Mainz (Schott) 1929, S. 197.
[9] Scherchen, ebenda, S. 198.
[10] Scherchen, ebenda, S. 198.
[11] Scherchen, ebenda, S. 199.

Der **4er-Schlag** (*Beispiel 15*) wird in Vierer- oder Zwölfer-Takten, die u.a. – in 4 – angezeigt sind, dirigiert. Hierzu sind, wie in der Graphik, drei Glöckchen aufgestellt. Die Eins schlägt nach unten, wendet sich anschließend nach links, überquert die Körpermitte nach rechts zur Drei und kehrt zur Vier zum dritten Glöckchen zurück, bevor zur neuen Eins nach oben ausgeholt wird.

Beispiel 15: 4er-Schlag

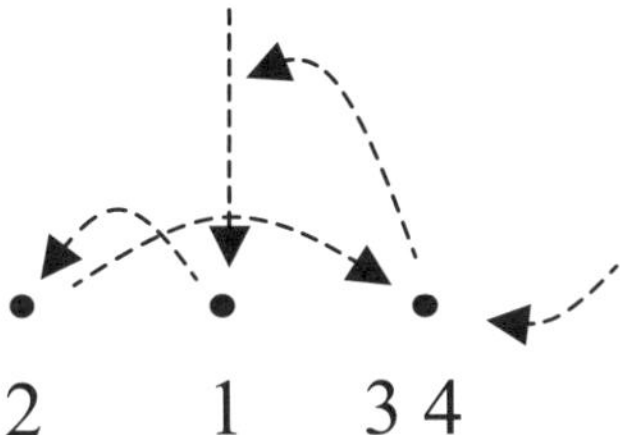

Die **5er-, 6er- und 7er-Schläge** (*Beispiele 16–20*) entsprechen den jeweiligen Taktarten, wobei die Taktphrasierung durch die Aufteilung der Schläge zur rechten und linken Seite verdeutlicht wird. Entsprechend der Schlaganzahl kann die Vorstellung von aufgestellten Glöckchen wie in den Beschreibungen zuvor helfen, eine gleichmäßige und deutliche Schlagfigur zu formen.

Beispiele 16 und 17: 5er-Schlag 2+3 und 3+2

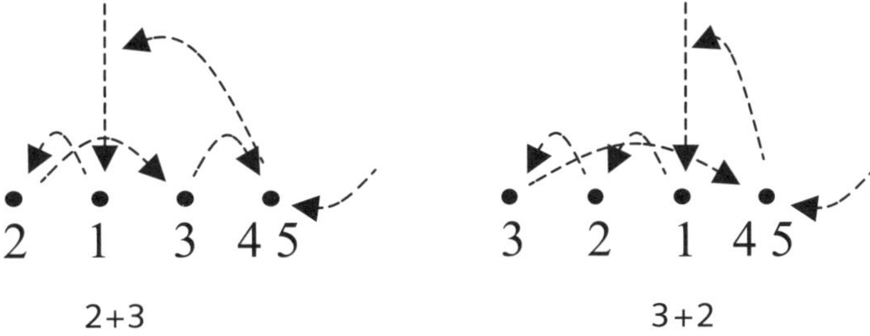

Beispiel 18: 6er-Schlag

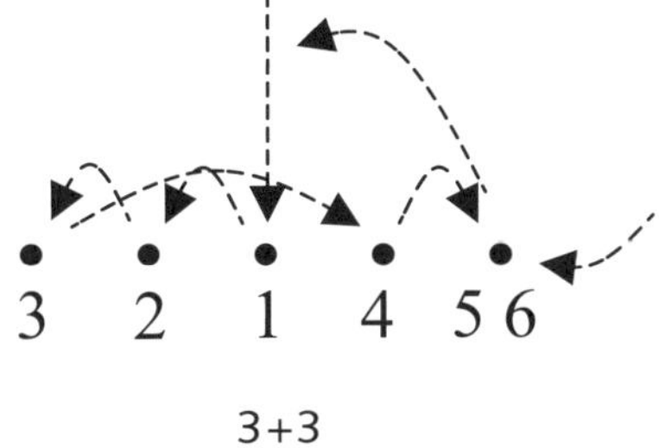

Beispiele 19 und 20: 7er-Schlag 4+3 und 3+4

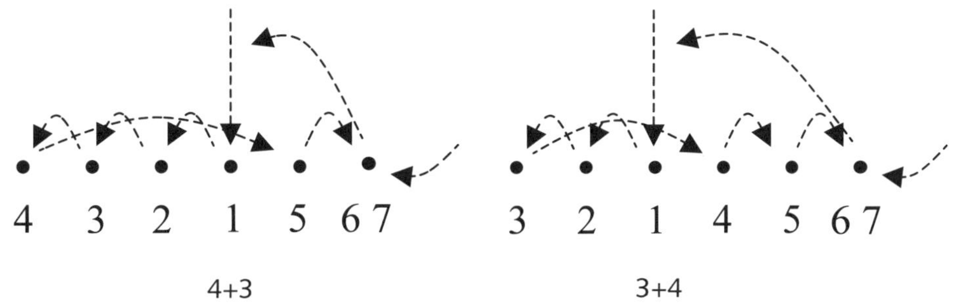

Grundsätzlich gilt: Tempo und Charakter eines Werkes müssen in der Schlagbewegung berücksichtigt werden. „Wir unterscheiden also: rhythmisch kurze Dirigierbewegung und gesanglich streichende Geste."[12] Die rhythmische Dirigierbewegung markiert scharf die Taktschläge. Die gesangliche Geste streicht weich und gleichmäßig von einem Schlag zum nächsten.

In einigen schwierigen Übungen ist es sinnvoll, beim Sprechen der Rhythmen den Puls zunächst mit der Hand auf einen Tisch zu klopfen und anschließend die Taktorientierung durch das Dirigat wieder in das Üben einzubeziehen. Übe bei Taktwechseln oder Änderungen der Taktphrasierung zunächst nur die Schlagfiguren, bevor du mit dem Sprechen des Rhythmus beginnst.

Abgewandelte Schlagfiguren

Andere Schlagfiguren entstehen in **schnellerem Tempo** durch die Kombinationen von 2er- und 3er-Metren als additive Rhythmen. Dadurch ergeben sich unterschiedliche Schlagdauern mit unperiodischem Taktschlag.

Fünfer-Takte z.B. werden entsprechend ihrer Phrasierungen 2+3 und 3+2 in einem unperiodischen 2er-Schlag dirigiert. Das 3er-Metrum ist einen Kleinstpuls länger als das 2er-Metrum. **Siebener-Takte** werden in 2+2+3, 2+3+2 oder 3+2+2 phrasiert und in einem unperiodischen 3er-Schlag dirigiert. Zur Erleichterung kann auch nur nach unten geschlagen werden, wobei die Eins durch eine deutlichere Ausholbewegung vorbereitet wird.

Die Notation von X-tolen

Die Notation von X-tolen lässt viele Freiheiten und kann daher in keinem Regelwerk verankert sein. Dennoch sollen einige Richtlinien bei der Notation helfen, Missverständnisse zu vermeiden.

Ein Prinzip der rhythmischen Notation lautet: Ein Takt muss schlüssig mit Grundnotenwerten (Ganze, Halbe, Viertel, Achtel, Sechzehntel, etc.) ausgefüllt sein. Danach richtet sich die Plausibilität des rhythmischen Notentextes, die einem Musiker die Orientierung im Takt ermöglicht. Dies betrifft indirekt auch die Notation von X-tolen.

Das Verhältnis zu den Grundnotenwerten

X-tolen werden in **Über-** oder **Unterzahl** von Grundnotenwerten abgeleitet und durch eine Proportionsangabe gekennzeichnet: *5*, *5:3*, *5 statt 4*, etc. (→ *Lineare Rhythmuspyramiden*, S. 21 ff.).

Beispiel 21: In Überzahl (7 statt 4 Sechzehntel pro Schlag):

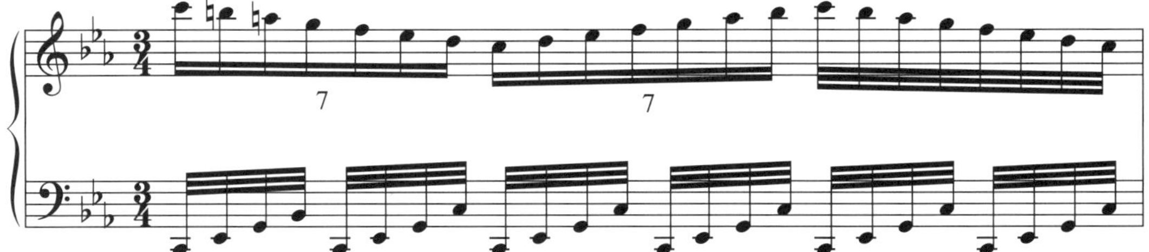

Ludwig van Beethoven, Variation XXXII, aus 32 Variationen c-Moll *für Klavier WoO 80, Takt 1.*

[12] Scherchen, ebenda, S. 196.

Beispiel 22: In Unterzahl (7 statt 8 Zweiunddreißigstel pro Schlag):

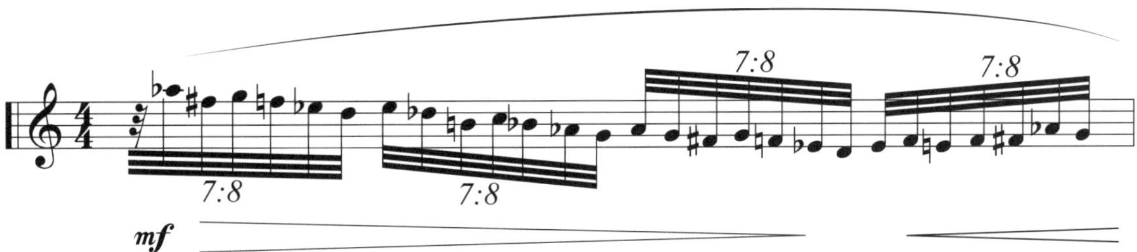

Edison Denissow, Oktett *für 2 Oboen, 2 Klarinetten, 2 Fagotte und 2 Hörner, Stimme der 1. Oboe, Takt 77.*

Das Verhältnis zwischen X-tolen und Grundnotenwerten wird durch folgende Informationen angezeigt:

- Über den **Notenwert** wird erkannt, von welchem Grundnotenwert bzw. von wie vielen Grundnotenwerten eine X-tole abgeleitet ist.
- Die **Proportionsangabe** wird durch eine Ziffer, z.B. *7,* oder ein Zahlenverhältnis, z.B. *7:8,* dargestellt.

Damit wird das Verhältnis zwischen der Anzahl der X-tolen und der Anzahl der Grundnotenwerte angezeigt. Es besteht ein sog. Ableitungsverhältnis (→ *Ableitungsverhältnis und Schlagverhältnis,* S. 20f.) zwischen X-tolen und Grundnotenwerten.

Grafische Realisierung

Balken, Klammern oder Bögen fassen, wie in *Beispiel 23* (Webern), die Noten einer X-tole grafisch zusammen. Bögen oder Klammern werden unverzichtbar, wenn der Notenwert keine Balken vorsieht (z.B. Viertel) oder wenn Pausen notiert sind.

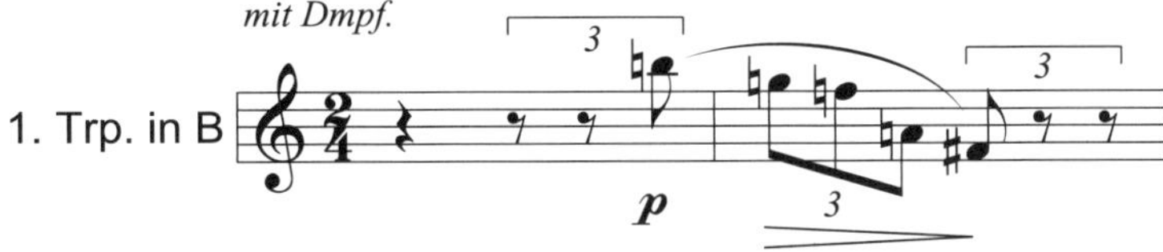

Beispiel 23: Anton Webern, 1. Stück, aus Sechs Stücke *op. 6, Stimme der 1. Trompete, Takte 15–16.*

Im Gegensatz zu Grundnotenwerten können, wie in *Beispiel 24* (Messiaen), X-tolen **über den Taktstrich hinweg** notiert sein. Sie werden entsprechend der jeweiligen Taktart von den Grundnotenwerten abgeleitet.

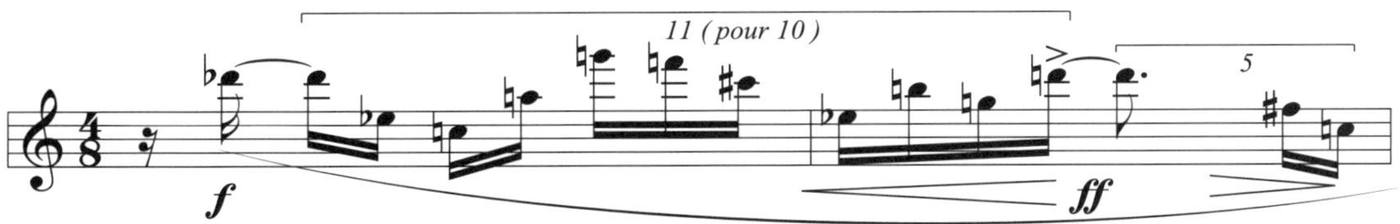

Beispiel 24: Olivier Messiaen, Sept Haïkaï. Esquisses japonaises, *Modéré für Klavier und Kammerorchester, 2. Satz „Le parc de Nara et les lanternes de pierre", Stimme der Klarinette (in Es), Takte 21–22.*

Elf Sechzehntel-Undezimolen stehen anstelle von zehn Sechzehnteln (Grundnotenwert): *11 (pour 10)*, d.h. *11 (für 10)*. Die zehn grundwertigen Sechzehntel setzen sich zusammen aus sechs Sechzehnteln im ersten und vier Sechzehnteln im zweiten Beispieltakt.

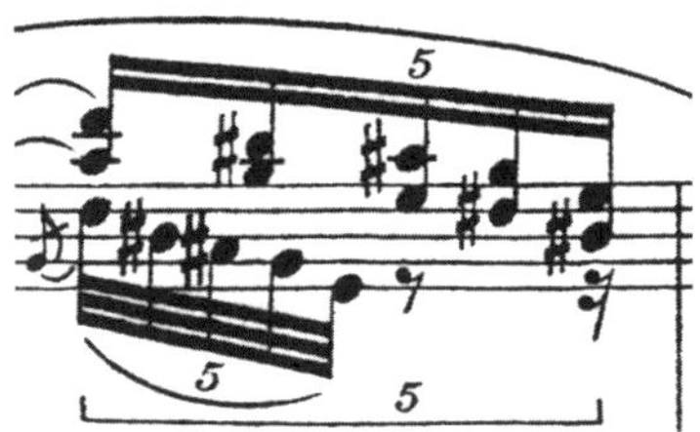

Beispiel 25: Alexander Skrjabin, Sonate Nr. 7 *op. 64 für Klavier, Takt 229.*

X-tolen können sich, wie im Beispiel 25 (Skrjabin), auf mehreren Ebenen überlagern:

1. Ebene — Sechzehntel-Quintole
Die Oberstimme besteht aus einer Sechzehntel-Quintole mit Balken und Proportionsangabe *5*. Die Unterstimme besteht aus einer Zweiunddreißigstel-Quintole und der Achtel- und Sechzehntel-Quintolen-Pause mit Klammer und Proportionsangabe *5*.

2. Ebene: — Zweiunddreißigstel-Quintole
Fünf Zweiunddreißigstel-Quintolen stehen anstelle von zwei Sechzehntel-Quintolen der ersten Ebene, genauer gesagt, anstelle von vier Zweiunddreißigstel-Quintolen der ersten Ebene.

Ableitungsverhältnis und Schlagverhältnis

Bei der musikalischen Umsetzung von X-tolen muss zwischen dem **Ableitungsverhältnis** und dem **Schlagverhältnis** unterschieden werden.

Das **Ableitungsverhältnis** der X-tole erklärt sich aus der Proportionsangabe und den Notenwerten (→ *Das Verhältnis zu den Grundnotenwerten,* S. 18 f.). Es sorgt damit für eine klare Taktübersicht.

Das **Schlagverhältnis** kennzeichnet das Verhältnis von Taktschlag und Gegenrhythmus / Gegenschlag bei Konfliktrhythmen, die in X-tolen, Punktierungen oder Grundnotenwerten notiert sein können. Bei X-tolen können sich Abweichungen zwischen dem Ableitungsverhältnis und dem Schlagverhältnis ergeben. Das Schlagverhältnis ist dann von der Platzierung der X-tole im Takt sowie vom Tempo abhängig. Außerdem spielt bei der musikalischen Umsetzung eine Rolle, ob die X-tole als Teilung eines Schlags oder als Konfliktrhythmus gegen den Schlag zu deuten ist.

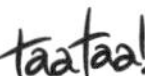

Beispiel 26:

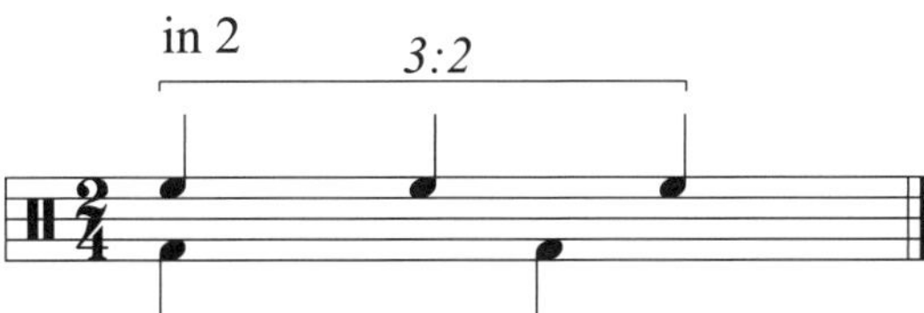

Schlagverhältnis (– in 2 – und Triole) und Ableitungsverhältnis *3:2* stimmen in *Beispiel 26* überein (→ siehe auch *Beispiel 43*).

Beispiel 27:

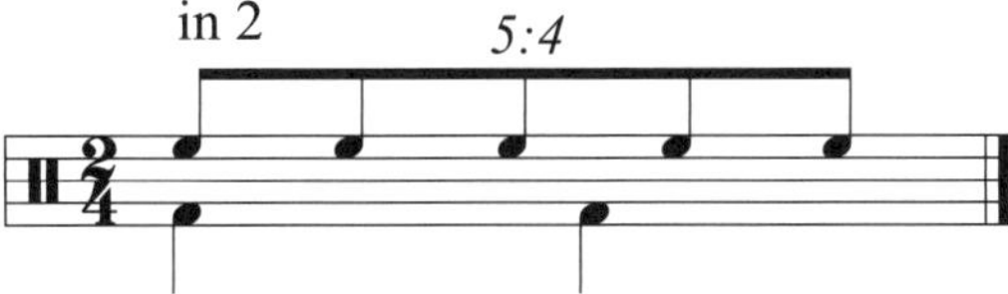

Schlagverhältnis (– in 2 – und Quintole) und Ableitungsverhältnis *5:4* stimmen in *Beispiel 27* nicht überein. Die Schlagzahl – in 2 – bezieht sich auf die Viertel. Das Ableitungsverhältnis *5:4* bezieht sich auf die Achtel (→ siehe auch *Beispiele 24 und 31*).

Beispiel 28:

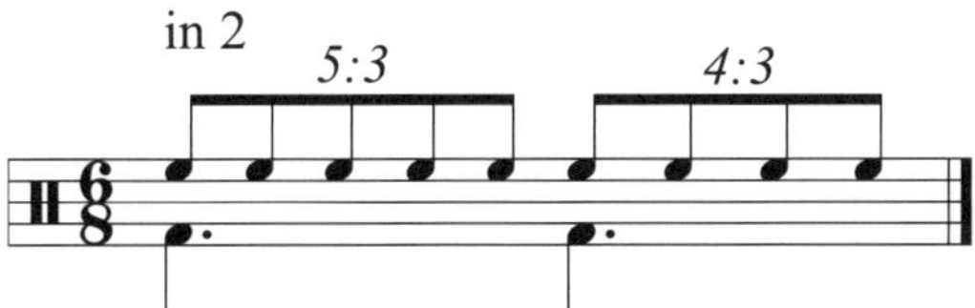

Schlagverhältnis (– in 2 –, erst Quintole, dann Quartole) und Ableitungsverhältnis stimmen in *Beispiel 28* nicht überein. Die X-tolen liegen innerhalb des Schlags. Die Ableitungsverhältnisse *5:3* und *4:3* stehen als präzise Notation für die Ableitung der Quintole und der Quartole von jeweils drei grundwertigen Achteln. Für die Umsetzung ist dies hier unbedeutend, da in einem schnellen Tempo beide X-tolen als rhythmische Unterteilungen umgesetzt werden (als Konfliktrhythmen im Schlag siehe Kapitel → *Konfliktrhythmen*, S. 29 f. und *Beispiel 22*). Letztendlich bleibt es eine Frage der Interpretation, ob eine X-tole agogisch frei oder mathematisch genau genommen wird.

Lineare Rhythmuspyramiden

An linearen Rhythmuspyramiden (*Beispiele 29 und 30*) sieht man, wie sich die Teilungsmöglichkeiten durch X-tolen im Vergleich zur Teilung durch Grundnotenwerte erhöhen. „Linear" heißen die Rhythmuspyramiden, weil sich die Teilung in Einerschritten fortsetzt. Ferner entsteht ein Überblick über die Ableitungen in Unter- oder Überzahl von schnelleren oder langsameren Grundnotenwerten. Je nach Unterteilung sind X-tolen, punktierte Notenwerte und Anbindungen nebeneinander notiert.

Beispiel 29: Lineare Rhythmuspyramide auf der Basis einer ganzen Note

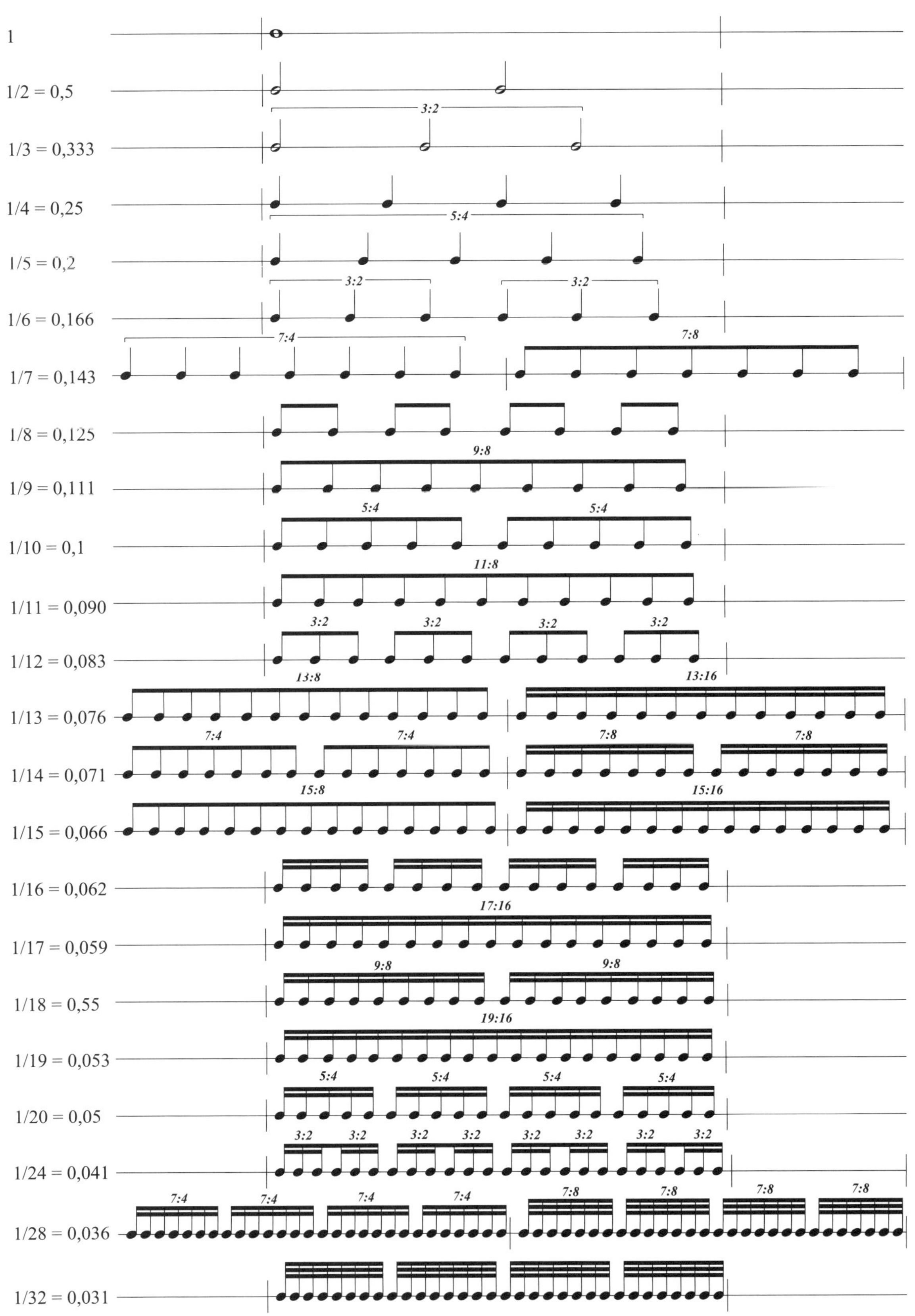

Die Triole stellt eine der ältesten und am häufigsten notierten X-tolen dar. Sie ist i. d. R. in allen Notenwerten und Teilungsstufen im Verhältnis *3:2* in Überzahl von Grundnotenwerten (siehe 1/3, 1/6, 1/12, 1/24) abgeleitet. Daher sind Ableitungen bis zur Triole in Überzahl notiert. Höhergradig geteilte X-tolen sind entweder in Über- oder in Unterzahl notiert.

Zum Beispiel sind Septolen (1/28) entweder in Überzahl von den langsameren Sechzehnteln *7:4* oder von den schnelleren Zweiunddreißigsteln in Unterzahl *7:8* abgeleitet (→ *Das Verhältnis zu den Grundnotenwerten*, S. 18 f.; → *Beispiele 21 und 22*)

Beispiel 30: Lineare Rhythmuspyramide auf der Basis von neun Achteln

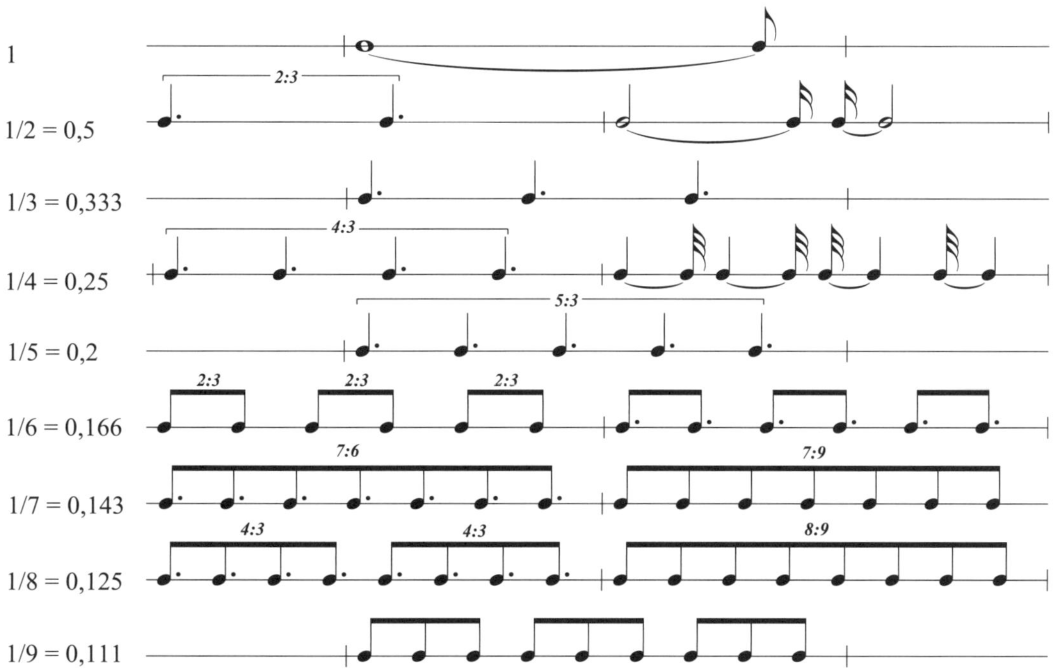

Duolen (1/2 bzw. 1/6) als Zweiteilung eines 3er-Schlags sind, wie in *Beispiel 30* zu sehen ist, stets in Unterzahl abgeleitet. Dadurch ist ihr Notenwert vom nächstschnelleren Grundnotenwert (1/3 bzw 1/9) entnommen. Bei 1/6 findet man in der Literatur auch ausnahmsweise Viertel-Duolen. Die Septole (1/7) und die Oktole (1/8) können entweder in Unterzahl von neun Achteln (*7:9* oder *8:9*) oder in Überzahl (*7:6* oder *4:3*) von punktierten Achteln (1/6) abgeleitet sein.

Freiheit der Notation oder Fehler?

Als Fehler zu betrachten ist, wenn die Notation, bestehend aus Notenwerten, Proportionsangaben und Balken, falsche Deutungen oder Widersprüche ergibt. Für das Verständnis einer richtigen oder falschen Notation ist die Frage der Ableitung in Überzahl oder Unterzahl entscheidend.

Dazu in *Beispiel 31 und 32* der Vergleich einer korrekten gegen eine beispielhaft falsch dargestellte Notation bei einem Ableitungsverhältnis in Überzahl:

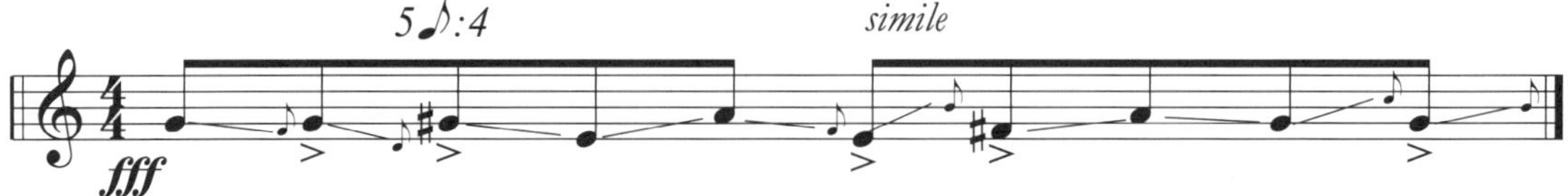

Beispiel 31: Iannis Xenakis, Jonchaies pour grand orchestre, *Stimme der 1. Klarinette, Ausschnitt aus Takt 167.*

Beide Achtel-Quintolen in *Beispiel 31* (Xenakis) stehen in Überzahl zu vier Achteln im Verhältnis *5:4*. Der Notenwert (Achtel) und die Proportionsangabe *5♪: 4* kennzeichnen das Ableitungsverhältnis der Achtel-Quintole.

Beispiel 32: Eine fehlerhafte Notation wäre:

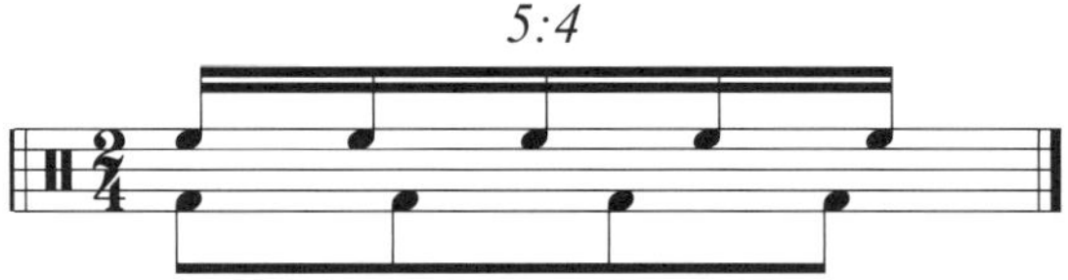

Der Notenwert und die Proportionsangabe des fehlerhaften *Beispiels 32* ergeben keine gemeinsame Ableitung. Falsch ist, dass der Notenwert der X-tole (Sechzehntel) auf eine Ableitung von acht Sechzehnteln, d.h. 4+4, hindeutet, während die Proportionsangabe *5:4* das Ableitungsverhältnis von vier Achteln anzeigt. Entweder wäre der Notenwert dieser Quintole auf Achtel, oder die Proportionsangabe wäre bei Beibehaltung des Notenwerts auf *5:8* zu korrigieren. Wenn nur die Ziffer *5* über den Sechzehnteln stünde, könnte der Leser das Ableitungsverhältnis über den Notenwert zu acht Sechzehntel deuten. Dies wäre kein Fehler, aber unübersichtlich.

X-tolen als Pause?

X-tolen müssen eine rhythmische Information beinhalten. X-tolen, die nur als Pausen stehen (*Beispiel 33*), sind nicht bekannt. Die Pause wird dann für die entsprechende Dauer in Grundnotenwerten notiert.

Beispiel 33:

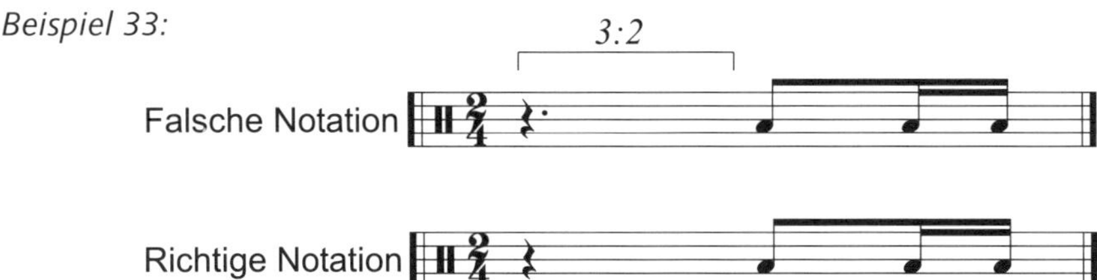

Erfassen und Schreiben von Notenwerten

Rhythmus aus einer Taktart in eine andere übertragen

Das Verständnis des Notenwertsystems aus Grundnotenwerten und X-tolen wird durch Übertragen von Rhythmen aus einer Taktart in eine andere geschult. Prinzipiell soll dabei ein Rhythmus erklingen, der in verschiedenen Taktarten notiert werden kann.

Beispiel 34:

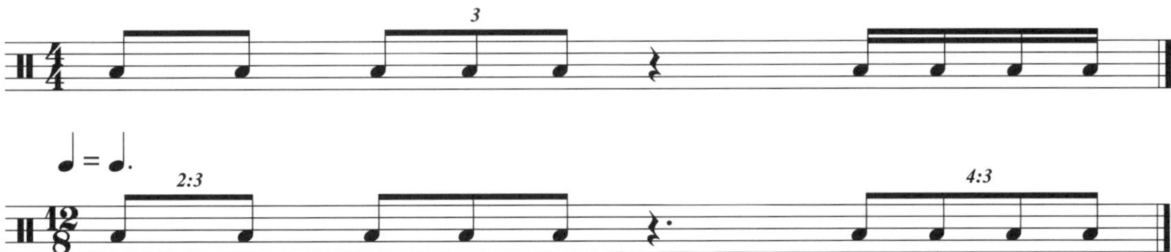

In *Beispiel 34* wird der Rhythmus, der oben im 4/4-Takt erklingt, unten im 12/8-Takt mit anderen Notenwerten aufgeschrieben. Die Notenwertumwandlung ♩ = ♩. fordert u.a., dass Grundnotenwerte in X-tolen und X-tolen in Grundnotenwerte übertragen werden. Im Beispiel werden die Achtel in Achtel-Duolen, die Triolen in Achtel, die Viertel-Pause in eine punktierte Viertelpause und die Sechzehntel in Achtel-Quartolen übertragen (→ *Die Notation von X-tolen,* S. 18 ff.). Zur Steigerung der Schwierigkeit sollten Übertragungen in Taktarten mit wesentlich höheren und niedrigeren Notenwerten geübt werden.

Beim Lesen der Übungen 47 und 48 bemerkst du, dass ein Rhythmus in verschiedenen Taktarten und Notenwerten aufgeschrieben sein kann. Der klingende Rhythmus ist also rein rechnerisch nicht von einem Notenbild abhängig, musikalisch aber durchaus.

Aufgabe zu Übung 71:

Übertrage den Rhythmus im 9/16-Takt aus Übung 71 (Takte 1 bis 4) in einen 3/8-Takt. Der Notenwert des Taktschlags wird mit ♪. = ♪ umgewandelt. Stelle dir den erklingenden Rhythmus losgelöst von Notenwerten vor. Er wird in der neuen Taktart aufgeschrieben.

Beispiel 35: Lösung:

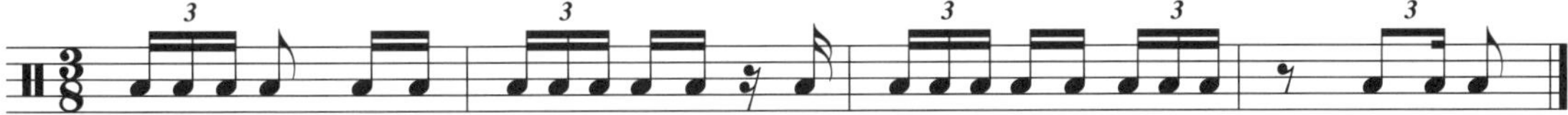

Die Sechzehntel (Grundnotenwert) werden in Sechzehntel-Triolen (X-tole) und die Sechzehntel-Duolen (X-tole) in Sechzehntel (Grundnotenwert) übertragen. Die punktierte Achtel wird als Notenwert oder Pause in eine unpunktierte Achtel übertragen.

Rhythmusdiktat

Im Rhythmusdiktat werden die vom Lesen bekannten Notenwerte im Prozess des Hörens und Aufschreibens verinnerlicht. Entweder übernimmt eine zweite Person das Vortragen und wählt Übungen vorangegangener Kapitel oder andere Lehrmaterialien aus. Oder es werden geeignete Hörbeispiele auf *www.taataa.net* zum Diktat herangezogen.

Rhythmusdiktat mit Wiederholungen einzelner Takte

Entweder klickst du auf die Übungsnummer auf der Site *www.taataa.net* und regulierst den Vortrag über die Laufleiste entsprechend deiner Hörerinnerung. Oder eine zweite Person übernimmt das Diktieren. Je komplexer die Rhythmen, desto kürzer sollte die Taktart sein, damit taktweise diktiert werden kann.

Auf den letzten Seiten dieses Buches sind Linien für Diktate als Kopiervorlage vorbereitet.

- Bereite mit dem Bleistift die Taktart, die Anzahl der Takte und etwaige Auftakte vor. Ist ein schwieriger Text zu erwarten, kannst du zur besseren Orientierung jede Zählzeit in regelmäßigem Abstand durch eine Zahl markieren. Bei additiven Rhythmen helfen Haken (für 2er-Metren) und Dreiecke (für 3er-Metren) über der Linie.
- Gewinne beim ersten kompletten Durchlauf des Diktats aus der vorgegeben Taktart eine grobe Vorstellung der gehörten Rhythmen.
- Der Text wird taktweise etwa viermal wiederholt. Angebundene Notenwerte am Taktanfang werden ohne Anbindung deklamiert. Hilfreich ist es, den gehörten Rhythmus sofort mit Strichen unter die vorbereiteten Zahlen auf dem Papier zu skizzieren und erst anschließend die Balken oder Fähnchen zu setzen. Höhergradige Teilrhythmen wie z.B. Sechzehntel-Sextolen können so zwischen den einzelnen Durchläufen fertig geschrieben werden.
- Vergleiche beim letzten kompletten Durchlauf deine Aufzeichnung mit der Textvorgabe und mache letzte Korrekturen.

Als Beispiele seien hier Aufgaben zu den Übungen 30 und 31 angeführt:

Erstes Diktat

Aus Übung 31, die im 3/2-Takt notiert ist, sollen die Takte 1–4 aufgeschrieben werden. Nutze die leeren Linien aus den Kopiervorlagen am Ende des Buches. Bereite eine Linie vor und stelle die Taktangabe 3/2 voran. Setze drei Taktstriche sowie am Ende einen Doppelstrich.

Zweites Diktat

Schreibe aus Übung 30, die im 6/8-Takt notiert ist, die Takte 1–3 in zwei Notationsformen auf. Bereite zwei Linien vor und stelle jeweils die Taktangabe 6/8 voran. Setze jeweils zwei Taktstriche und am Ende den Doppelstrich.

Warum erklingt der – in 2 – geschlagene 6/8-Takt hier nicht mit 3-teiligen Rhythmen?

Welche Möglichkeiten gibt es, den 2-teiligen Rhythmus im 6/8-Takt zu notieren?

- Notation als punktierte Achtel. Die Synkope in Takt 2 kann als punktierte Viertel oder durch Anbindung von der zweiten zur dritten punktierten Achtel notiert werden.
- Notation als Achtel-Duole mit Proportionsangabe *2* oder *2:3* als Ableitung von drei grundwertigen Achteln. In Takt 2 muss die Synkope als Anbindung von der zweiten zur dritten Duole geschrieben werden. In Takt 3 muss die erste Zählzeit auch bei duolischer Schreibweise als punktierte Viertel notiert sein. Eine Viertel-Duolen-Pause (*Beispiel 36*) in der Dauer einer ganzen Zählzeit, die sich aus zwei Achtel-Duolen zusammensetzt, ist in der Notation nicht bekannt. Vergleiche auch die falsche Notation in *Beispiel 33*: Eine X-tole über einer Pause enthält keine rhythmische Information.

Beispiel 36:

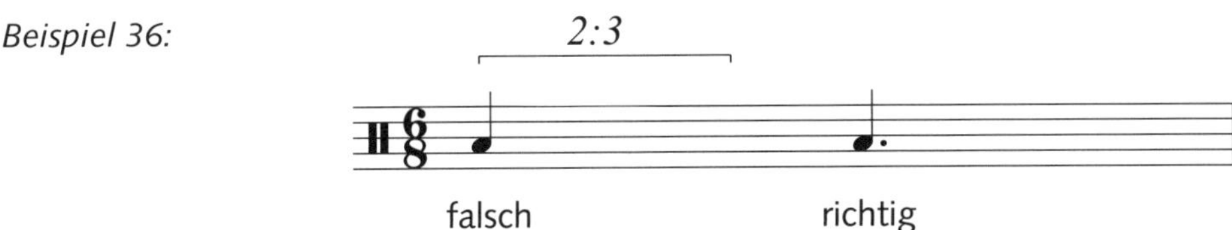

Rhythmusdiktat im Ganzen

- Damit die Länge des Diktats im überschaubaren Rahmen bleibt, wird nur eine einzige Taktart oder aber mehrere Taktarten mit leichteren Rhythmen gewählt.
- Bereite die Anzahl der Takte, die Taktart sowie etwaige Taktwechsel und Auftakte auf Rhythmuslinien mit Bleistift vor.
- Der Notentext wird wiederholt durchgehend im Ganzen vorgetragen. Die mosaikartig erfassten Rhythmen werden in die vorbereiteten Takte eingesetzt und nach und nach vervollständigt. Es wird empfohlen, auffällige Takte, wie z.B. den Anfang und den Schluss, als erstes aufzuschreiben.
- Bei einer abschließenden Gegenprüfung des Geschriebenen ist vor allem darauf zu achten, dass die Notenwerte alle Takte exakt ausfüllen. Korrigiere im Anschluss an das Diktat deinen Text selbstständig anhand der Übungsnummer.

Rhythmen können häufig auf verschiedene Weise notiert werden. Daher muss bei der Bewertung des Diktats die Schreibweise der Rhythmen unabhängig von deren Vorlage beurteilt werden.

In Lerngruppen und Seminaren wird das Diktieren auch von einzelnen Teilnehmern übernommen. Dies motiviert zu einem präzisen Vortrag und übt das Einfühlungsvermögen beim Diktieren.

Polyrhythmen

Polyrhythmen[13] bezeichnen die Überlagerung verschiedener musikalischer Bewegungen über einen kurzen oder längeren Zeitraum. Dabei entsteht ein rhythmisches Spannungsfeld. Einige Erscheinungsformen werden im Folgenden besprochen.

Rhythmische Tempoüberlagerung aus Grundnotenwerten

Ein einfacher Polyrhythmus entsteht aus verschiedenen Grundnotenwerten (Ganze, Halbe, Viertel, Achtel, etc.), die gemeinsam über die Zählzeiten eines Taktes gebildet sind.

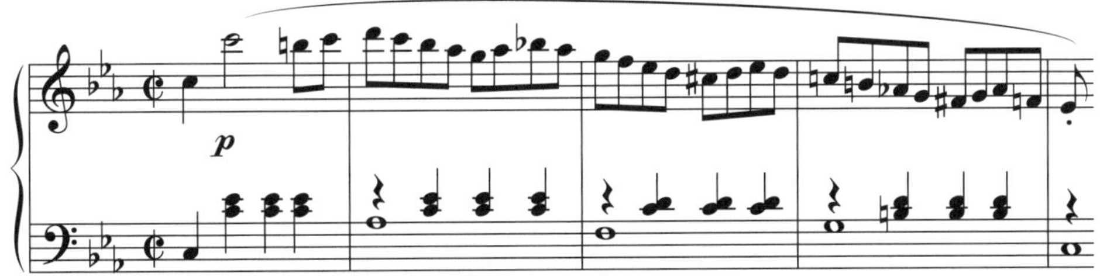

Beispiel 37: Ludwig van Beethoven (1770–1827), Sonate Nr. 8 c-Moll *für Klavier „Pathétique" op. 13, Allegro di molto e con brio, Takte 141–145.*

Die Überlagerung aus drei Motiven als Ober-, Mittel und Unterstimme in *Beispiel 37* verläuft über vier Takte. Die Mittel- und Unterstimme ergänzen sich als Komplementärrhythmus.

---

[13] Hugo Riemann, „Polyrhythmik (Polymetrik)", in: *Musikalische Dynamik und Agogik. Lehrbuch der Musikalischen Phrasirung* [sic], Hamburg (Verlag D. Rahter) 1884, S. 191ff.; Hugo Riemann, *System der musikalischen Rhythmik und Metrik*, Leipzig (Breitkopf & Härtel) 1903, S. 155ff.

Komplementäre Rhythmen

Das Merkmal eines Komplementärrhythmus ist die Verzahnung mehrerer Stimmen. Auf eine Ebene projiziert, entsteht dabei ein rhythmisches Raster aus demselben Notenwert oder aus aneinandergereihten Motiven. Die einzelnen Stimmen bilden jedoch rhythmisch und melodisch eigene Bewegungen.

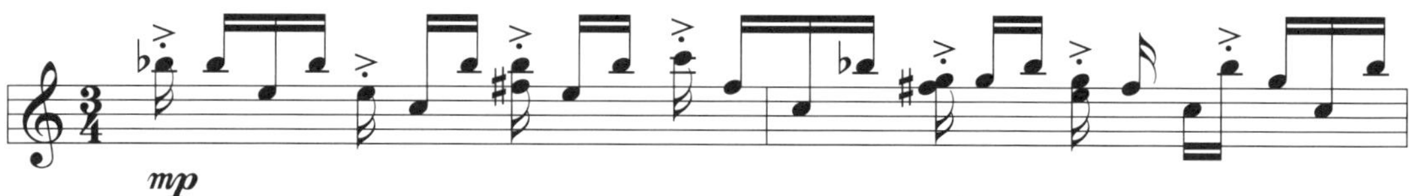

Beispiel 38: Un-suk Chin, Piano Etude No. 5 „Toccata", aus 12 Piano Etudes, *Takte 10–11.*

Die Bewegungen in *Beispiel 38* (Chin) sind einerseits als 2er- und 3er-Gruppen unbetonter Sechzehntel und anderseits durch Stakkato- und Akzent-Artikulation voneinander unterschieden. Durch die Richtung der Hälse und durch die Balkengruppierungen sind die jeweiligen Stimmen grafisch abgesetzt.

Polymetrik

Polymetrik steht für die Überlagerung metrisch betonter Motive oder Figuren, die in ständiger Wiederholung und unterschiedlicher Länge gegeneinander geschichtete Bewegungen erzeugen.

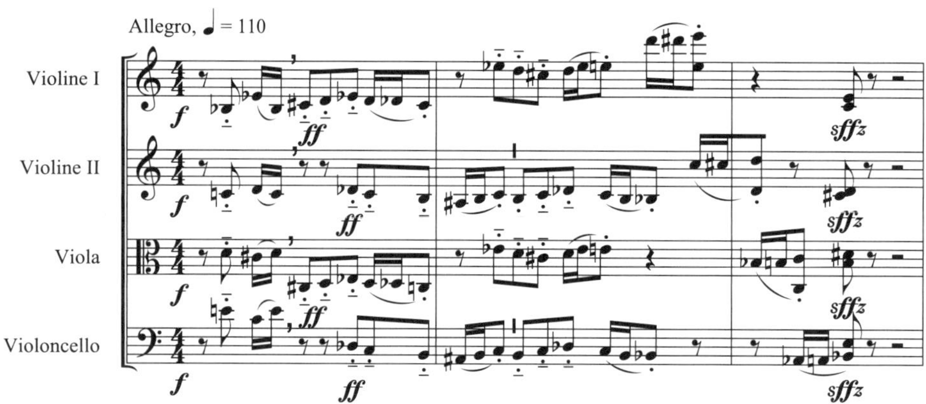

Beispiel 39: Béla Bartók, Streichquartett IV, *1. Satz, Takte 11–13.*

Die Polymetrik im *Streichquartett IV* von Béla Bartok (*Beispiel 39*) bildet sich aus zwei rhythmischen Schichten:

1. Violine I und Viola
2. Violine II und Violoncello

In jeder Schicht sind rhythmische Zellen[14] grafisch an den Balkierungen erkennbar. Die Zellen besitzen eine Dauer von jeweils zwei oder drei Achteln. Durch die Artikulationszeichen werden sie als metrische Figuren hörbar. Dazwischen liegen als Abgrenzungen einzelne Achtel-Pausen, Zäsuren und Striche (Takt 12). Die Abfolge der verschieden langen metrischen Figuren bewirkt in jeder Schicht zeitweise einen Gegenrhythmus zum notierten 4/4-Takt und eine gegeneinander gerichtete Verschiebung.

14 Pierre Boulez, *Werkstatt-Texte*, aus dem Französischen von Joseph Häusler, Berlin u.a. (Ullstein) 1972, S. 31–52.

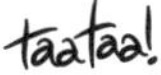

Konfliktrhythmen

Konfliktrhythmen[15] (z.B. *5:3*) entstehen durch asynchrone Überlagerung verschiedener Rhythmen.

Konfliktrhythmus innerhalb des Schlags

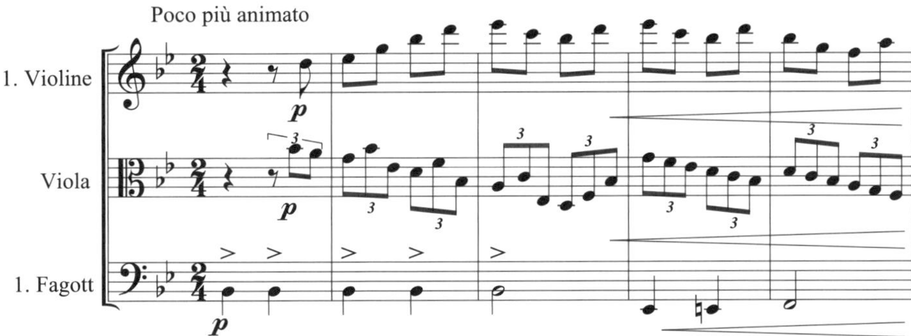

Beispiel 40: Johannes Brahms, 1. Variation, aus Variationen über ein Thema von Haydn *für Orchester op. 56a, Stimmen von 1. Violine, Viola und 1. Fagott, Takte 1–5.*

In *Beispiel 40* (Brahms) bilden die 1. Violine und die Viola innerhalb der Viertel des Fagotts einen Konfliktrhythmus *2:3*, der als Merkmal die ganze 1. Variation bestimmt. Durch das zügige Tempo *Poco più animato* wird der Konfliktrhythmus über die rhythmische Summe 3 und nicht über den Basisrhythmus aus Sechzehntel-Sextolen kontrolliert.

Konfliktrhythmus gegen den Schlag

Der rhythmische Konflikt liegt zwischen Schlag- und Gegenrhythmus. Notiert werden die Gegenrhythmen je nach Taktart als Grundnotenwert, Punktierungen oder durch X-tolen. Mit X-tolen lassen sich alle Gegenrhythmen darstellen, mit Grundnotenwerten und Punktierungen jedoch nicht (→ *Die Notation von X-tolen*, S. 18 ff.).

Konfliktrhythmus aus Grundnotenwerten

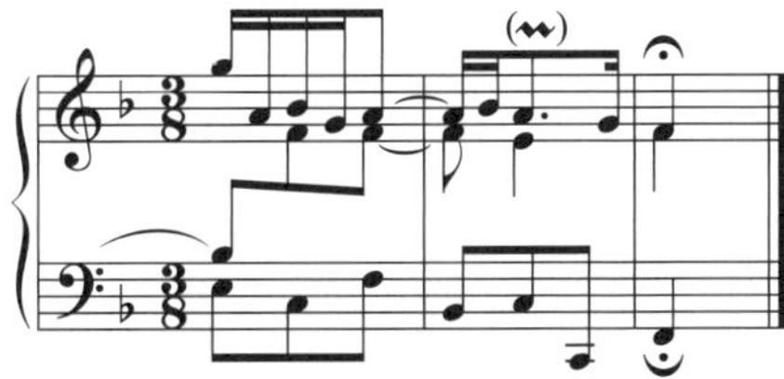

Beispiel 41: Johann Sebastian Bach, Fuge XI in F-Dur zu drei Stimmen, aus Das Wohltemperierte Klavier *Teil 1, Schlusstakte.*

Die Schlusswirkung der Fuge in *Beispiel 41* wird durch eine Hemiole begünstigt. „Unter einer Hemiole versteht man die Vertauschung der Gruppierung 3+3 mit 2+2+2, also der Zählung 123123 mit 121212"[16]. Sie liegt in der oberen und mittleren Stimme und wird durch die Taktüberbindung und den Triller wahrnehmbar.

15 Hugo Riemann, „Konfliktrhythmen", in: *System der musikalischen Rhythmik und Metrik*, Leipzig (Breitkopf & Härtel) 1903, S. 87–155 und 188–195.

16 Carl Dahlhaus, „Was ist musikalischer Rhythmus?", in: *Probleme des musiktheoretischen Unterrichts*, Berlin (Merseburger) 1967, Bd. 7, S. 21.

Konfliktrhythmus aus Punktierungen und X-tolen

Die beiden folgenden *Beispiele 42* (Carter) *und 43* (Schönberg) zeigen einen Konfliktrhythmus *4:3* zwischen dem Viertel-Schlagrhythmus und dem Gegenrhythmus, der entweder als punktierte Achtel oder als Viertel-Quartole notiert ist.

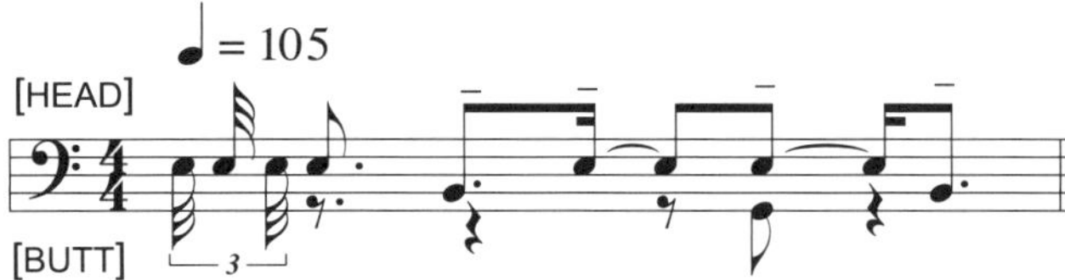

Beispiel 42: Elliott Carter, „March", aus Eight Pieces for Timpani, *Takt 14.*

Der Gegenrhythmus aus 4 Schlägen steht gegen die zweite, dritte und vierte Zählzeit des 4/4-Takts.

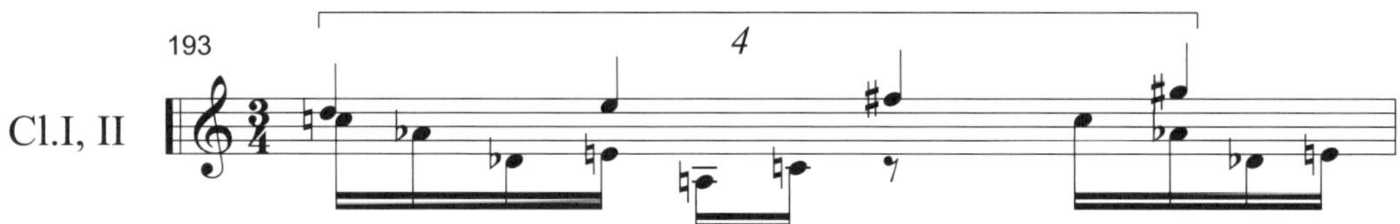

Beispiel 43: Arnold Schönberg, Fünf Stücke für Orchester *op. 16, 2. Stück „Vergangenes", Klarinettenstimmen, Takt 193.*

Der Konfliktrhythmus *4:3* verläuft über den ganzen 3/4-Takt.

Das Rhythmusdiagramm

Ein Rhythmusdiagramm veranschaulicht grafisch die mathematische Beziehung zweier unterschiedlicher Schlagzahlen (Konfliktrhythmen). Beiden Schlagzahlen liegt ein gemeinsames Vielfaches zugrunde. Das Rhythmusdiagramm kann, sowohl von unten als auch von oben betrachtet, Aufschluss über die Schlagverteilung und den Basisrhythmus geben.

Der Aufbau des Rhythmusdiagramms erfolgt z.B. für den Konfliktrhythmus *4:3* wie folgendermaßen:

Man errechnet das kleinste gemeinsame Vielfache mit 4 x 3 = 12 und setzt 12 Striche (*Beispiel 44*). Der erste Strich wird nach oben und unten verlängert. Er ist als „Eins" beiden Rhythmen gemeinsam.

Beispiel 44:

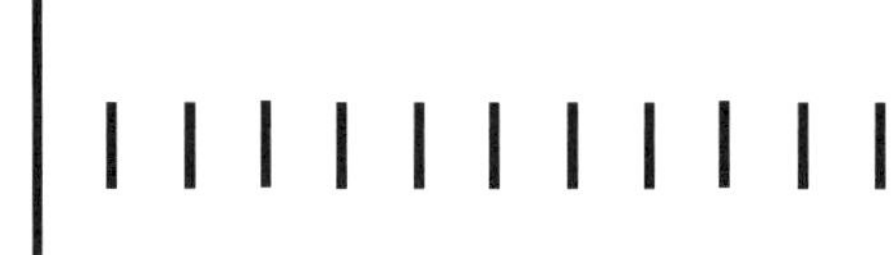

Die verlängerten Striche nach unten bilden den **3er-Schlag** (*Beispiel 45*). Nach jedem vierten Strich (12 : **4** = 3) wird eine Verlängerung nach unten eingezeichnet. Am Ende umfasst die Klammer mit der Ziffer *3* das Ganze von unten.

Beispiel 45:

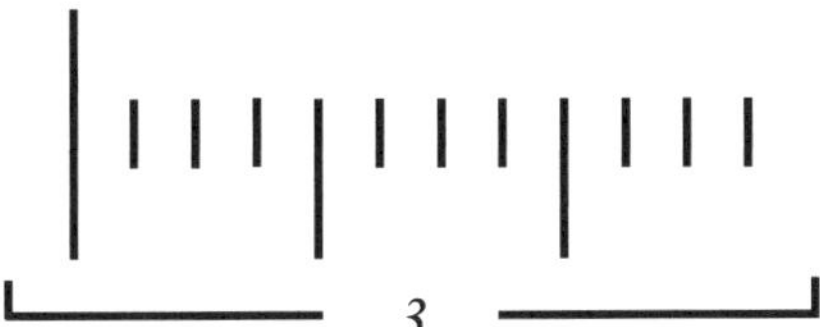

Die verlängerten Striche nach oben bilden den **4er-Schlag** (*Beispiel 46*). Nach jedem dritten Strich (12 : **3** = 4) wird eine Verlängerung nach oben notiert. Am Ende wird von oben die Klammer mit der Ziffer *4* gesetzt.

Beispiel 46:

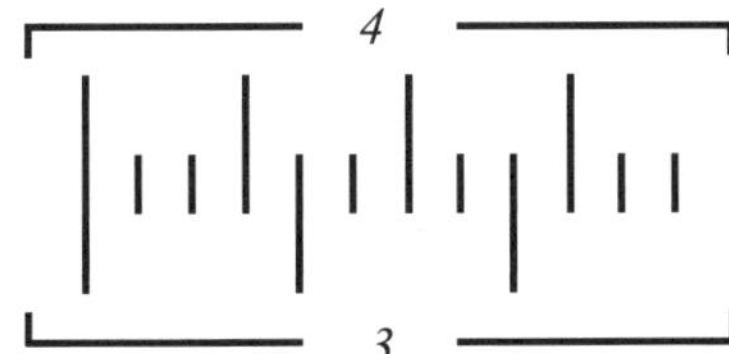

Die Schlagverteilung kann von unten und oben betrachtet werden: Aus Sicht des 3er-Schlags **von unten** liegen die 4er-Schläge des Gegenrhythmus auf einer 4-teiligen Basis (12 : 3 = 4). Aus Sicht des 4er-Schlags **von oben** liegen die 3er-Schläge auf einer 3-teiligen Basis (12 : 4 = 3).

Das Rhythmusdiagramm zeigt noch keine Notenwerte. Diese werden erst dem rhythmischen Zusammenhang entsprechend entnommen oder eingesetzt.

In *Fünf Stücke für Orchester* op. 6 von Arnold Schönberg (*Beispiel 43*) spiegelt sich das Rhythmusdiagramm (*4:3*) in den abgebildeten zwei Klarinettenstimmen wider. Der Rhythmus der 1. Klarinette ist als Viertel-Quartole und der Rhythmus der 2. Klarinette in Sechzehnteln notiert.

Das Beispiel entspricht dem Rhythmusdiagramm aus Sicht des 3er-Schlags von unten. Der 4er-Gegenrhythmus liegt auf einem 4-teiligen Basisrhythmus. Im 3/4-Takt des Beispiels sind dies die vier Sechzehntel der 2. Klarinette. Die Balken sind entsprechend dem 3/4-Takt gezogen. Mit anderen Worten: Der Basisrhythmus (aus dem gemeinsamen Vielfachen entnommen) wird durch die Sechzehntel gebildet, wobei auf jedes vierte Sechzehntel eine Viertel-Quartole fällt. Für das Zusammenspiel der Klarinetten folgt daraus, dass die 1. Klarinette die Viertel-Quartole mit den Sechzehnteln der 2. Klarinette koordinieren muss.

Tempoberechnungen

Berechnung von größeren und kleineren Notenwerten

Aus einer Tempoangabe, z.B. ♩ = 120, lässt sich das Tempo größerer bzw. kleinerer Notenwerte berechnen. Dazu wird zunächst das Schlagverhältnis zwischen dem zu berechnenden Notenwert und dem Notenwert mit dem bekannten Tempo herausgelesen. Dann wird mit dem Schlagverhältnis multipliziert oder die Tempoangabe dividiert.

Multipliziert[17] wird eine Tempoangabe, wenn der gesuchte Notenwert dividierbar kleiner ist als der Notenwert der Tempoangabe.

Beispiel 47:

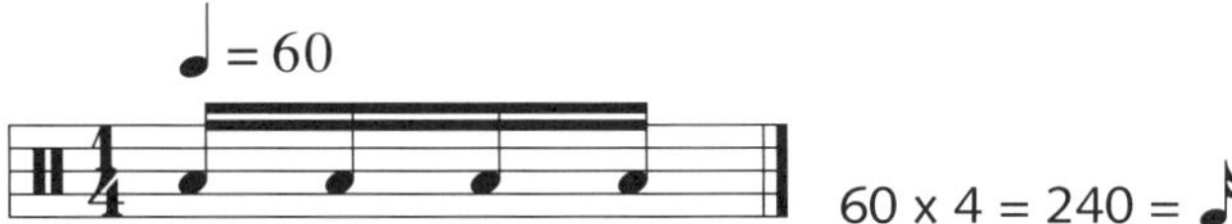

Dividiert[18] wird eine Tempoangabe, wenn der gesuchte Notenwert multiplizierbar größer ist als der Notenwert der Tempoangabe.

Beispiel 48:

♩ = 120

120 : 3 = 40 = 𝅗𝅥.

Berechnung von Takt- und Tempowechseln

Mit einem Taktwechsel ist meistens auch ein Tempowechsel oder eine Tempomodulation verbunden. Wenn dies nicht willkürlich geschieht, sondern durch eine Notenwertgleichsetzung (♪ = ♪ „Achtel gleich Achtel") oder Notenwertumwandlung (♩. = ♩, „punktiertes Viertel wird zur Viertel") geregelt wird, kann daraus das neue Schlagtempo berechnet werden.

17 Mathematisch korrekt dargestellt: 60 = ♩ = 4𝅘𝅥𝅯 / 1♩ = 4 x 𝅘𝅥𝅯 also 60 x 4 = 240 = 𝅘𝅥𝅯

18 Mathematisch korrekt dargestellt: 120 = ♩ = 1𝅗𝅥. / 3♩ = $\frac{1}{3}$ x 𝅗𝅥. also 120 x $\frac{1}{3}$ = $\frac{120}{3}$ = 40 = 𝅗𝅥.
Die Multiplikation mit dem Gegenbruch ist faktisch eine Division der Tempoangabe.

Berechnung einer rhythmischen Vermehrung oder Verringerung (Tempomodulation)

1. Eine Taktart mit Tempoangabe steht am Anfang.
2. Mit der Notenwertgleichsetzung geht das Tempo eines Notenwerts in den Zieltakt über.
3. Die Gruppierung des Notenwerts wird vermehrt oder verringert. Es entstehen eine neue Taktart und ein neues Schlagtempo.
4. Das Schlagtempo des Zieltakts ist dadurch langsamer oder schneller.

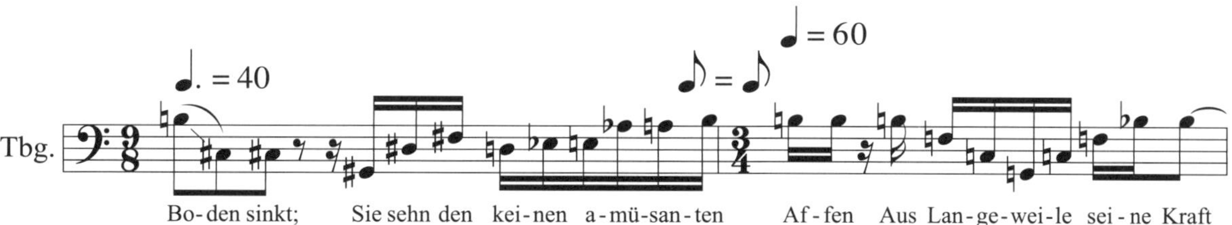

Beispiel 49: Alban Berg, Lulu, *Prolog, Stimme des Tierbändigers, Takte 27–28.*

Das Achtel-Tempo aus dem ersten 9/8-Takt in *Beispiel 49* (Berg) bestimmt durch die Notenwertgleichsetzung ♪ = ♪ das Schlagtempo des folgenden 3/4-Takts. Hörbar wird dies durch das Sechzehntel-Tempo, das wie das Achtel-Tempo vor und nach dem Taktwechsel gleich bleibt.

1. Am Anfang steht ein 9/8-Takt mit dem Schlagtempo ♩. = 40.
2. Mit der Notenwertgleichsetzung ♪ = ♪ geht das Achtel-Tempo 40 x 3 = 120 = ♪ in den 3/4-Takt über.
3. Die Gruppierung der Achtel verringert sich von drei Achteln im 9/8-Takt auf zwei Achtel im 3/4-Takt.
4. Bei ♪ = 120 errechnet man die Viertel als 120 : 2 = 60 = ♩
   Das Schlagtempo des Zieltakts ist schneller als im ersten Takt.

Beide Rechenschritte kombiniert: Tempo ♩ = $\frac{40 \text{ x } 3}{2}$ = 60 Schläge / Minute

Entsprechend dem letzten Rechenschritt verlangsamt sich umgekehrt das Schlagtempo, wenn sich die Gruppierung vermehrt.

Tempoberechnung eines Konfliktrhythmus

Für die Berechnungen von Konfliktrhythmen, z.B. *4:3*, ist es für den eigenen Überblick sinnvoll, einen **rhythmischen Bereich** abzustecken. Der rhythmische Bereich umfasst den kompletten Konfliktrhythmus. Er kann entweder einen ganzen Takt oder nur Teile des Taktes umfassen, oder er kann über den Takt hinausgehen. Die Berechnung verläuft in zwei Schritten:

1. Tempo des kompletten rhythmischen Bereichs wie ein Schlag.
2. Tempo des Gegenrhythmus aus der Multiplikation der Schläge mit dem Tempo aus 1.

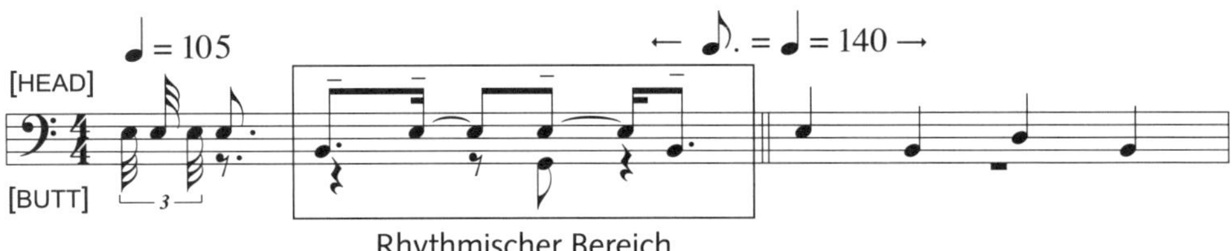

Beispiel 50: Elliott Carter, „March", aus Eight Pieces for Timpani, *Takte 14–15.*

In *Beispiel 50* (Tempomodulation) wird das Tempo des folgenden 4/4-Taktes aus dem Konfliktrhythmus *4:3* berechnet.

1. Welches Tempo hat der komplette rhythmische Bereich?

   Er umfasst drei Viertel bzw. vier punktierte Achtel. Das Schlagtempo ♩ = 105 ist vorgegeben. Also wird im ersten Schritt das Tempo des kompletten rhythmischen Bereichs anhand der drei Viertel berechnet.

   105 : 3 = 35 = 𝅗𝅥.

2. Wie viele Schläge hat der Gegenrhythmus?

   Die vier Schläge des Gegenrhythmus werden mit dem Tempo des rhythmischen Bereichs multipliziert.

   35 x 4 = 140 = ♪.

   Das Tempo ♪. = 140 wird durch die Notenwertumwandlung ♪. = ♩ zum neuen Schlagtempo ♩ = 140 des 4/4-Taktes.

   Beide Rechenschritte kombiniert: Tempo ♩ = $\frac{105 \times 4}{3}$ = 140 Schläge / Minute.

Die Übungen

Teil A: Divisive, multiplikative und additive Rhythmen

Das Ausführen von Rhythmen oder der Wechsel von einem Rhythmus zum nächsten kann von mehreren Aspekten bestimmt sein:

- Ein Rhythmus wird als Teil eines Schlags auf einer entsprechenden Pulsunterteilung (divisiv) ausgeführt.
- Ein Rhythmus wird über mehrere Schläge hinweg realisiert (multiplikativ).
- Ein Rhythmus wird durch die Aneinanderreihung kurzer Zeiteinheiten gebildet (additiv).
- Vor einem rhythmischen Wechsel wird nach Möglichkeit die entsprechende Pulsunterteilung vorgehört.
- Das Gefühl für den folgenden Rhythmus und dessen Pulsunterteilung stellt sich im Moment des Wechsels ein.
- Eventuell mischt sich das Gefühl für den Temposprung von einer Pulsunterteilung (Tempounterteilung) zur nächsten mit ein.
- Es wird auf die Erinnerung an die Pulsunterteilung aus einer früheren Passage zurückgegriffen.

Der Schwierigkeitsgrad der Übungen in Teil A steigt mit zunehmender Komplexität der Rhythmen durch Pausen und Notenwerte unterschiedlicher Länge.

In den **Vorübungen** werden Rhythmen des jeweils folgenden Kapitels im Einzelnen durch Wiederholungen in einer Übeschleife vorbereitet. Die in den Vorübungen vorgestellten Rhythmen und Rhythmuswechsel gehen bisweilen direkt in die erste Übung des jeweiligen Unterkapitels ein.

Kontrolliere stets deine Schlagfiguren und Rhythmen an den Hör- und Videobeispielen auf der Internetseite *www.taataa.net*.

Beachte, dass die rhythmische Notation Zeitdauern im Verhältnis zu einem vorgegebenen Tempo bezeichnet. Beim Singen der Rhythmen sollen stets die vollen Dauern berücksichtigt werden.

Inhalt Übungen Teil A

Seite

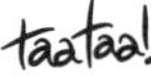

A1 Einteilige Rhythmen in Grundnotenwerten

► **Übungen 1–15**: Die Übungen sind so in Taktarten angeordnet, dass systematisch alle Schlagfiguren vom 1er- bis zum 7er-Schlag erlernt und in den weiteren Kapiteln gefestigt werden können. Versieh die Eins in jedem Takt mit einem kleinen Schwerpunkt (→ *Dirigieren*, S. 14 ff.).

Nicht immer ist mit der Taktartangabe auch der Schlag vorgegeben. Taktarten können auf verschiedene Weise aufgefasst werden: Entweder gehen die Schlagfiguren aus dem musikalischen Kontext oder aber aus einer Schlaganweisung hervor (→ *Schlaganweisungen im Notentext*, S. 14 f.).

► **Übung 2**: Es sind ein 3/4-Takt sowie die Schlaganweisung – in 1 – vorgegeben. Ein Schlag umfasst also einen ganzen 3/4-Takt. Der Takt wird demnach mit dem 1er-Schlag und nicht – in 3 – geschlagen.

Zur Übersicht über die Schlagverteilungen sind in größeren Taktarten Haken und/oder Dreiecke exakt über die Taktschläge (Zählzeiten) des ersten Taktes eingetragen, z.B. in Übung 11. Vervollständige diese Eintragungen zur Verdeutlichung der Taktphrasierung bis zum Ende der Übung sorgfältig, aber auch zügig (→ *Schlaganweisungen im Notentext*, S. 14 f.).

Die Taktschläge sollen in diesem Kapitel noch nicht unterteilt werden, auch dann nicht, wenn sie wie in den 3er- oder 6er-Takten dreiteilig angelegt sind.

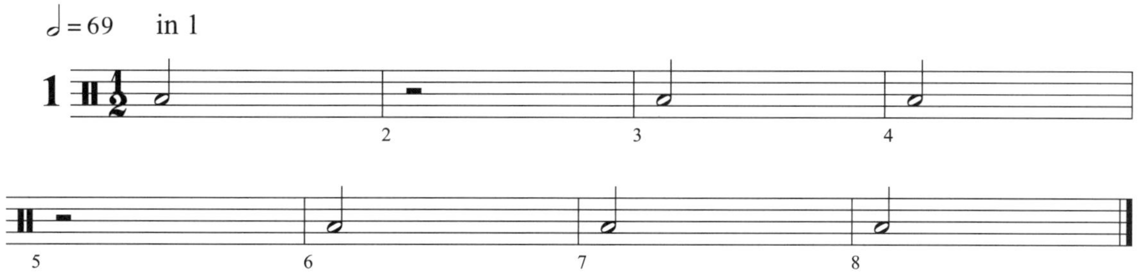

𝅗𝅥 = 69 in 1

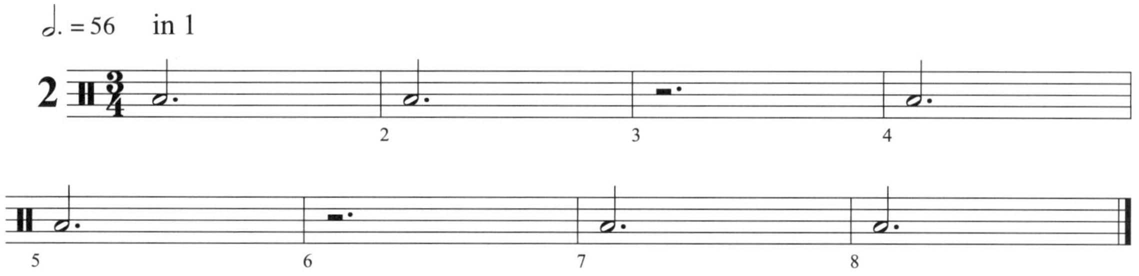

1

2 3 4

5 6 7 8

𝅗𝅥. = 56 in 1

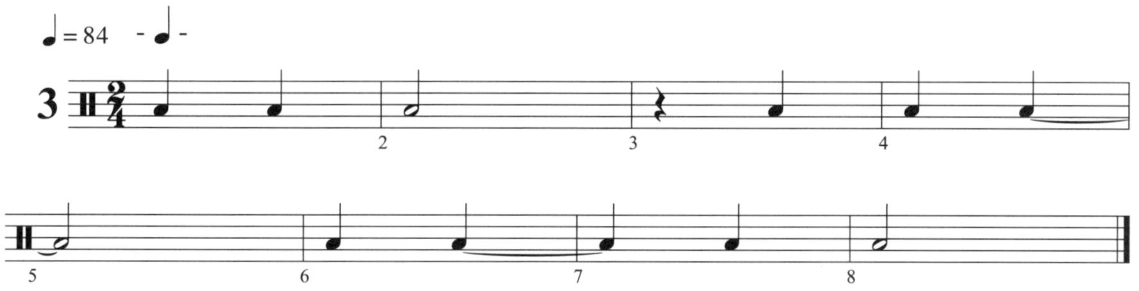

2

2 3 4

5 6 7 8

♩ = 84 - ♩ -

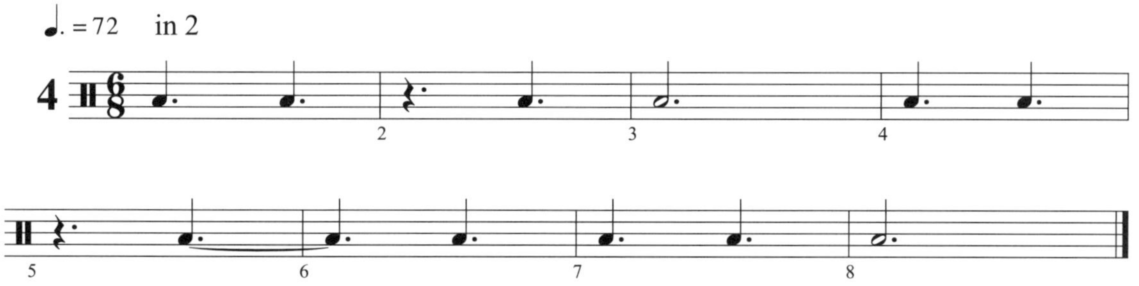

3

2 3 4

5 6 7 8

♩. = 72 in 2

4

2 3 4

5 6 7 8

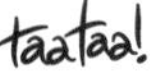

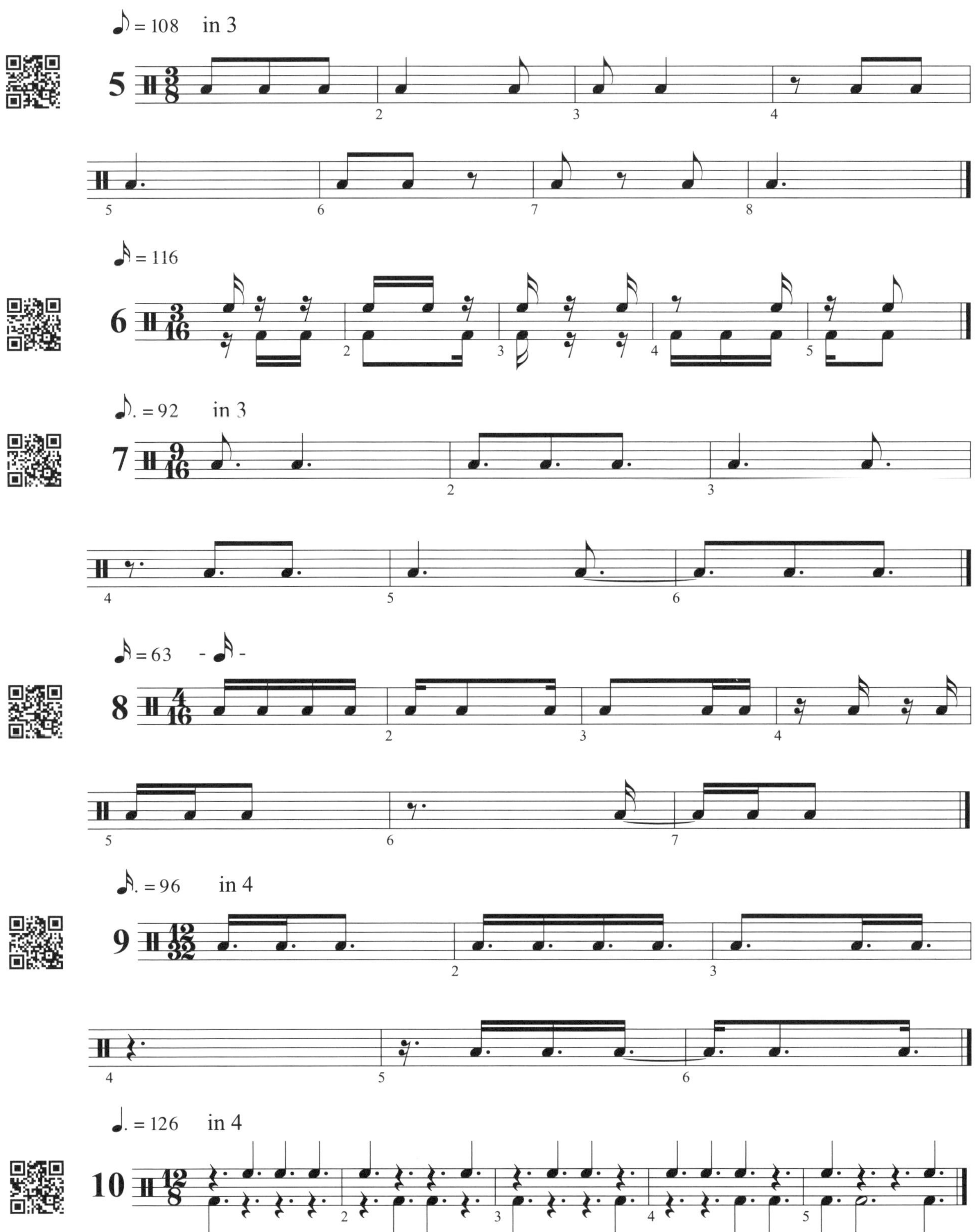

♪ = 108 in 3
5
♬ = 116
6
♪. = 92 in 3
7
♬ = 63
8
♬. = 96 in 4
9
♩. = 126 in 4
10

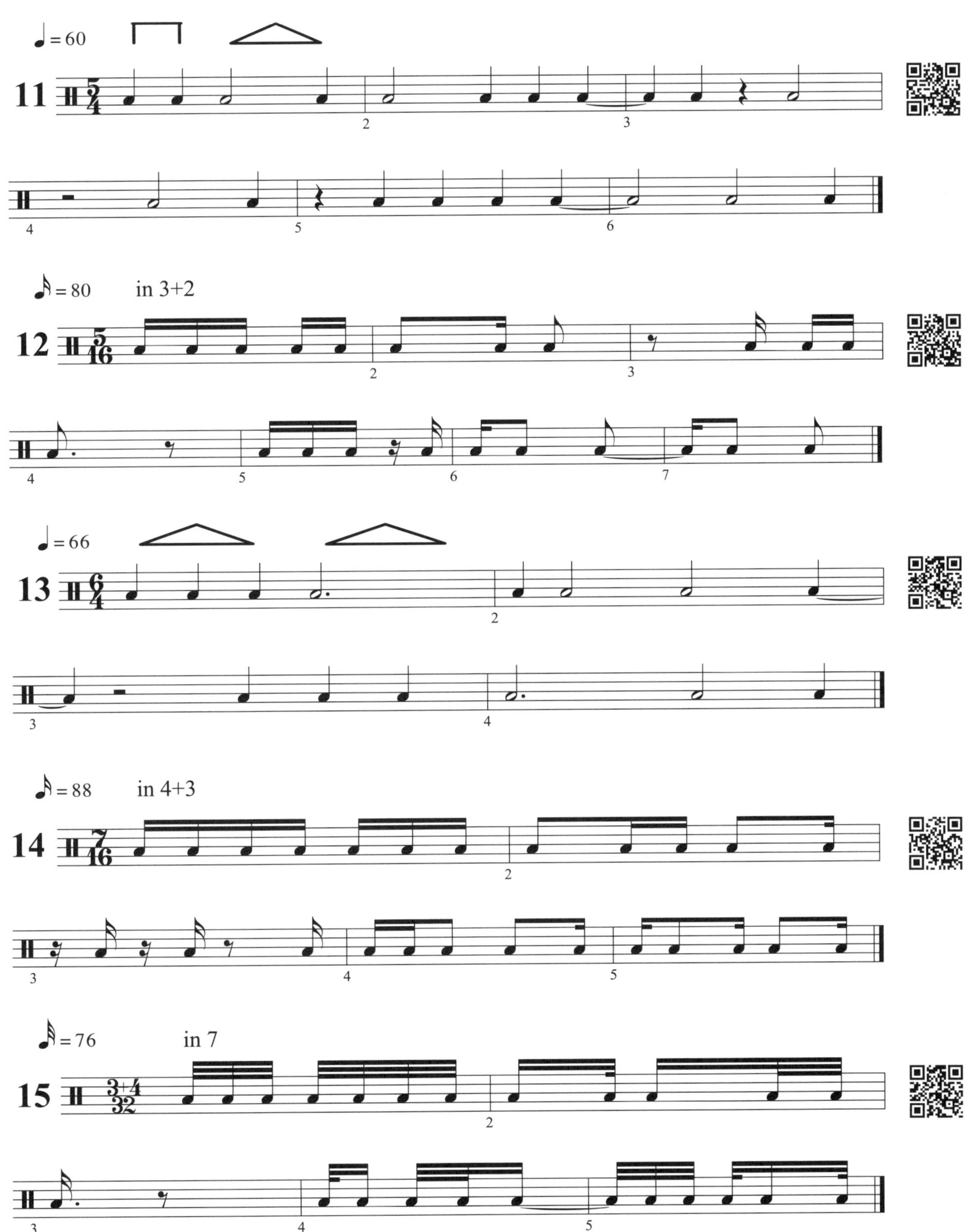
♩ = 60
11
♪ = 80 in 3+2
12
♩ = 66
13
♪ = 88 in 4+3
14
♪ = 76 in 7
15

A2 Zweiteilige Rhythmen in Grundnotenwerten, Duolen und Punktierungen

In den Unterkapiteln sind die Taktarten so gewählt, dass die Schlagfiguren wie in A1 systematisch vom 2er- bis zum 7er-Schlag aufbauen.

Beachte, dass das Schlagtempo unabhängig vom Notenwert der Zählzeit mal schneller oder mal langsamer durch eine Metronomzahl vorgegeben ist. Eine Verknüpfung von Tempo und Notenwert, wie sie in früheren Epochen bestand, ist nicht mehr automatisch gegeben.

► **Vorübung zu Kap. 2.1**: In einer Übeschleife wird der 2-teilige Rhythmus im ersten Takt laut gesungen und im zweiten Takt duch inneres Hören stumm gefühlt. Das Schlagtempo wird geklatscht und getanzt (→ *Vorübungen*, S. 7). Im zweiten Takt bleibt die Tanzbewegung bestehen.

► **Übungen 16–19**: Es sind nur 2er-Takte als 2/2-, 2/4-, 2/8- und 2/16-Takt hintereinander gestellt. An diesen Taktarten wird das verdoppelnde (multiplikative) oder halbierende (divisive) Prinzip der Grundnotenwerte von der Ganzen bis zur Zweiunddreißigstel verdeutlicht (→ *Lineare Rhythmuspyramide*, S. 21 ff.).

► **Übung 20**: Der 6/8-Takt wird – in 2 – geschlagen. Der 2-teilige Rhythmus ist in Achtel-Duolen notiert. Das heißt, dass in Anbetracht des Tempos ♩. = 96 der Rhythmus nicht als Konfliktrhythmus *2:3*, sondern, wie in den Übungen davor, mit Grundnotenwerten auf einem 2-teiligen Puls ausgeführt wird. Auch die punktierten Viertel und die punktierte Halbe am Schluss werden nicht 3-teilig gehört (→ *Ableitungsverhältnis und Schlagverhältnis*, S. 20 f.).

In Teil A werden X-tolen als rhythmische Unterteilungen vergleichbar mit Grundnotenwerten behandelt. Aufgaben, die überwiegend aus X-tolen oder Punktierungen bestehen, sind Verständnisaufgaben.

► **Übung 21**: Längere Notenwerte werden durch die zweite Stimme in Viertel geteilt. Sei dir bewusst, dass der 2-teilige Puls weiter schwingt, auch wenn Pausen oder längere Notenwerte ausgeführt werden.

► **Übung 22**: Der 9/8-Takt wird – in 3 – geschlagen. Der 2-teilige Rhythmus ist hier als punktierte Achtel notiert. Die punktierten Viertel werden nicht als 3-teilige Rhythmen gehört, sondern wie in Übung 20 werden hier ungeteilte Schlagdauern und 2-teilige Rhythmen ohne Konfliktrhythmen ausgeführt.

► **Vorübung zu Kap. 2.2.**: Stabilisiere die Überbindungen und Synkopen zunächst in der Vorübung durch eine Übeschleife. Unterscheide in den Takten 2 und 3 zwischen kurzer und langer Dauer der Synkope. Die Synkopen werden als Versetzung des Schwerpunktes vom Schlag empfunden.

► **Übung 28**: Übernimm das Rhythmusgefühl der Vorübung im gleichen Tempo.

► **Übungen 29–38**: Übe die Überbindungen und Synkopen in verschiedenen Taktarten und Tempi.

► **Übungen 39–46**: In den Pausen soll ein stabiles Rhythmusgefühl dafür sorgen, dass keine Temposchwankungen entstehen. Stärke mit den Übungen das innere Rhythmusgefühl und das innere Hören.

► **Übung 41**: Die Notenwerte, die im Auftakt bezogen auf den ganzen Takt unvollständig erklingen, werden im letzten Takt der Übung ergänzt. Der Auftakt führt zum ersten Viertel als Schwerpunkt des Taktes hin.

► **Übung 43**: Der Auftakt führt in die Eins des ersten Taktes, obwohl dort eine Viertelpause notiert ist. Der Schwerpunkt wird als rhythmisches Körpergefühl mit dem inneren Puls umgesetzt.

2.1. Grundformen

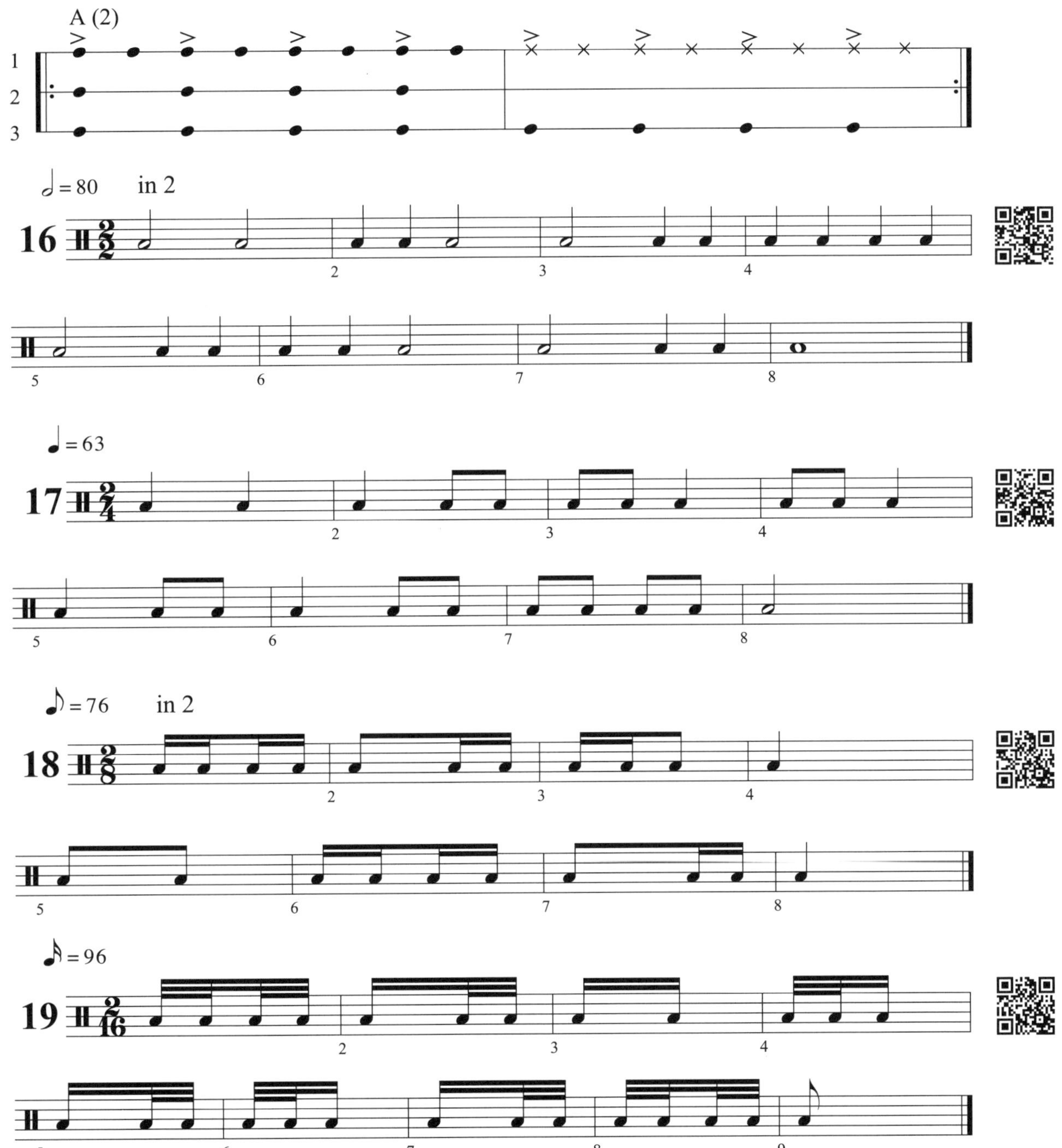

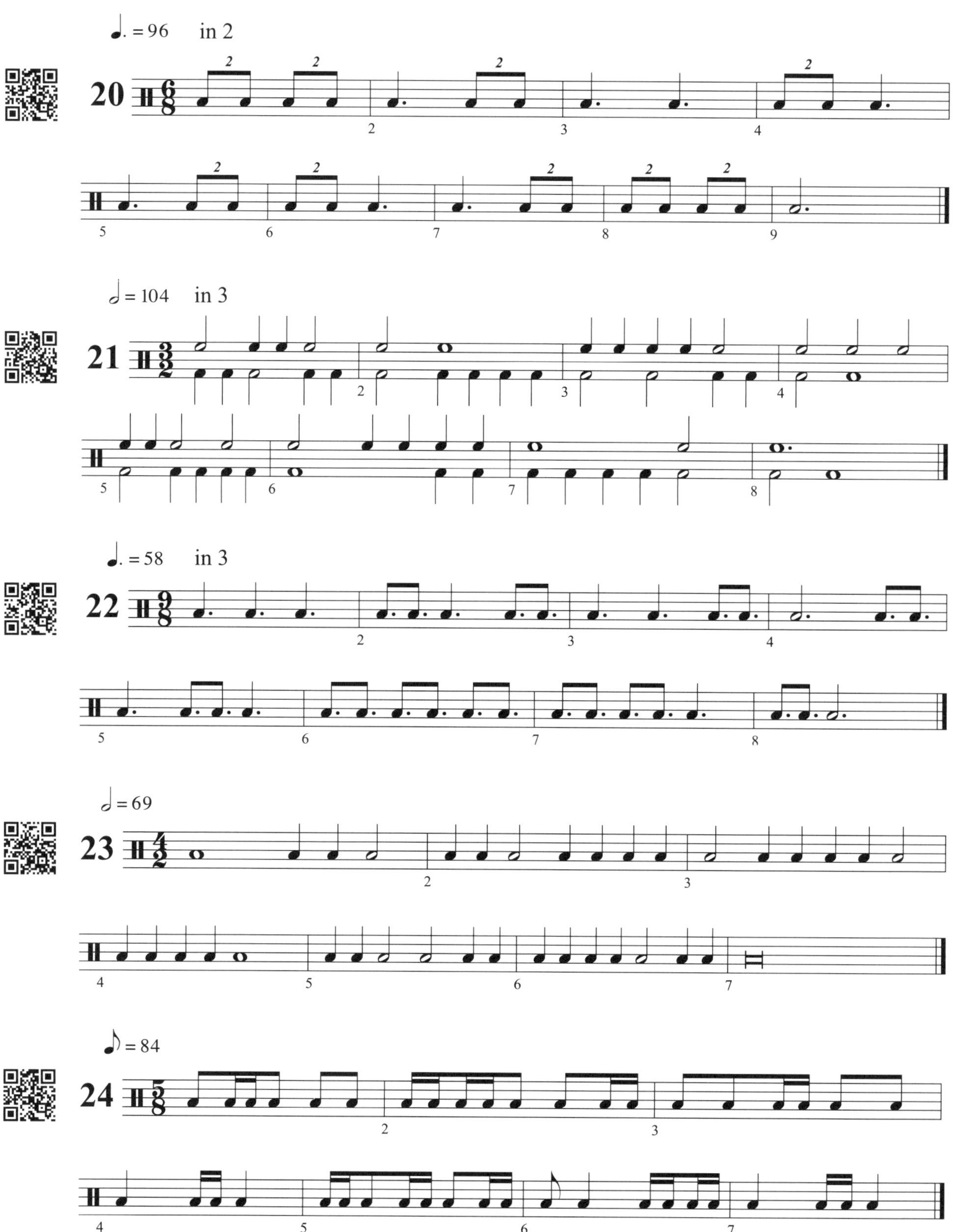

♩. = 96 in 2
20
𝅗𝅥 = 104 in 3
21
♩. = 58 in 3
22
𝅗𝅥 = 69
23
♪ = 84
24

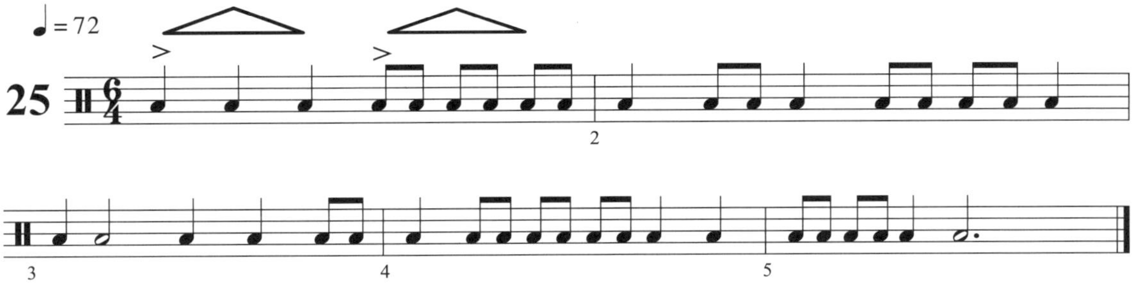

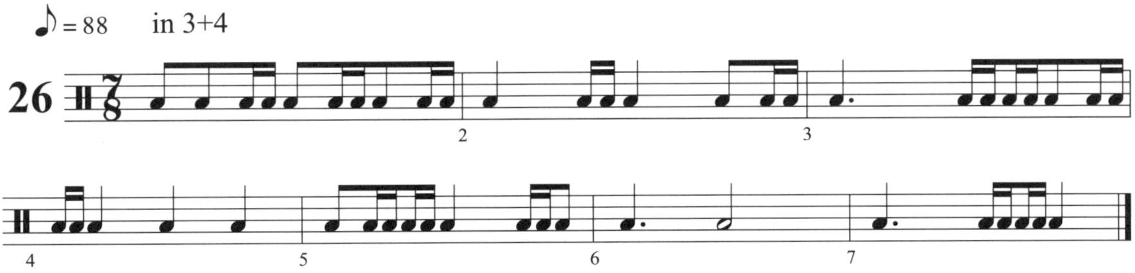

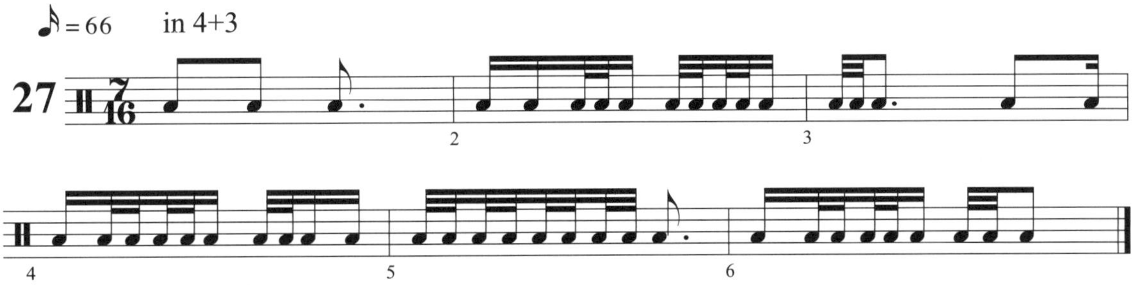

♩ = 72

25

♪ = 88 in 3+4

26

𝅘𝅥𝅯 = 66 in 4+3

27

2.2. Überbindungen und Synkopen

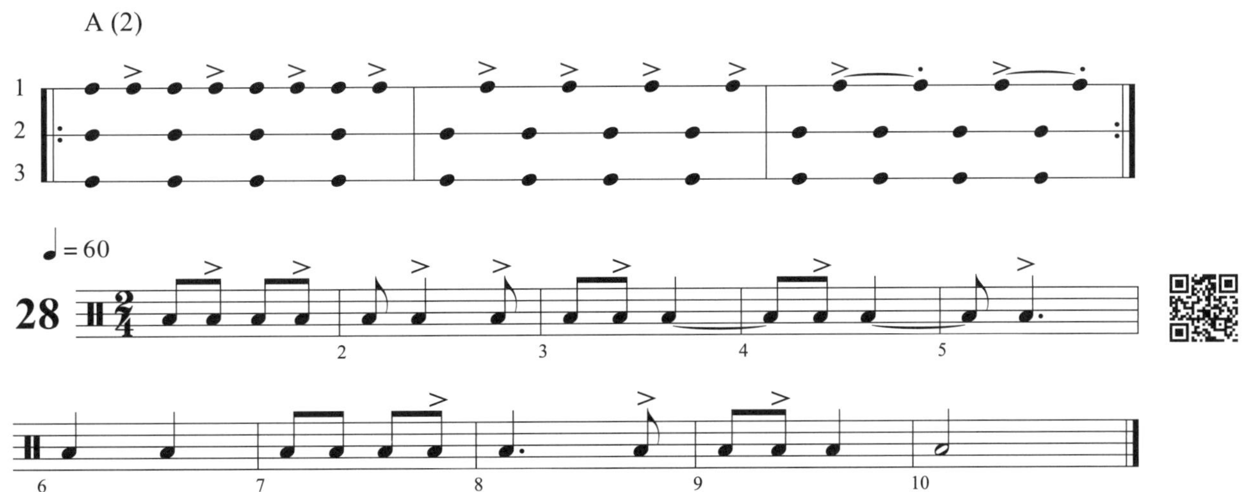

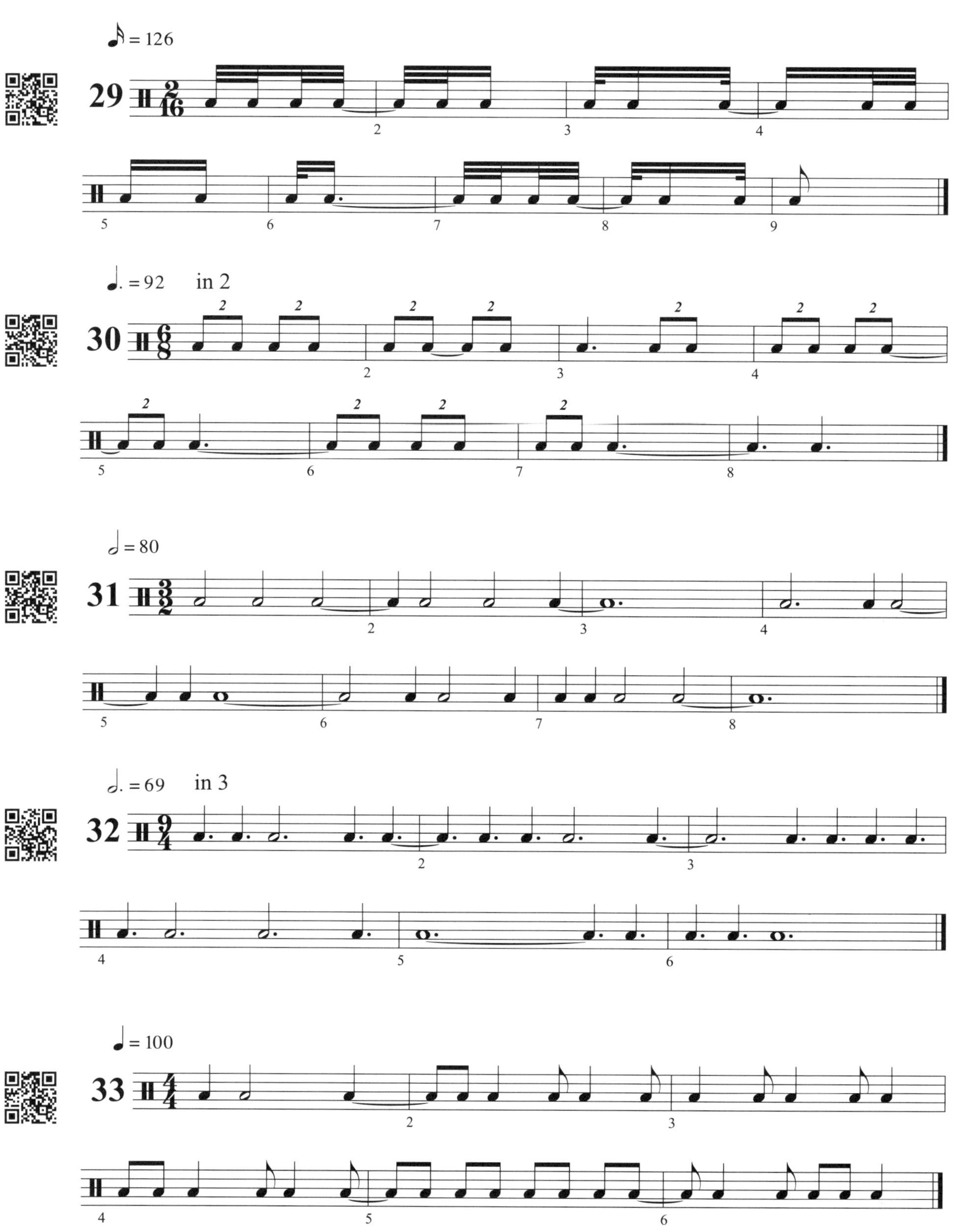
♪ = 126
29
♩. = 92 in 2
30
𝅗𝅥 = 80
31
𝅗𝅥. = 69 in 3
32
♩ = 100
33

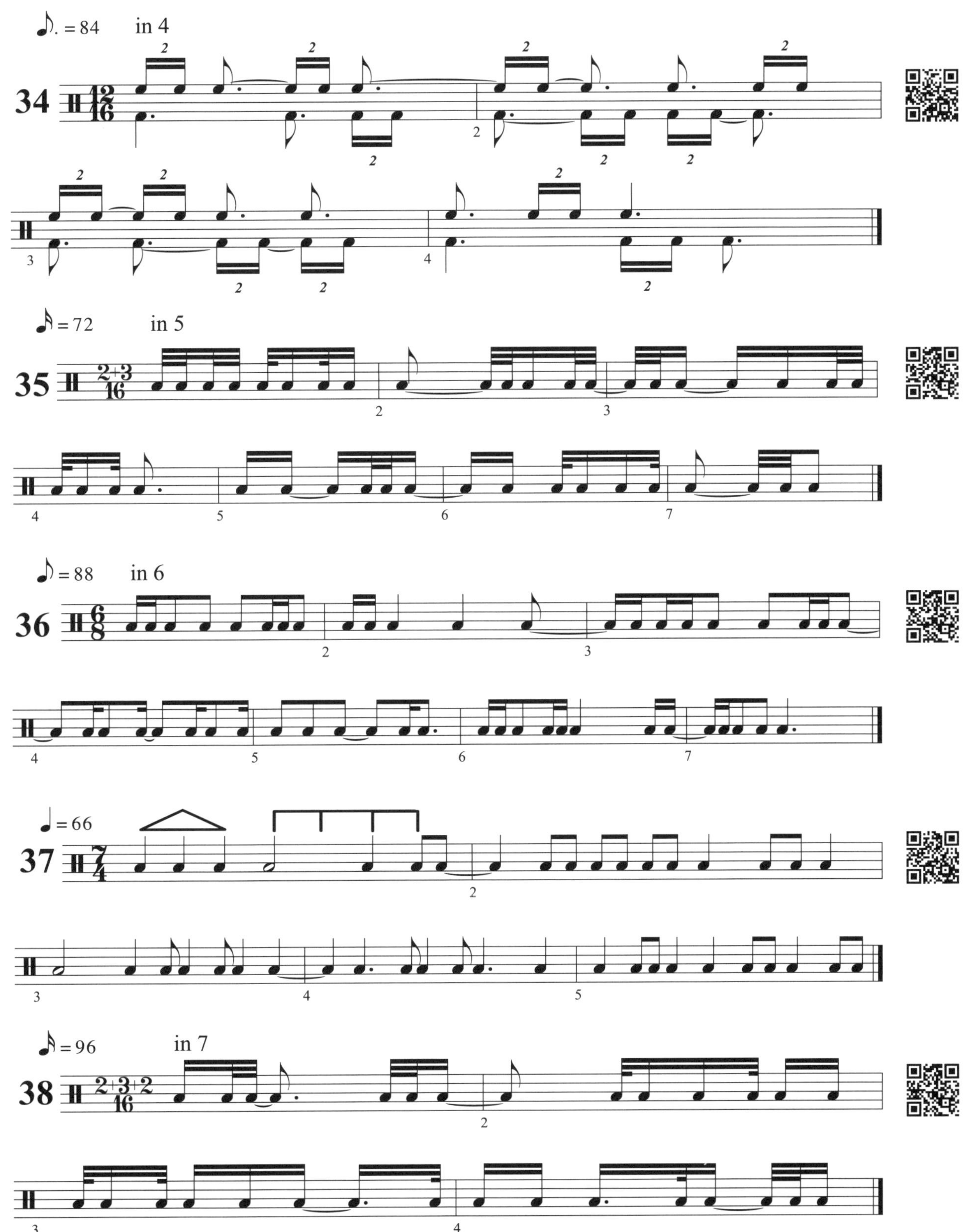
♪. = 84 in 4
34
♪ = 72 in 5
35
♪ = 88 in 6
36
♩ = 66
37
♪ = 96 in 7
38

2.3. Überbindungen, Synkopen, Pausen und Auftakte

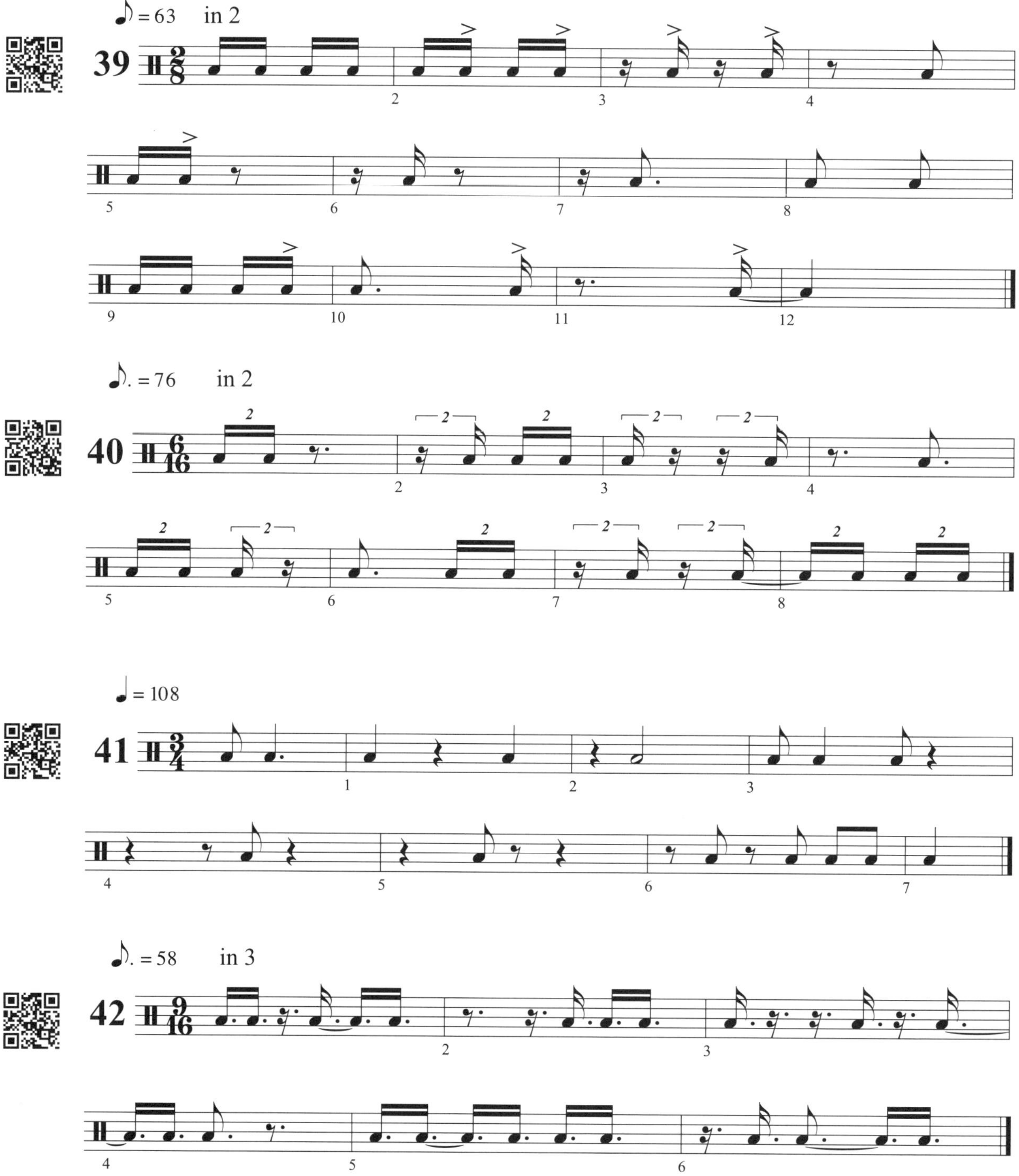

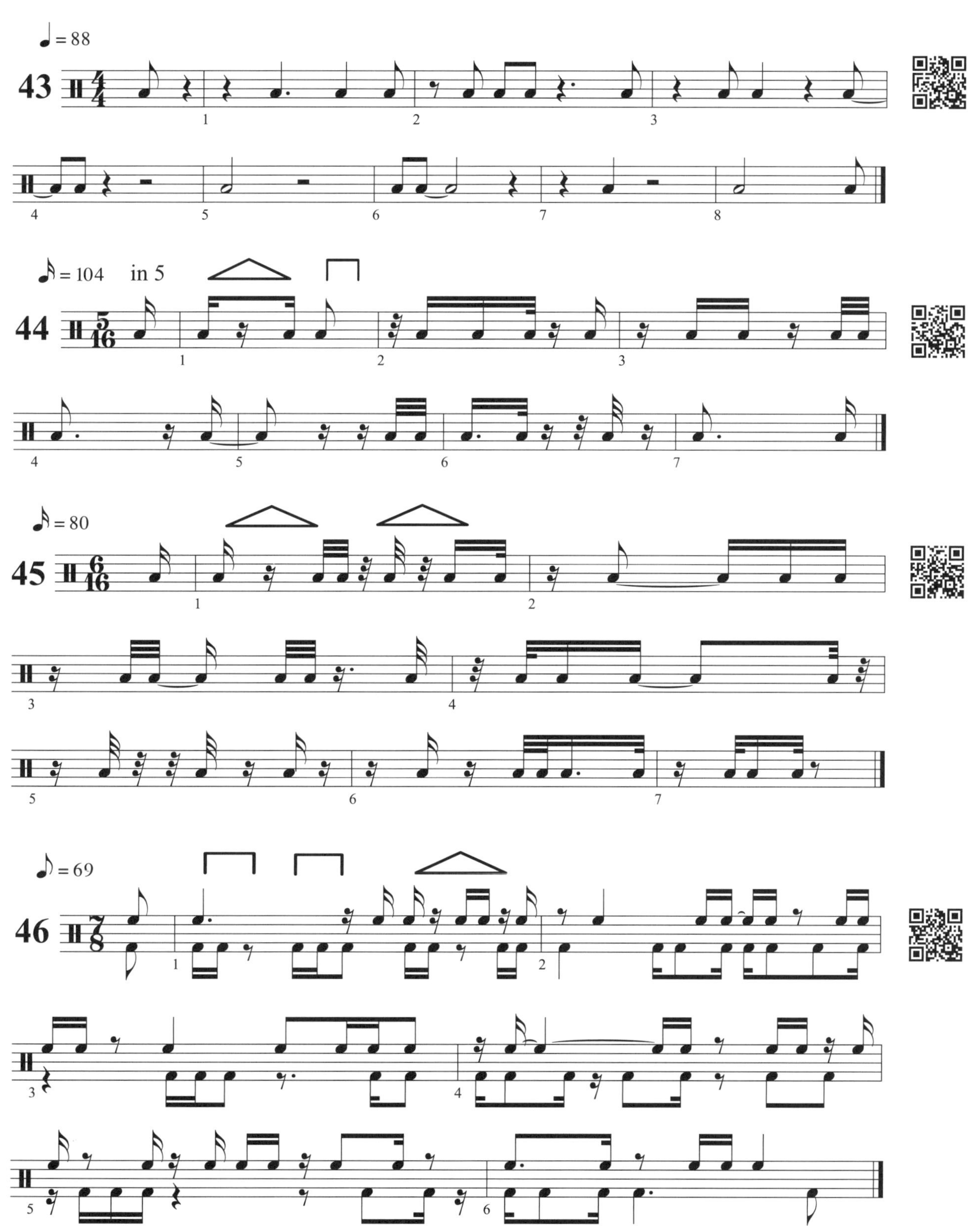
43
44
in 5
45
46

A3 Dreiteilige und additive Rhythmen

Zu 3.1. Dreiteilige Rhythmen in Grundnotenwerten und Triolen

In den Unterkapiteln sind die Taktarten so angeordnet, dass sich die Anzahl der Schläge pro Takt systematisch vom 2er- bis zum 4er-Schlag steigert.

► **Vorübung zu 3.1.1**: Drei rhythmische Konstellationen werden innerhalb der Wiederholungen im ersten Takt gesungen und im zweiten Takt im Dreier gedacht. Wiederhole so oft, bis der 3-teilige Puls stabil ist.

Als „Dreier", „Vierer", „Fünfer" etc. werden die kompletten rhythmischen Unterteilungen, also die Dreiteiligkeit, Vierteiligkeit, Fünfteiligkeit etc., bezeichnet. Sie können entweder als Grundnotenwerte oder als X-tolen notiert sein.

► **Übungen 47 und 48**: Beim Üben zu zweit oder in einer Gruppe werden beide Übungen gleichzeitig in Tempo 58 gesungen. Man stellt fest, dass derselbe Rhythmus erklingt. Es soll dadurch deutlich werden, dass es mehrere Möglichkeiten gibt, denselben Rhythmus zu notieren. Die Notation muss in diesem Fall aus mathematischer Sicht übereinstimmen[1] und kann in Grundnotenwerten (wie in Übung 47) oder aber in X-tolen (wie in Übung 48) erfolgen.

Triolen sollten nicht grundsätzlich im Tenuto gesungen werden. Wenn die Triole auf diese Weise „schiebt", gerät das Tempo dabei zu schwer und zu langsam. 3er-, 6er-, 9er, 12er-Takte schwingen unter dem 3-teiligen Rhythmus. Übertrage dieses Gefühl auf die Triolen.

► **Übungen 49–55**: Übe die 3-teiligen Rhythmen in verschiedenen Taktarten und Tempi.

► **Vorübung zu 3.1.2**: Zwei weitere rhythmische Konstellationen kommen hinzu und werden wie in 3.1.1. ausgeführt. Achte darauf, dass die betonte zweite bzw. dritte Note bei fehlendem Akzent auf der Eins nicht den 3-teiligen Puls als Ganzes durcheinanderbringt.

► **Übungen 56–62**: Bei Überbindungen wird über den ersten und ggfs. zweiten oder dritten Schlag des 3-teiligen Rhythmus hinweggesungen. Einwickle einen starken inneren 3-teiligen Puls, damit die Rhythmen auch bei den Überbindungen stabil bleiben.

► **Übung 59**: Durch die Akzente werden die anschließenden Synkopen vorbereitet. Nimm die Akzente leicht, damit das Pulsgefühl nicht verloren geht.

► **Übung 63**: Durch Akzente werden die Synkopen in den Takten 3 und 6 vorbereitet. Behalte ein stabiles, aber auch unverkrampftes Gefühl für den 3-teiligen Puls. Nutze die Übung als Zählübung, indem du den Zweiunddreißigstel-Puls mit „1 – 2 – 3" langsam durchzählst: Zähle die Zweiunddreißigstel und die Akzente laut und die Pausen stumm. Die punktierte Sechzehntel im letzten Takt wird laut durchgezählt. Zähle umgekehrt die Zweiunddreißigstel innerlich stumm und die Pausen laut.

Bewusstes **Zählen**, insbesondere der Pausen ist generell eine sinnvolle Übung. Dadurch wird das bewusste Zählen von Pulsunterteilungen besonders herausgefordert. Das stumme Zählen von Pausen setzt, vergleichbar mit einem Negativfilm, Akzente im Negativen.

[1] Leonida Torrebruno, „Rhythmische Übereinstimmung", in: *Rhythmusschulung. Elemente der Rhythmik, Isorhythmik und Polyrhythmik für den Musikstudenten und Laien,* Wien (Universal Edition) 1972, S. 8.

▶ **Übung 64**: Vom 5/16-Takt ist eigentlich nichts zu hören. Alle Rhythmen sind in Unterzahl als Sechzehntel-Triole mit *3:5* notiert. Nur die Pausentakte müssen im 5/16-Takt notiert sein, weil eine Pause über eine komplette X-tole hinweg nicht existiert (→ *Die Notation von X-tolen*, S. 18 ff.). Ganze Pausentakte können jedoch generell auch immer als Ganze Pause notiert werden. In diesem Lehrbuch werden Pausenwerte immer präzise ausnotiert.

▶ **Übungen 65–69**: Übe die 3-teiligen Rhythmen mit Überbindungen, Synkopen, Pausen und Auftakten in den verschiedenen Taktarten und Tempi.

▶ **Übung 68**: Der 3-teilige innere Puls wird nie abgeschaltet. Durch ihn wird das 3-teilige Raster während der Pausen und der langen Notenwerte präzise aufrechterhalten.

Zu 3.2. Ein- bis dreiteilige Rhythmen

▶ **Vorübung**: Die 2- und 3-teiligen Rhythmen wechseln in der Übeschleife ab. Achte auf dein inneres Gehör und Rhythmusgefühl und beobachte, wie du den Wechsel nach den zu Beginn von Teil A genannten Kriterien (→ S. 35) hörst.

▶ **Übungen 70–79**: 1- bis 3-teilige Rhythmen wechseln sich innerhalb einer Übung ab. Übe die entsprechenden Rhythmen separat und durch Pausen getrennt in einer Übeschleife in der jeweiligen Taktart.

Zu 3.3. Additive Rhythmen mit 2er- und 3er-Metren

Additive Rhythmen bestehen aus einer Aneinanderreihung von 2er- und 3er-Metren. Im Gegensatz zu den geteilten Taktschlägen bestimmt der Kleinstpuls der 2er- und 3er-Metren die Dauer der kurzen oder langen Taktschläge. Die Metren werden deutlich hörbar als Phrasierung hervorgehoben. Lass den ganzen Körper in diesen Metren schwingen

▶ **Übungen 80–95**: Achte darauf, dass der Schlag nicht periodisch ist und dass die 3er-Metren nicht aus Versehen zu Triolen mutieren.

3.1. Dreiteilige Rhythmen in Grundnotenwerten und Triolen

3.1.1. *Grundformen*

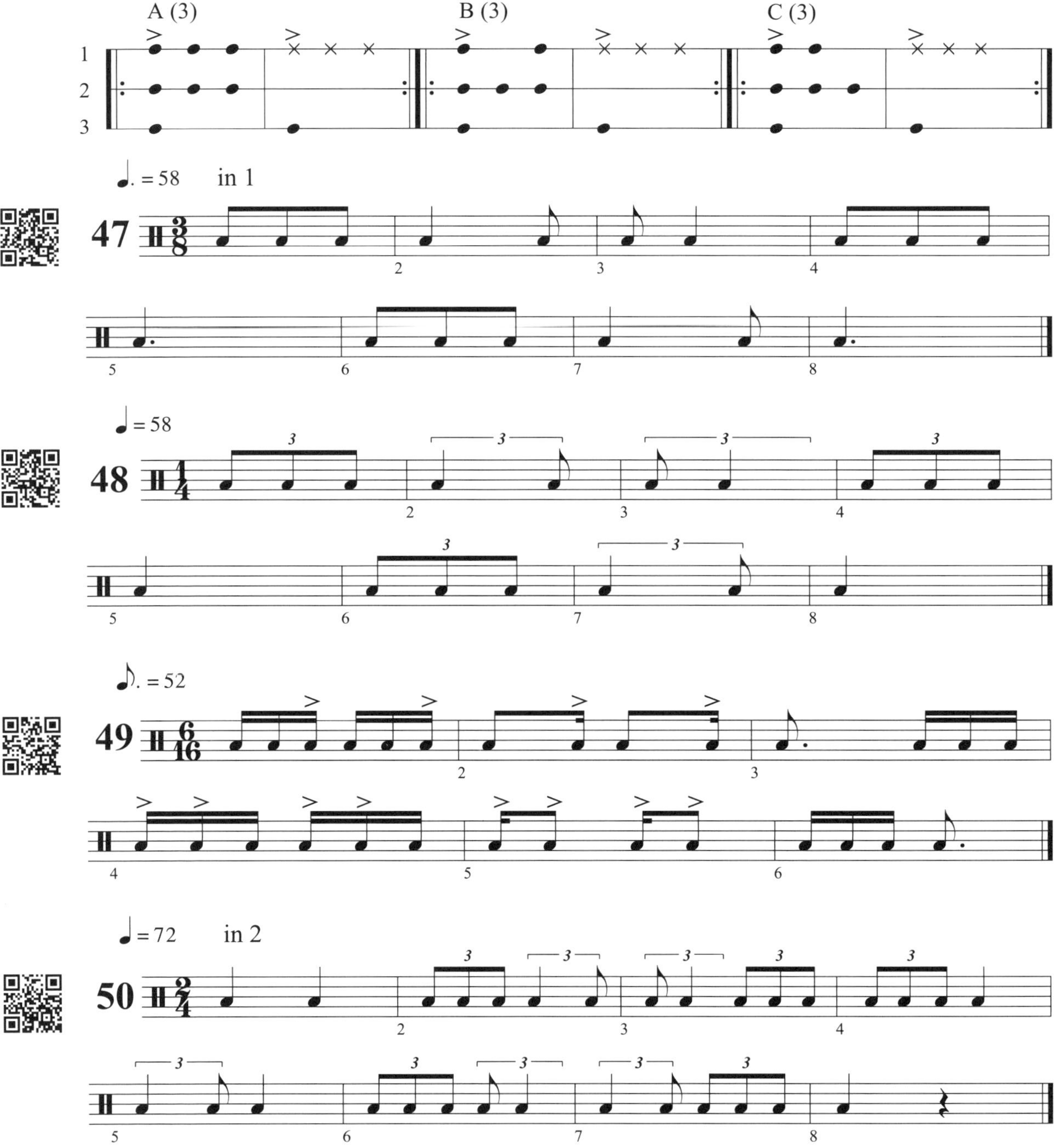

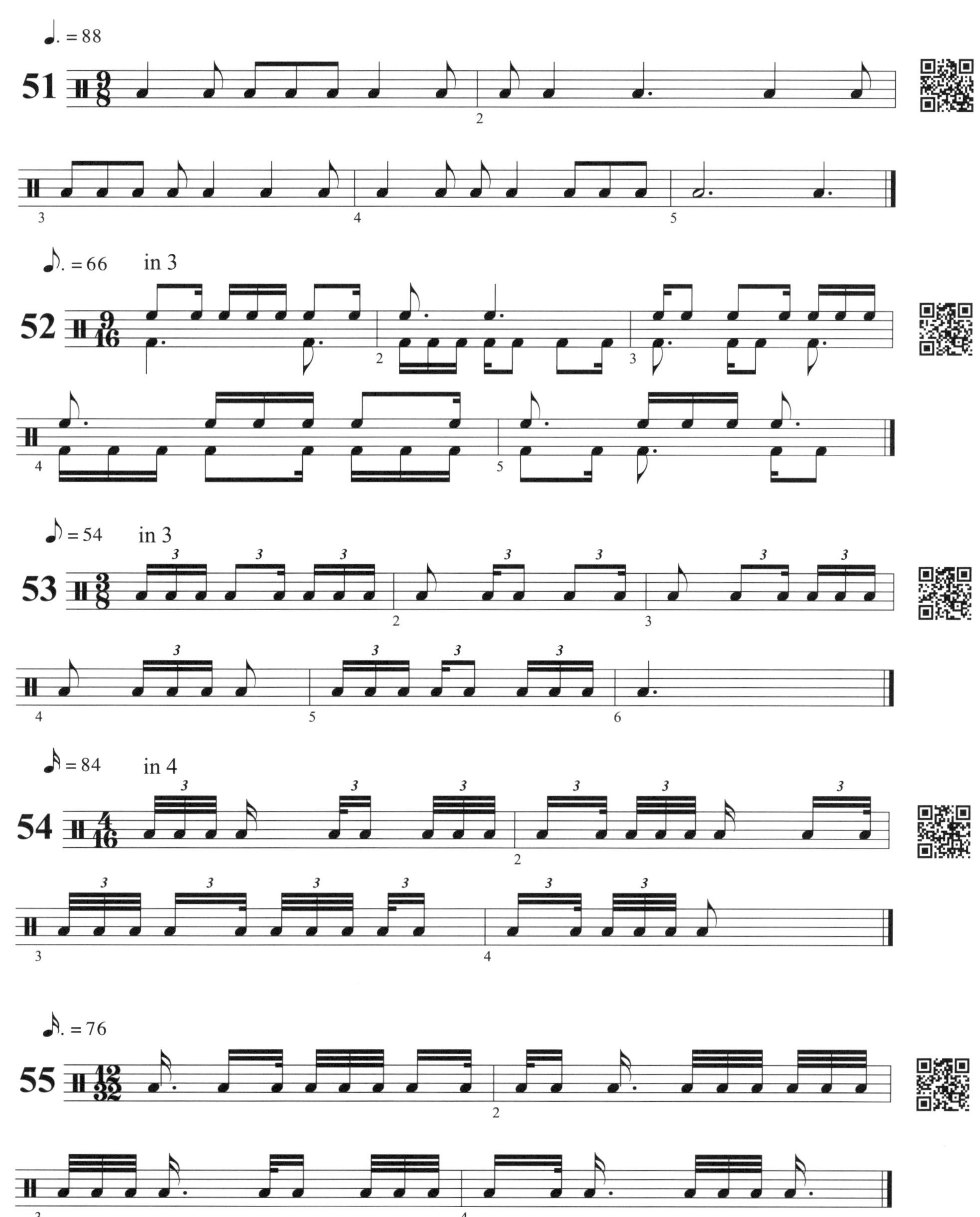

taataa!

3.1.2. *Überbindungen und Synkopen*

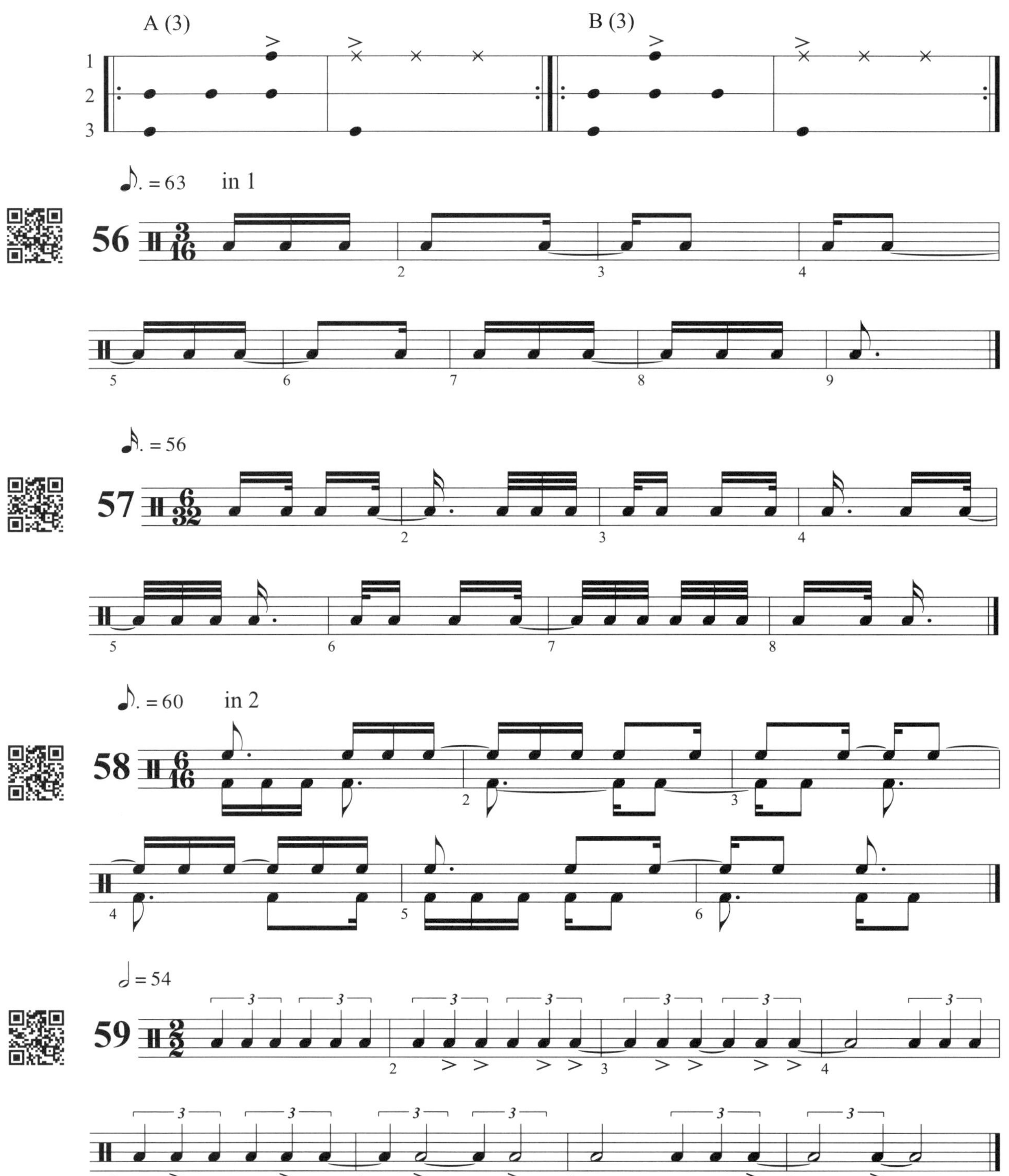

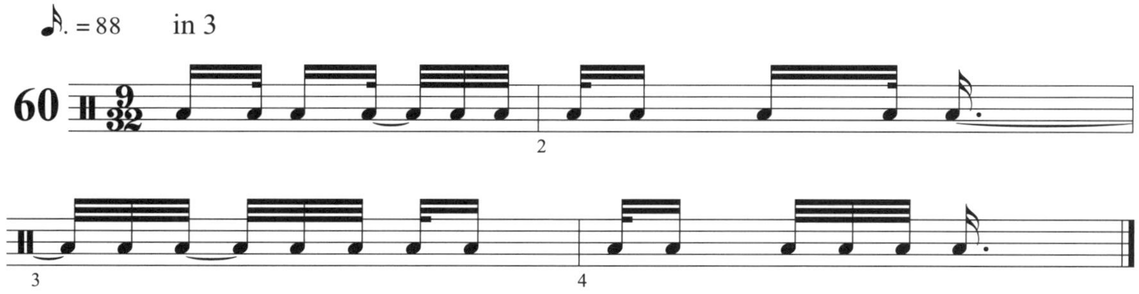

♪. = 88 in 3

60

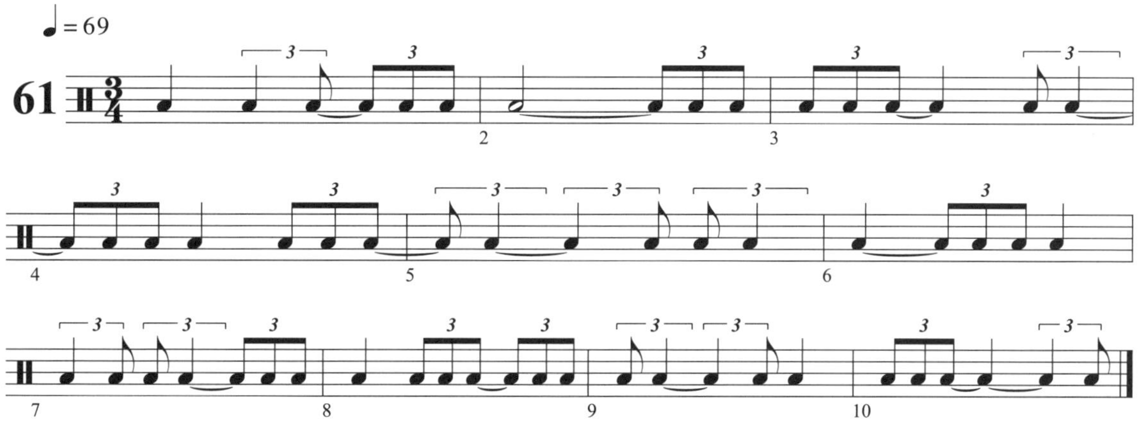

♩ = 69

61

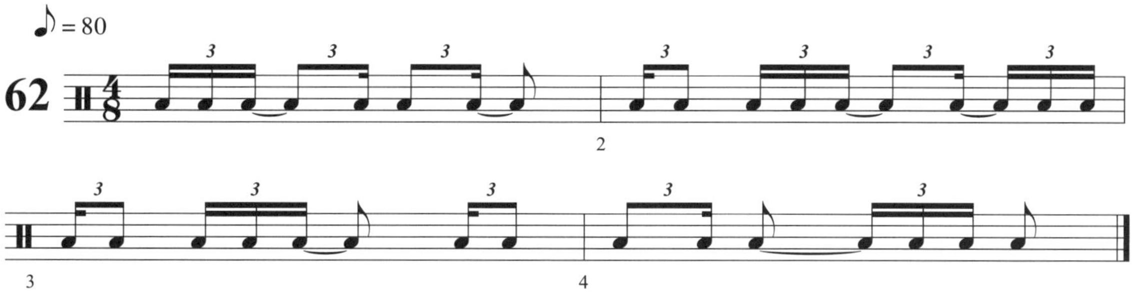

♪ = 80

62

3.1.3. *Überbindungen, Synkopen, Pausen und Auftakte*

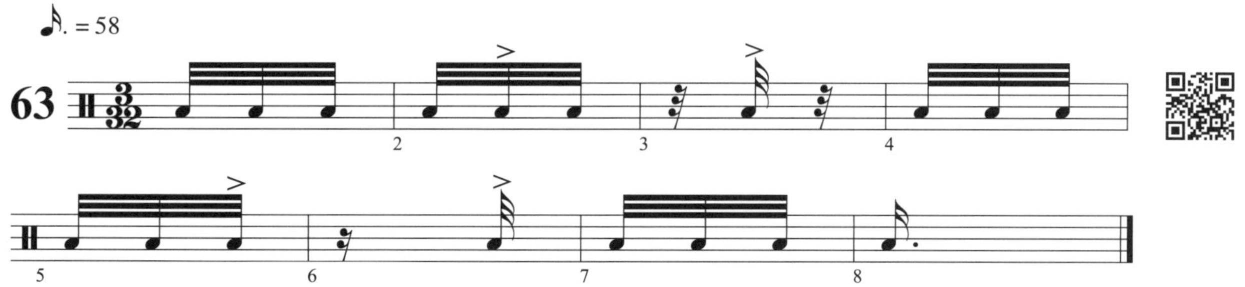

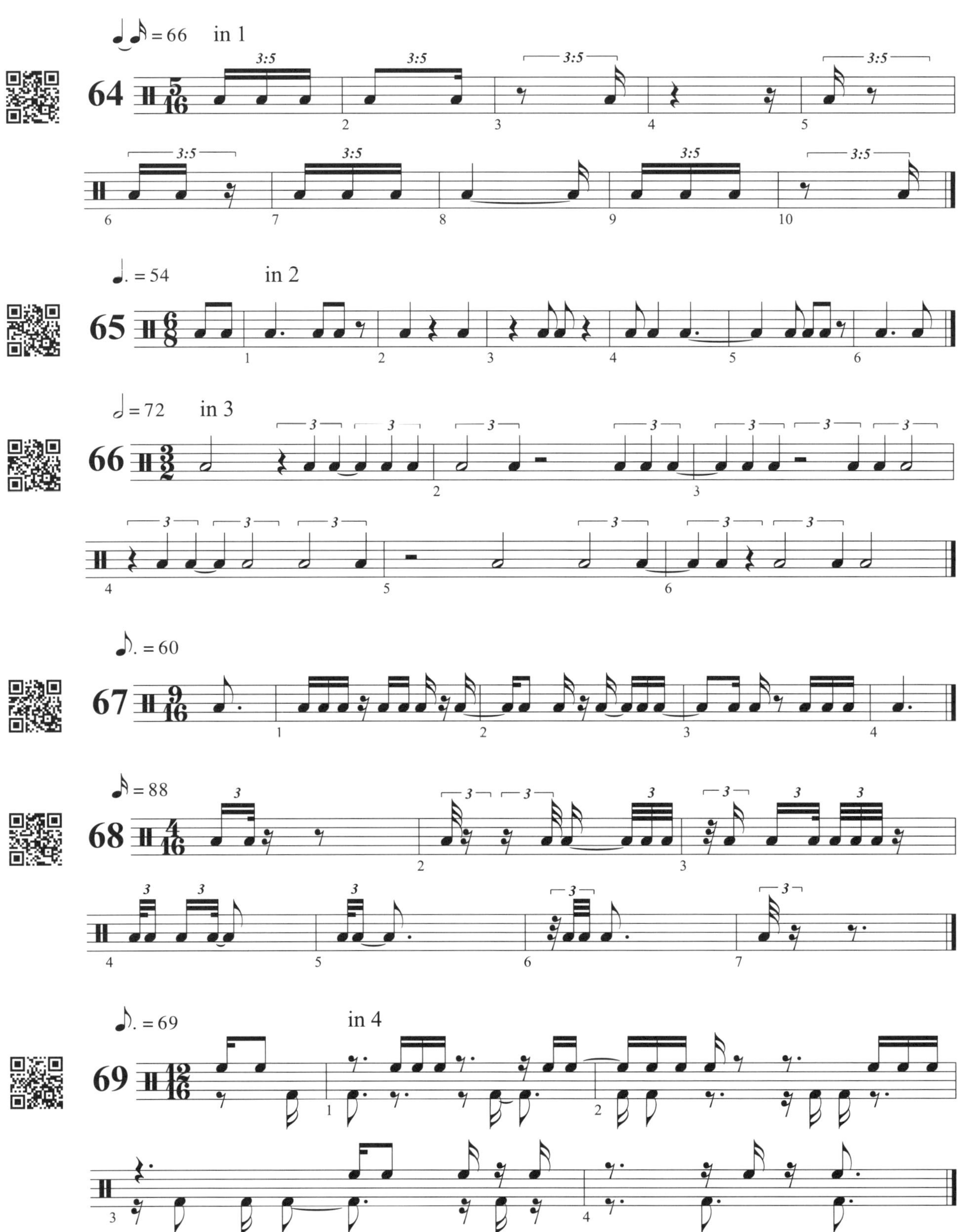

= 66 in 1
64
3:5
= 54 in 2
65
= 72 in 3
66
= 60
67
= 88
68
= 69 in 4
69

3.2. Ein- bis dreiteilige Rhythmen

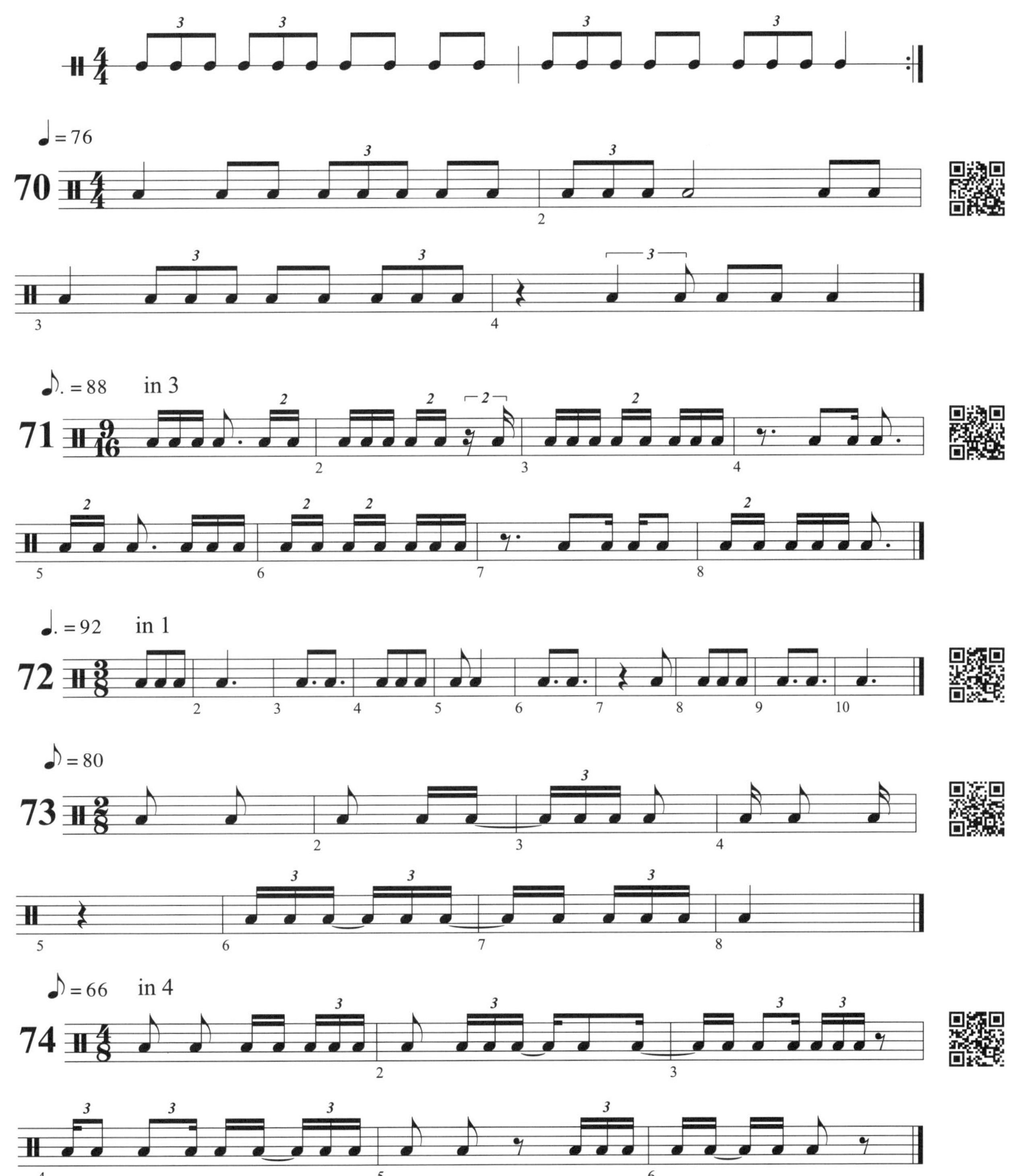

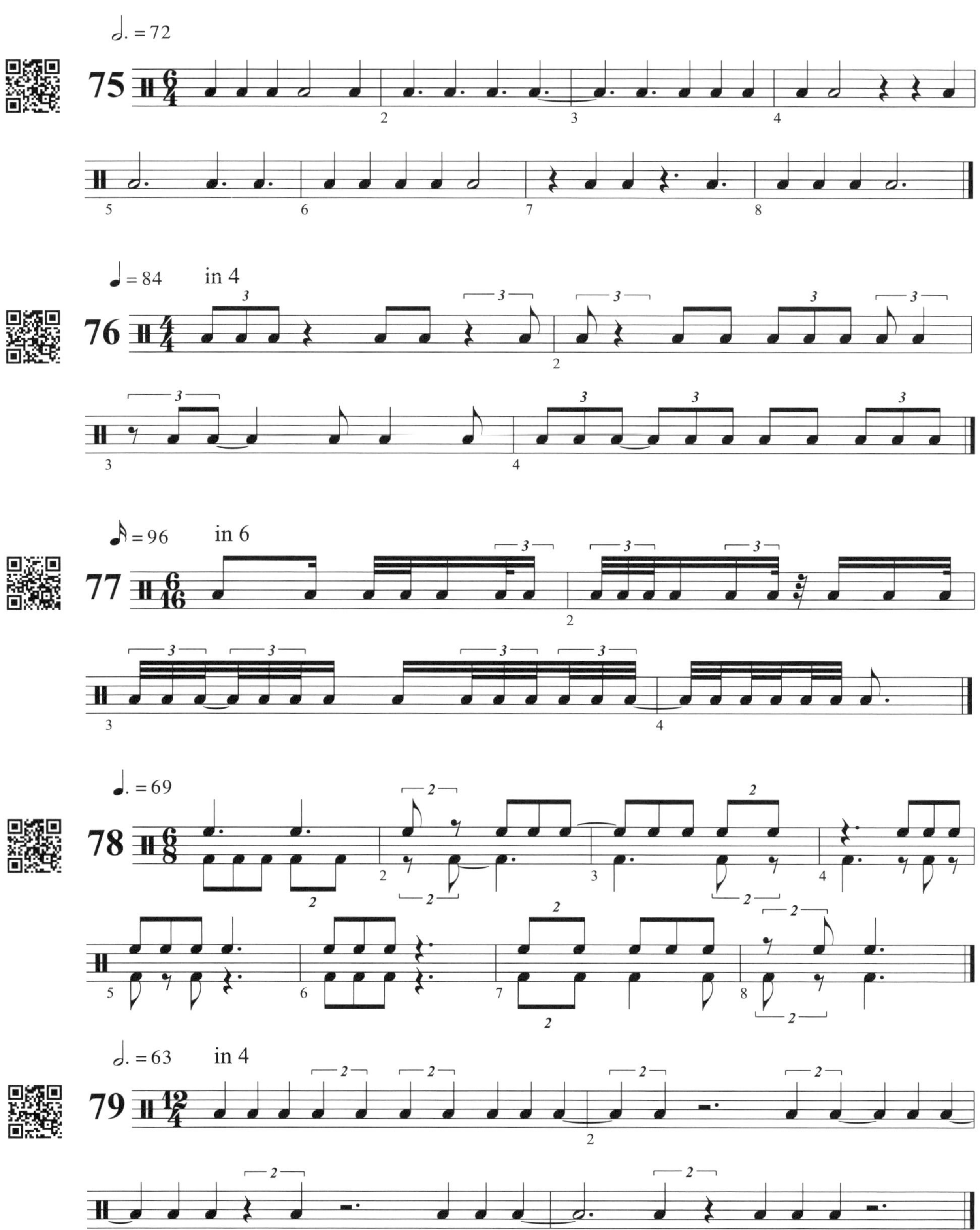
𝅗𝅥. = 72
75
♩ = 84 in 4
76
𝅘𝅥𝅮 = 96 in 6
77
♩. = 69
78
𝅗𝅥. = 63 in 4
79

3.3. Additive Rhythmen mit 2er- und 3er-Metren

3.3.1. *Grundformen*

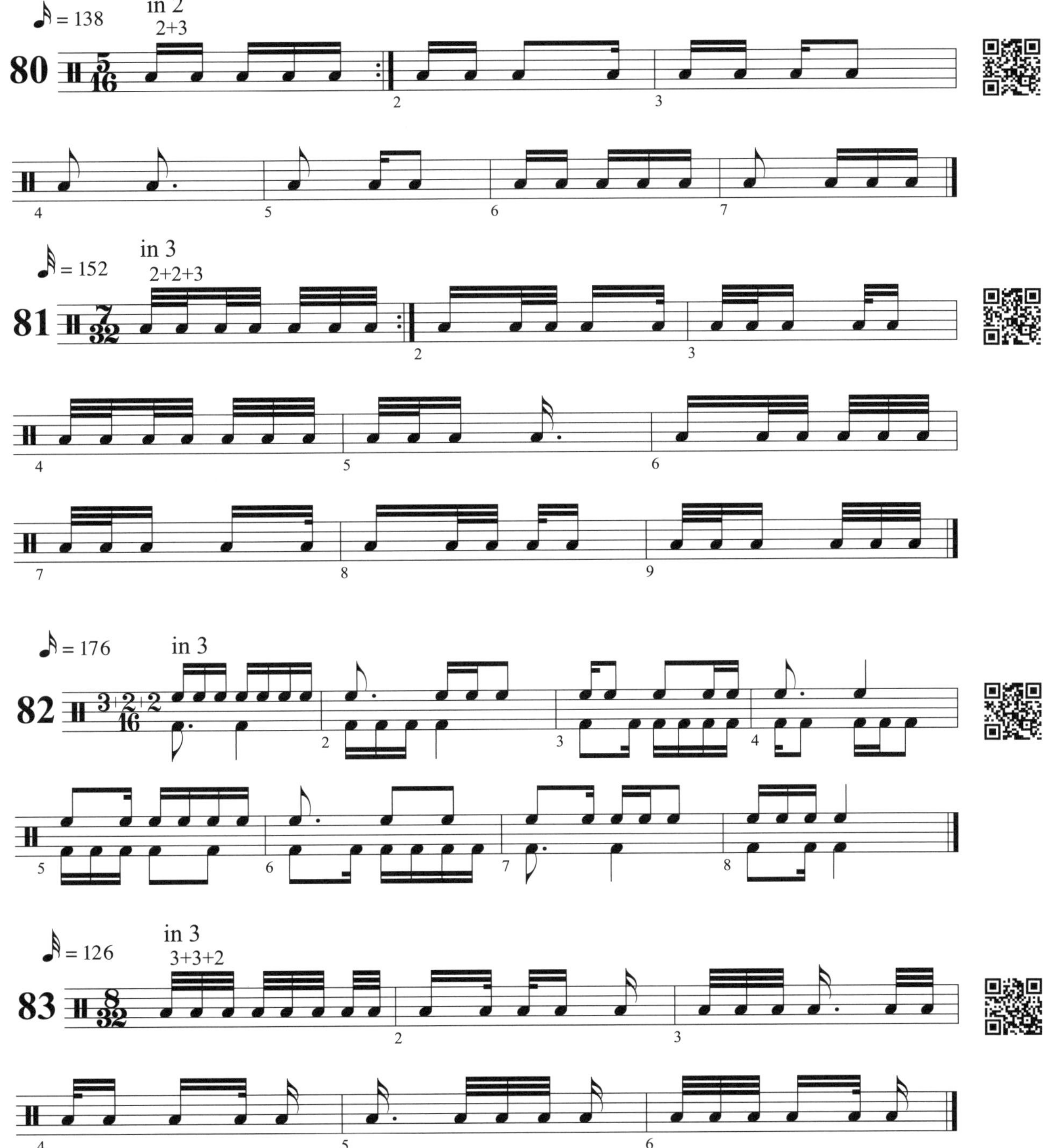

taataa!

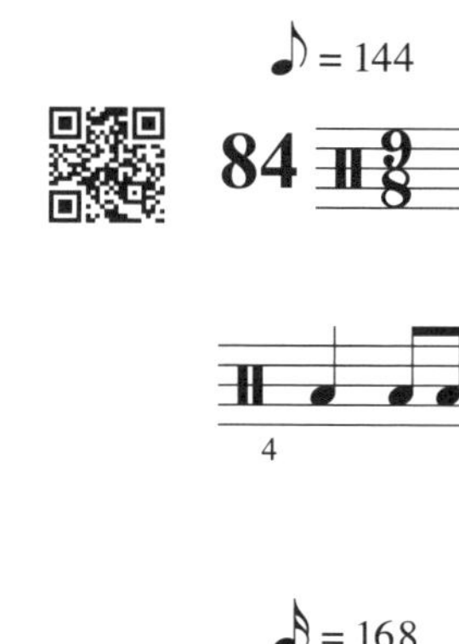

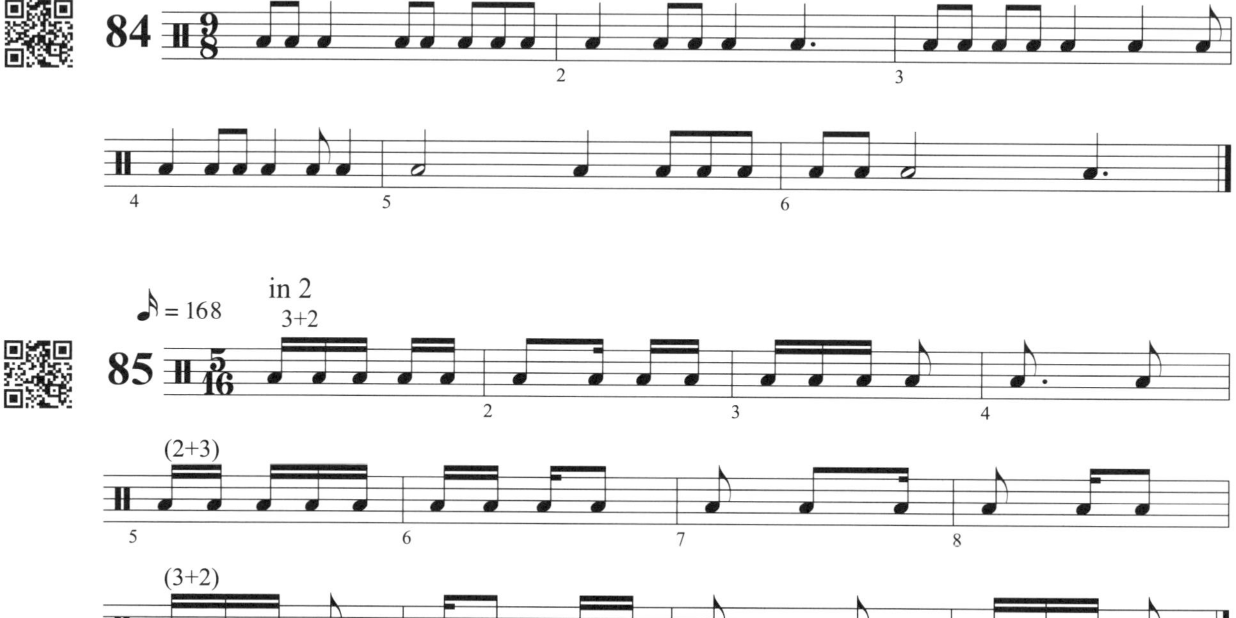

3.3.2. *Überbindungen und Synkopen*

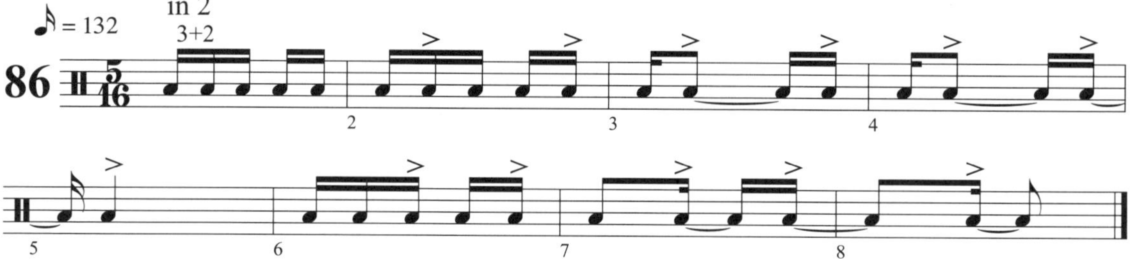

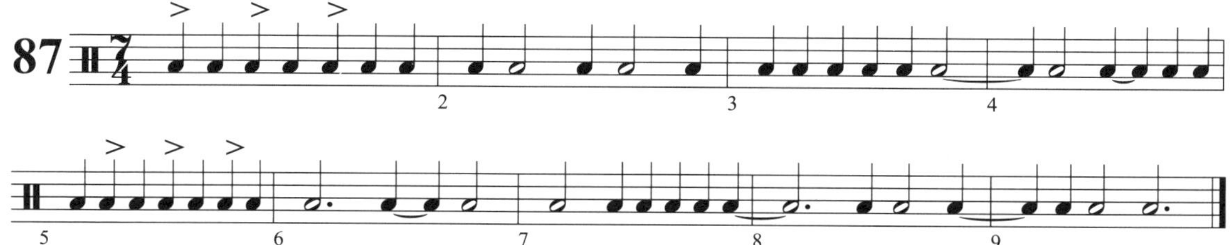

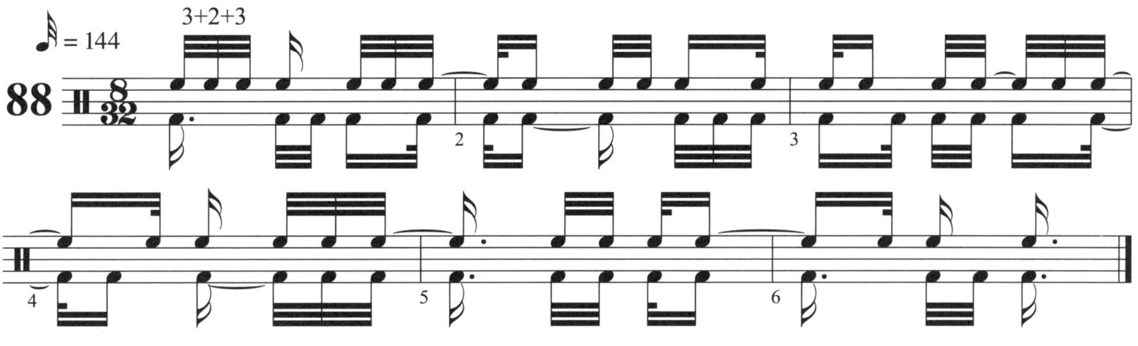

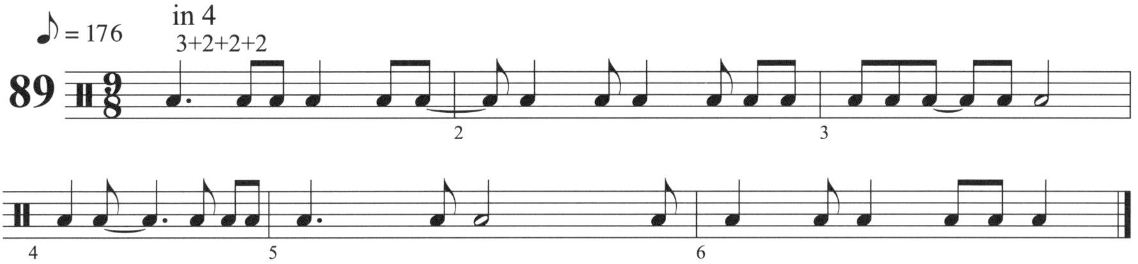

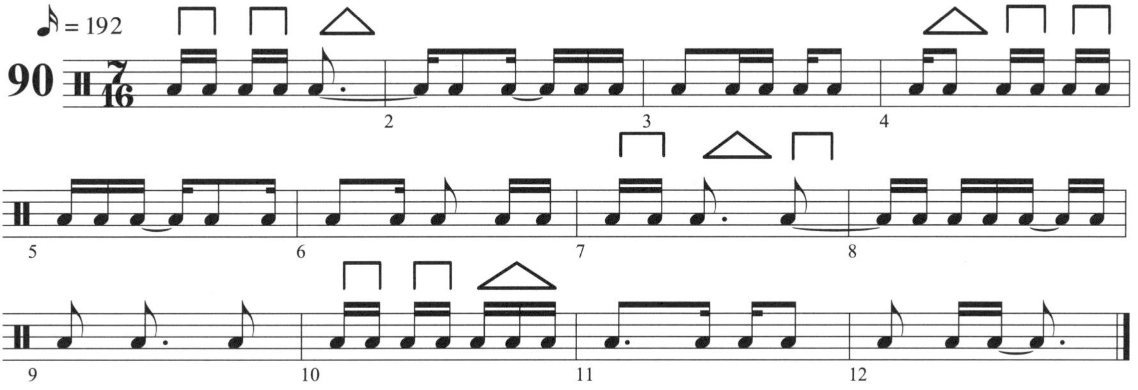

= 144
3+2+3

88

= 176
in 4
3+2+2+2

89

= 192

90

3.3.3. *Überbindungen, Synkopen, Pausen und Auftakte*

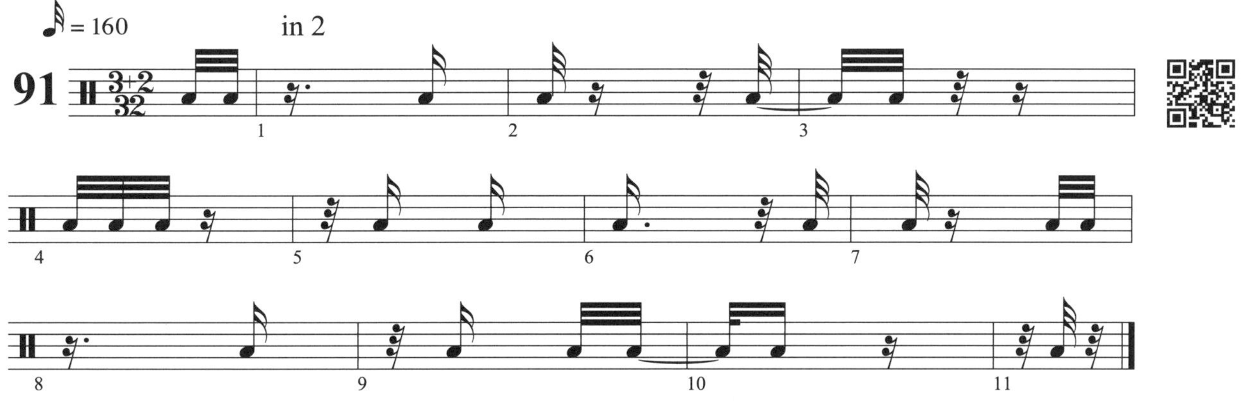

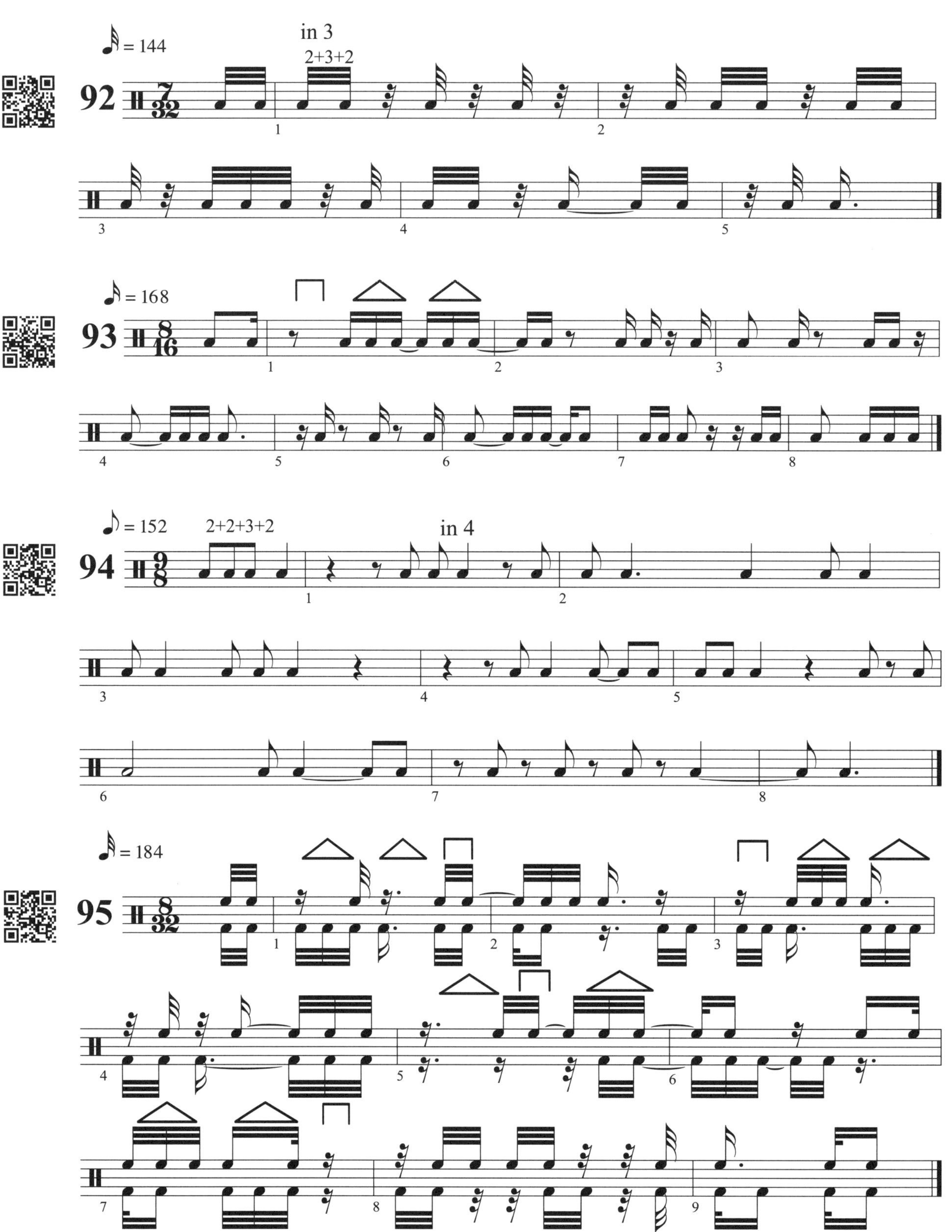

= 144
in 3
2+3+2
92
7/32
= 168
93
8/16
= 152
2+2+3+2
in 4
94
9/8
= 184
95
8/32

A4 Vierteilige Rhythmen

Die Schlagfiguren sollten in den ersten Kapiteln soweit geübt worden sein, dass sie hier je nach Schlaganweisung sicher ausgeführt werden können (→ *Dirigieren*, S. 14 ff.).

Zu 4.1. Vierteilige Rhythmen in Grundnotenwerten, Quartolen und Punktierungen

Der Schwierigkeitsgrad in diesem Abschnitt steigert sich durch größere Taktarten, die nun nicht mehr konsequent der Reihe nach von klein nach groß angeordnet sind.

► **Vorübung zu Kap. 4.1.1**: Drei rhythmische Konstellationen aus 4-teiligen Rhythmen wechseln in der Übeschleife ab. Setze selbst bei B und C, wie bei A, Pausentakte in die Übeschleifen ein, ohne dabei den Puls zu verlieren.

► **Übung 96–105**: Übe die Rhythmen aus den Vorübungen in den vorgegebenen Taktarten und Schlagfiguren.

► **Vorübung zu Kap. 4.1.2**: Zwei weitere rhythmische Konstellationen aus 4-teiligen Rhythmen kommen als Synkopen hinzu und wechseln in der Übeschleife ab. Im ersten Takt von B wird die erste Note in Part 1 kurz gesungen, im zweiten Takt hingegen bis zum letzten Akzent ausgehalten. Setze Pausentakte ein.

► **Übung 106**: Die synkopierten, punktierten und angebundenen Rhythmen werden durch Akzente auf den durchlaufenden Zweiunddreißigsteln vorbereitet. Dadurch wird deutlich, dass zwischen durchlaufenden Zweiunddreißigsteln und innerlicher Pulsunterteilung kein großer Unterschied besteht.

► **Übung 107–125**: Wenn das Tempo es zulässt, sollte in den Übungen bei Überbindungen, Synkopen, Punktierungen und Pausen über alle Taktarten und Schlagfiguren hinweg der 4-teilige Puls erhalten bleiben.

► **Übung 115**: Die Akzente auf den durchlaufenden Sechzehnteln bereiten die Rhythmen der folgenden Schläge vor. Der Sechzehntel-Puls in Übung 115 kann als Zählübung in langsamem Tempo durchgezählt werden: die Notenwerte und Akzente laut, die Pausen stumm.

► **Übung 123**: Die Taktschläge sind durch Zahlen über dem System gekennzeichnet. Entscheide selbst über die Einteilung des Taktes und die auszuführende Schlagfigur.

Zu 4.2. Ein- bis vierteilige Rhythmen

► **Vorübung zu Kap. 4.2**: Der Wechsel zwischen 3- und 4-teiligen Rhythmen wird im 4/4-Takt so lange in der Übeschleife wiederholt, bis er sicher gelingt.

► **Übungen 125–138**: Hier sind die elementaren Rhythmen, die statistisch einen Großteil der Musikliteratur ausmachen, zusammengefasst. Festige daher sorgfältig den Wechsel zwischen 1-,2-, 3- und 4-teiligen Rhythmen.

Der Schwierigkeitsgrad steigert sich durch die Zunahme an Synkopen und Pausen.

4.1. Vierteilige Rhythmen in Grundnotenwerten, Quartolen und Punktierungen

4.1.1. *Grundformen*

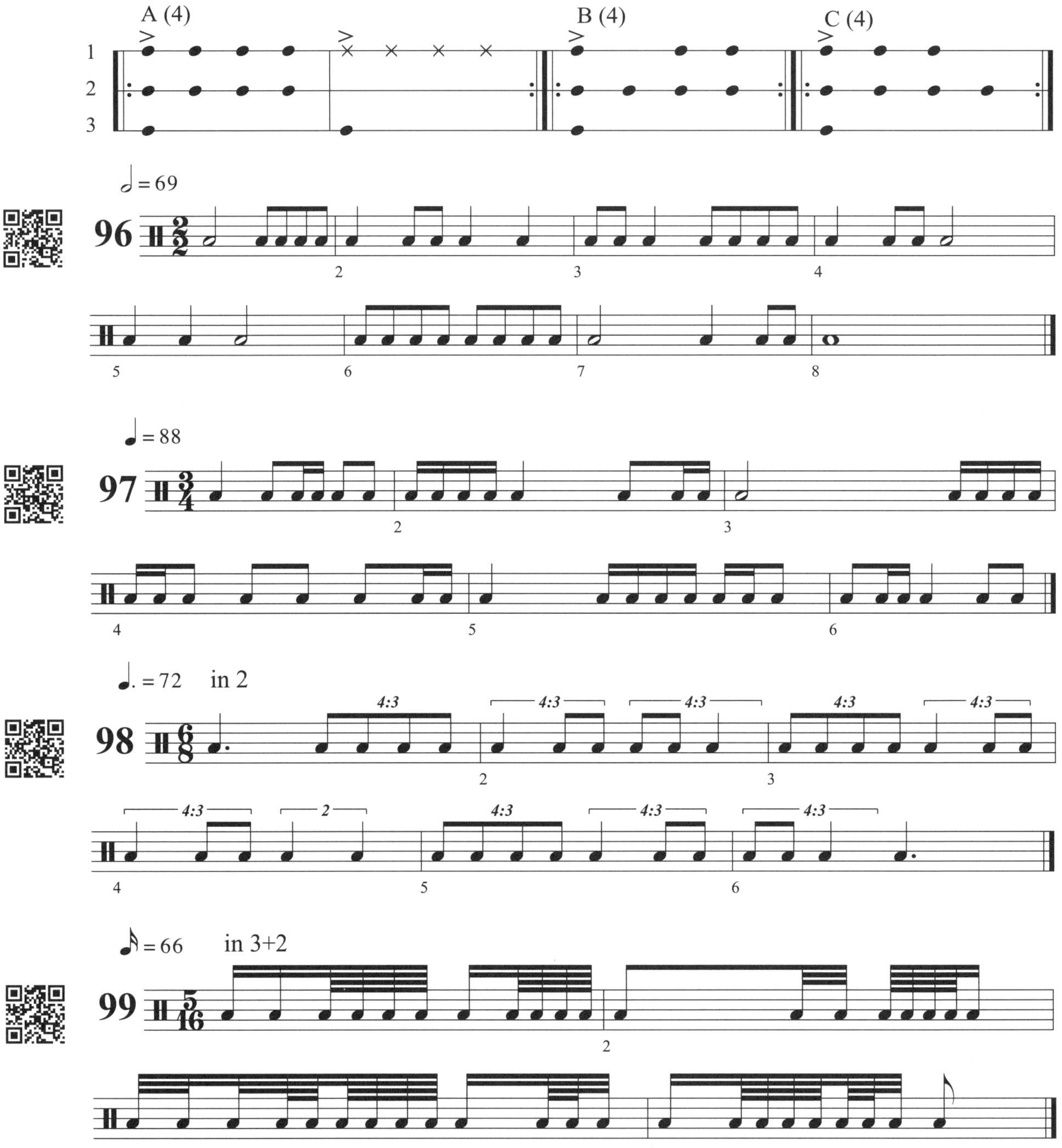

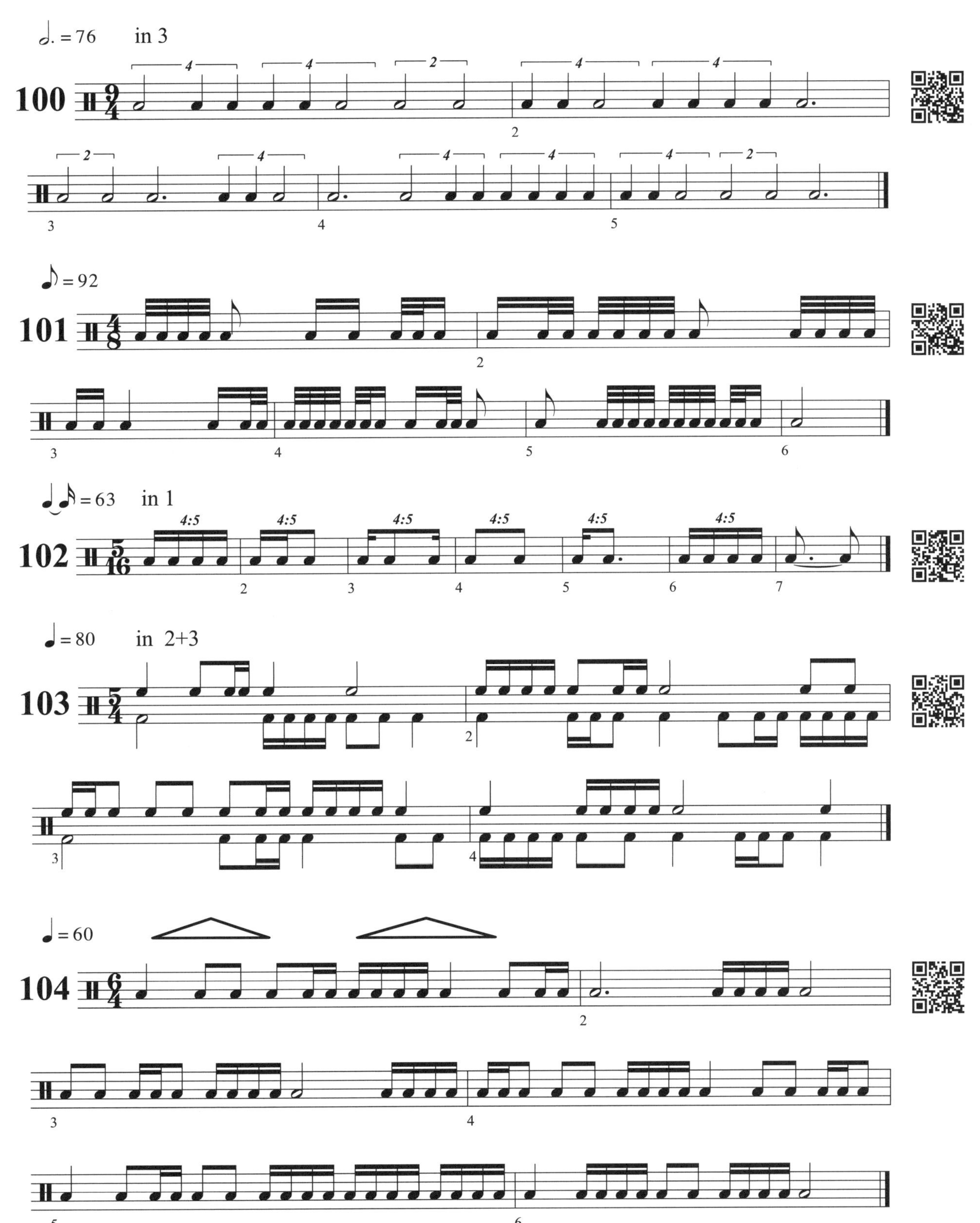
𝅗𝅥. = 76 in 3
100
𝅘𝅥𝅮 = 92
101
= 63 in 1
102
4:5
𝅘𝅥 = 80 in 2+3
103
𝅘𝅥 = 60
104

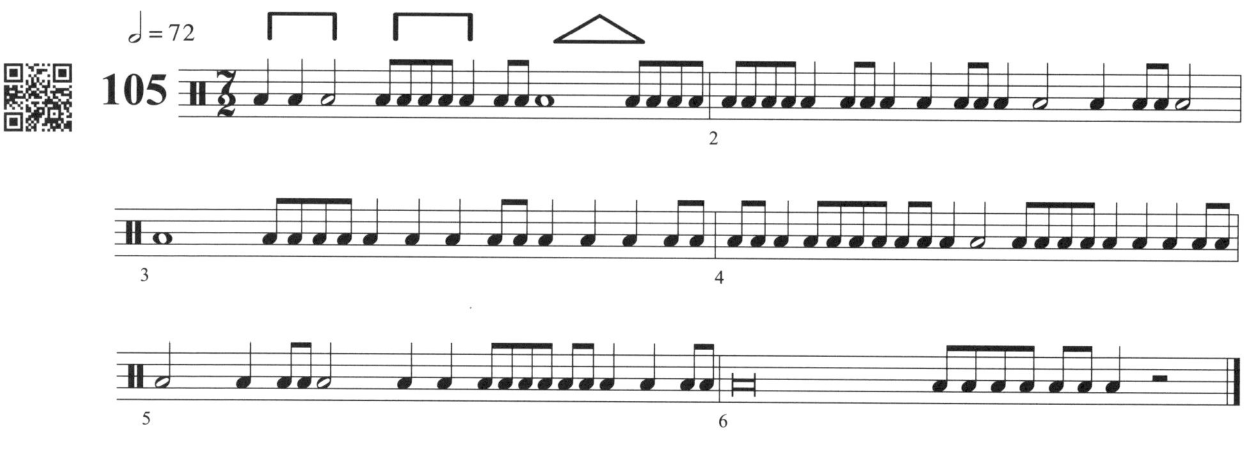

4.1.2. *Überbindungen und Synkopen*

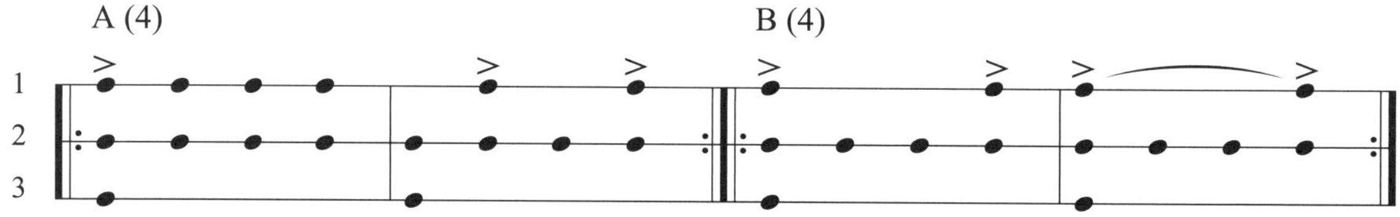

A (4) B (4)

1
2
3

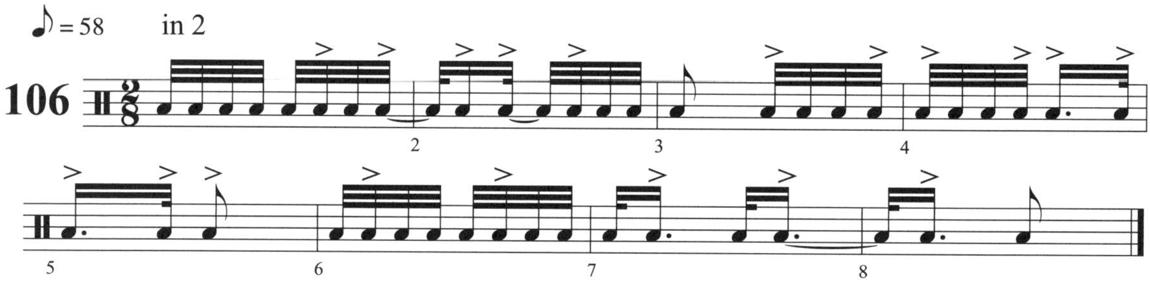

= 58 in 2

106

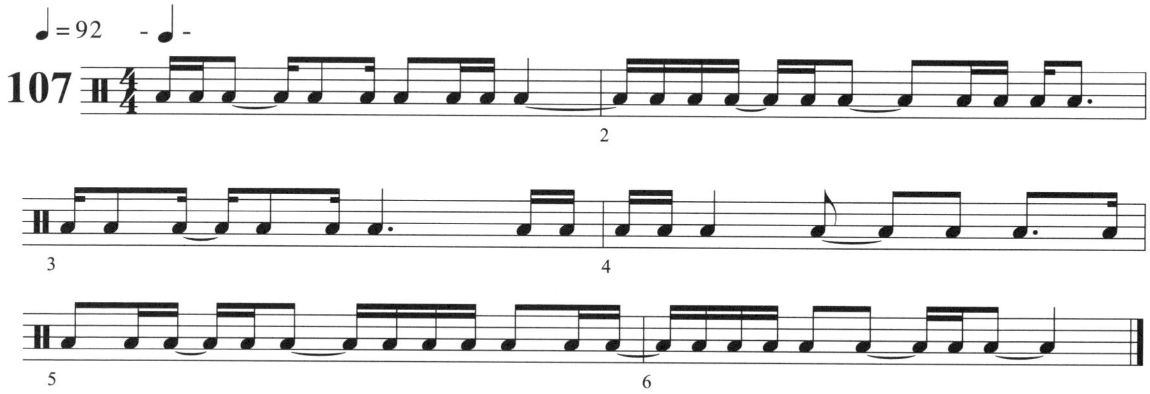

= 92

107

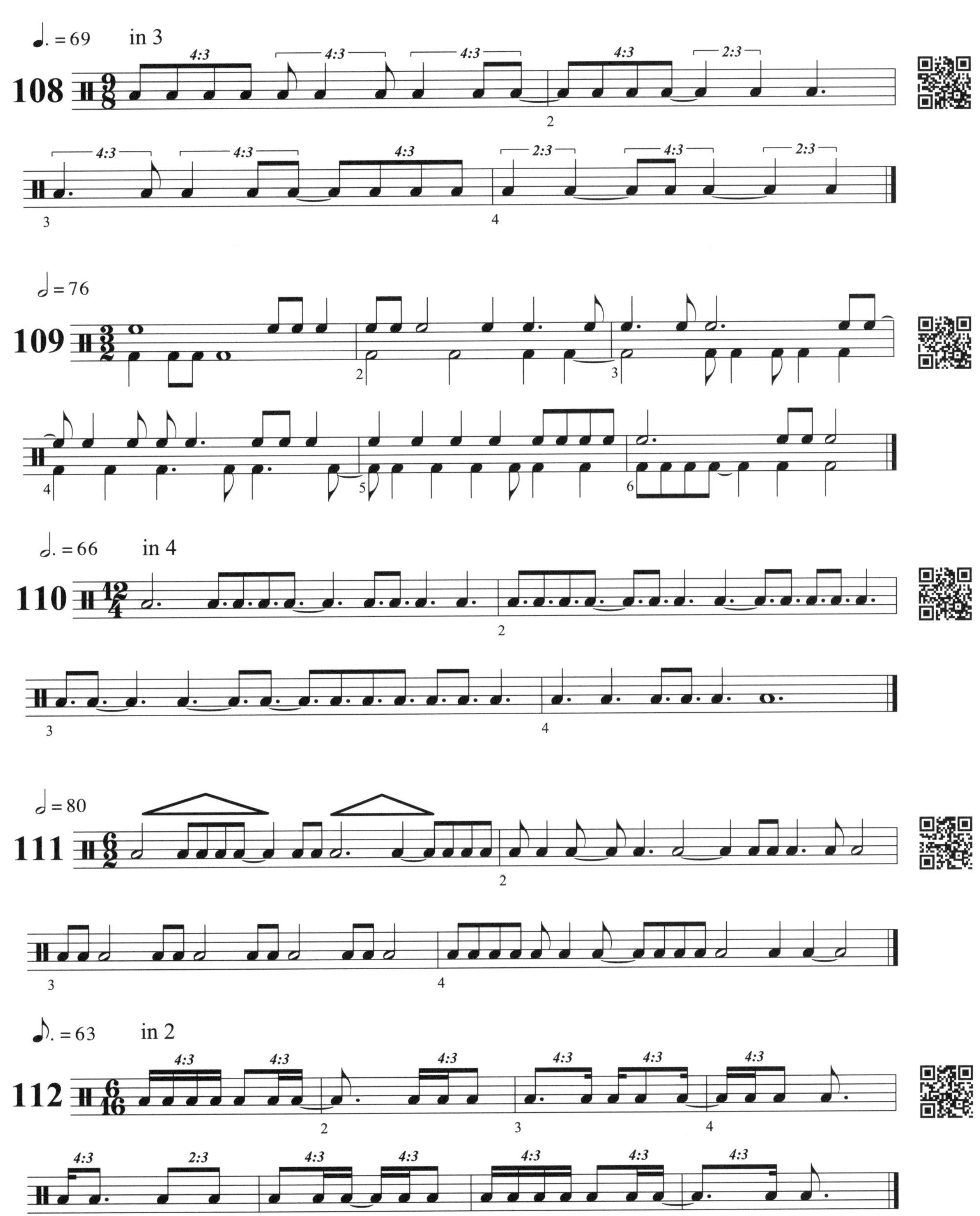

taataa!

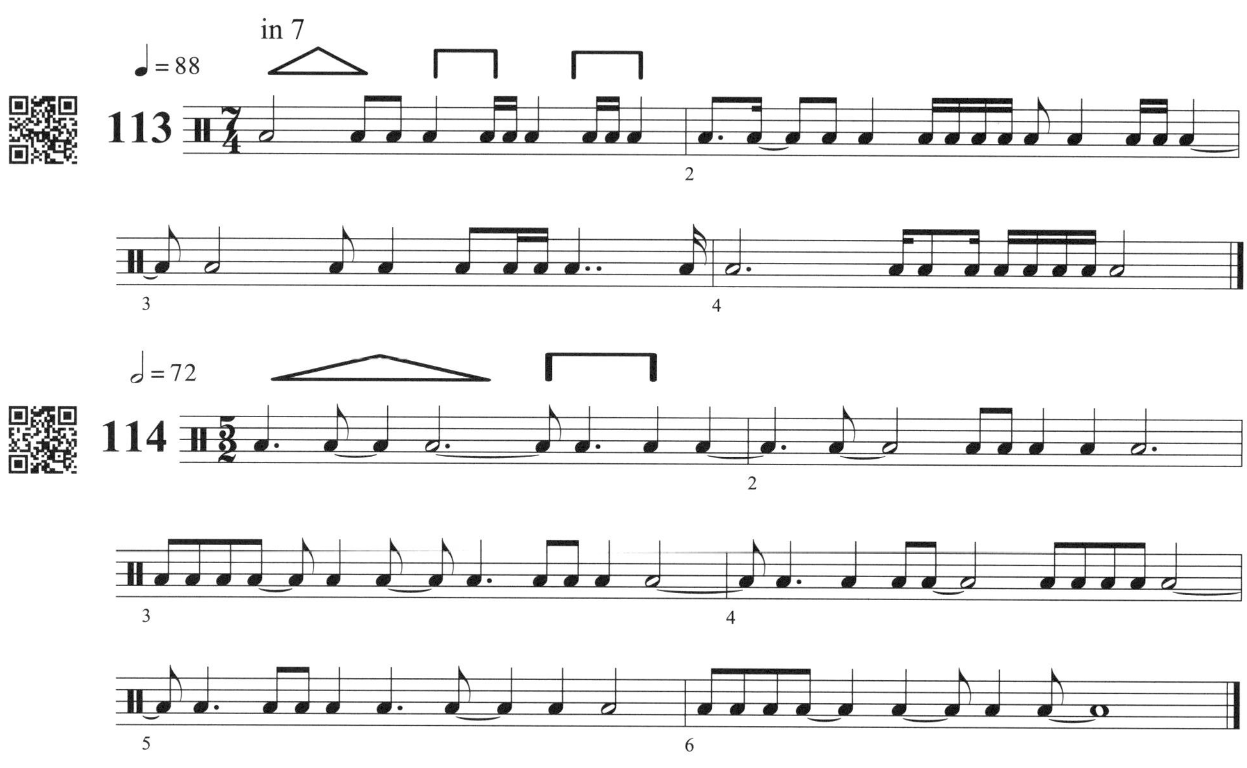

4.1.3. *Überbindungen, Synkopen, Pausen und Auftakte*

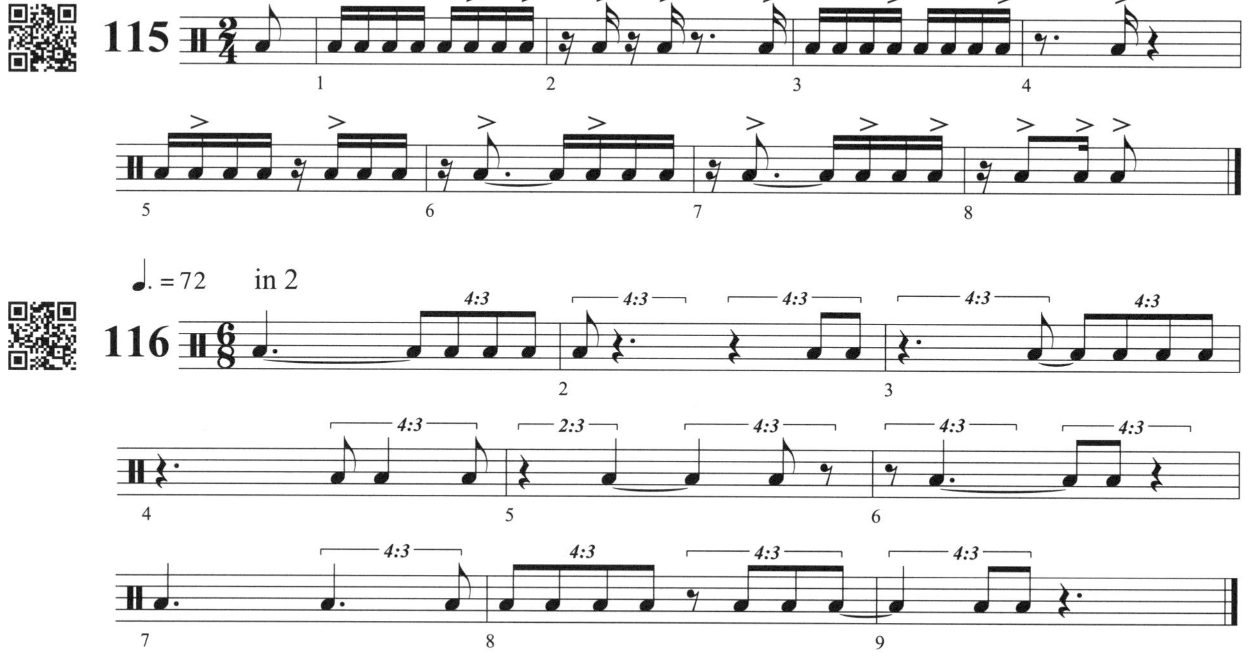

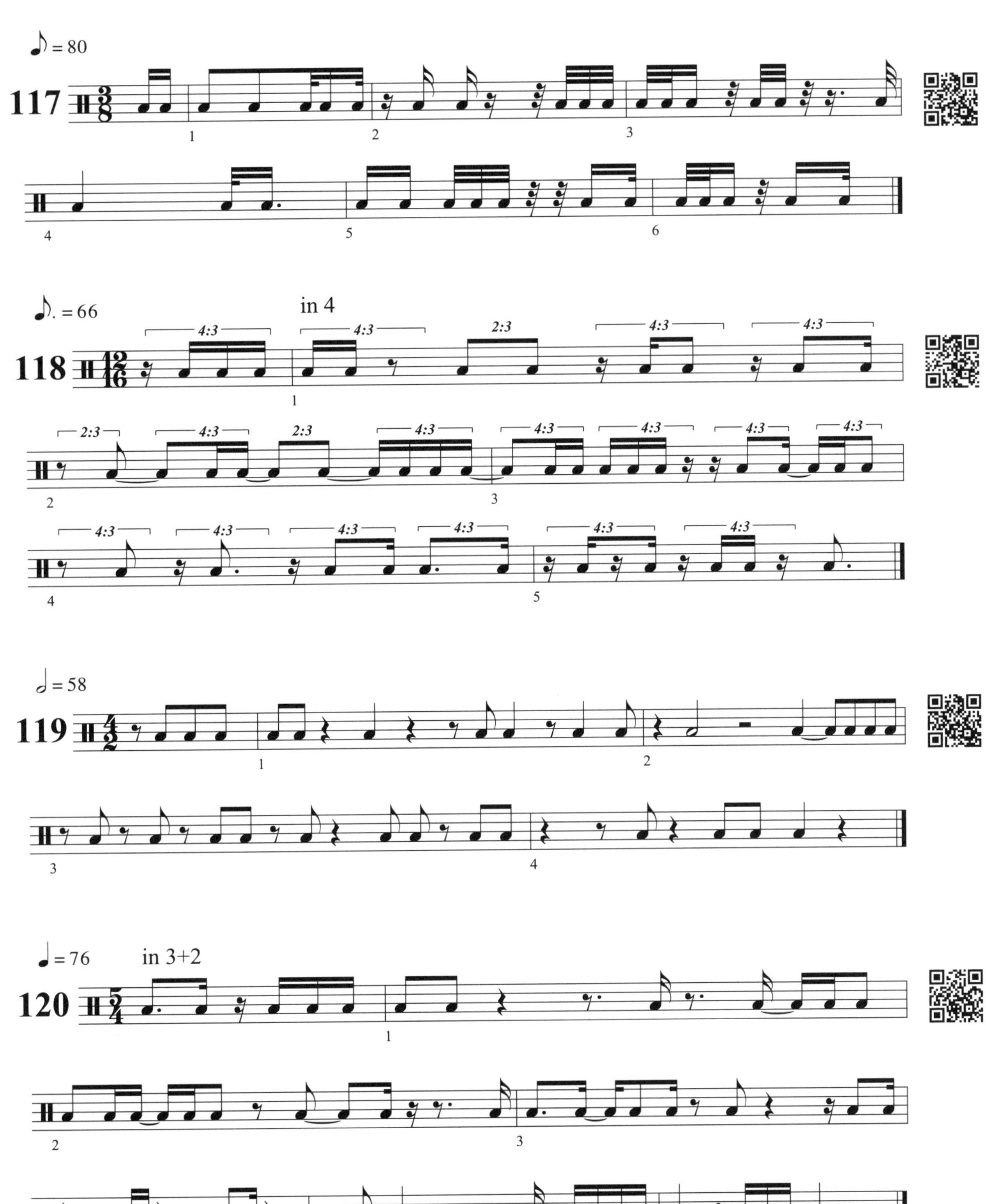
♪ = 80
117
♪. = 66
in 4
118
4:3
2:3
𝅗𝅥 = 58
119
♩ = 76
in 3+2
120

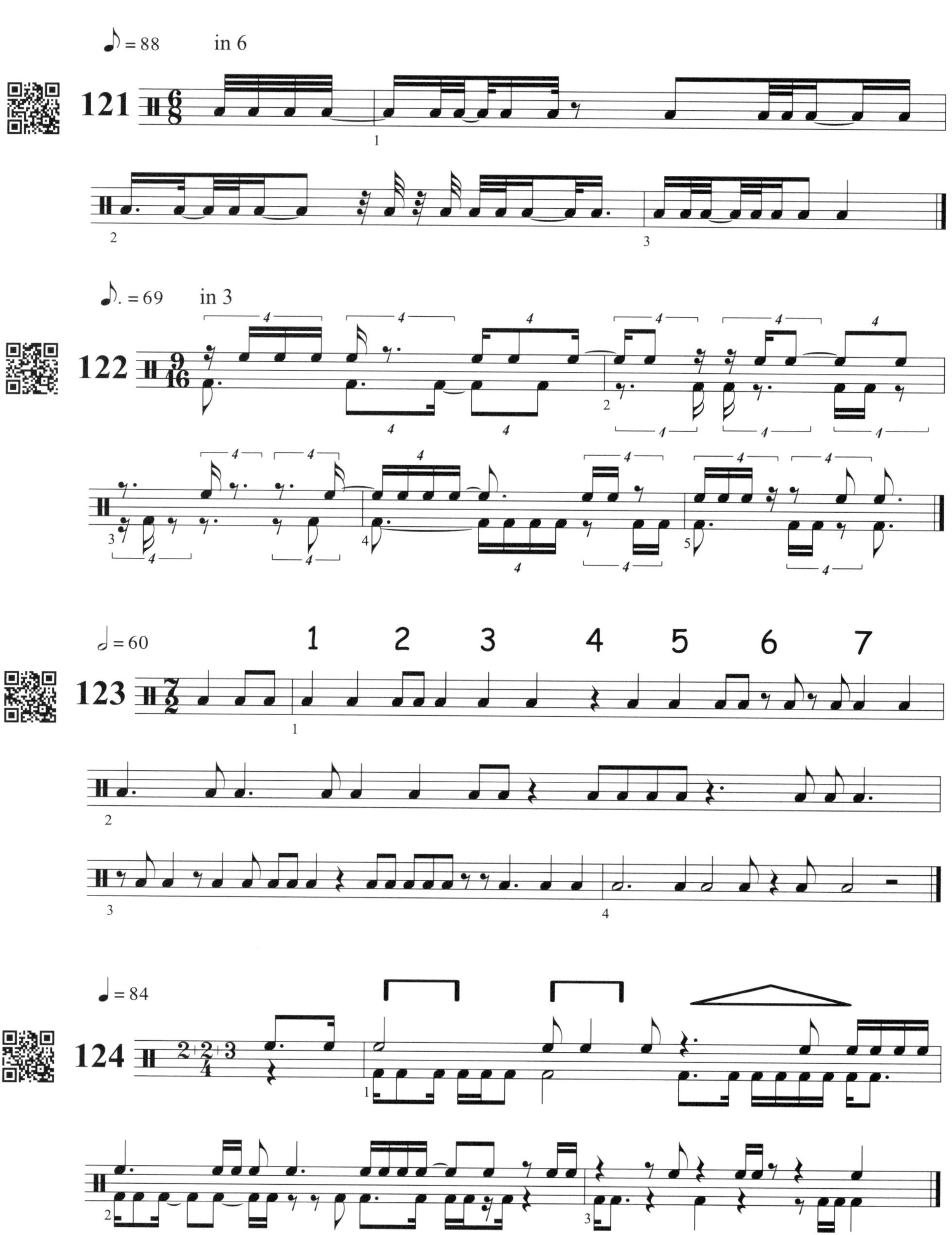
= 88
in 6
121
= 69
in 3
122
= 60
1
2
3
4
5
6
7
123
= 84
124

4.2. Ein- bis vierteilige Rhythmen

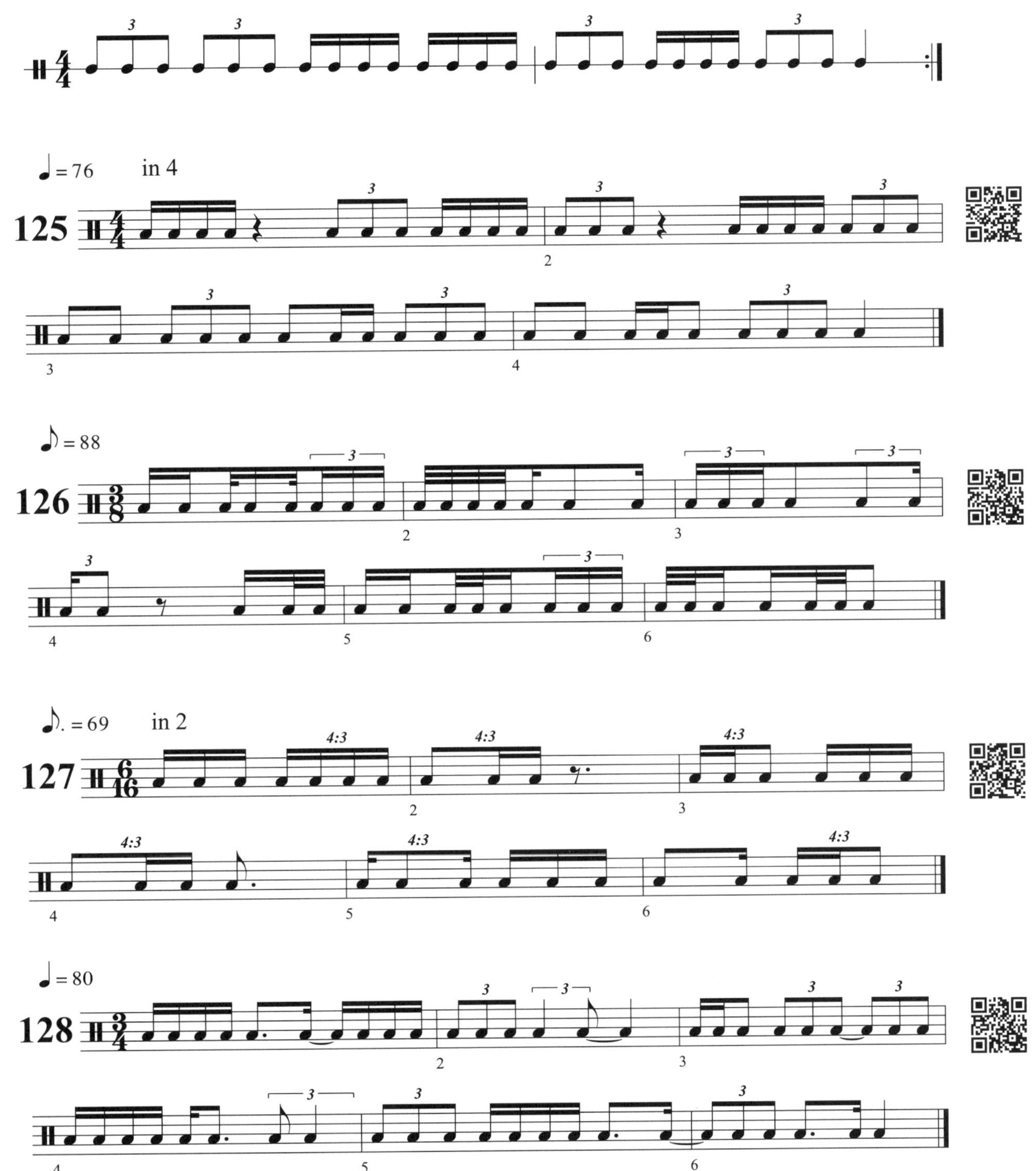

taataa!

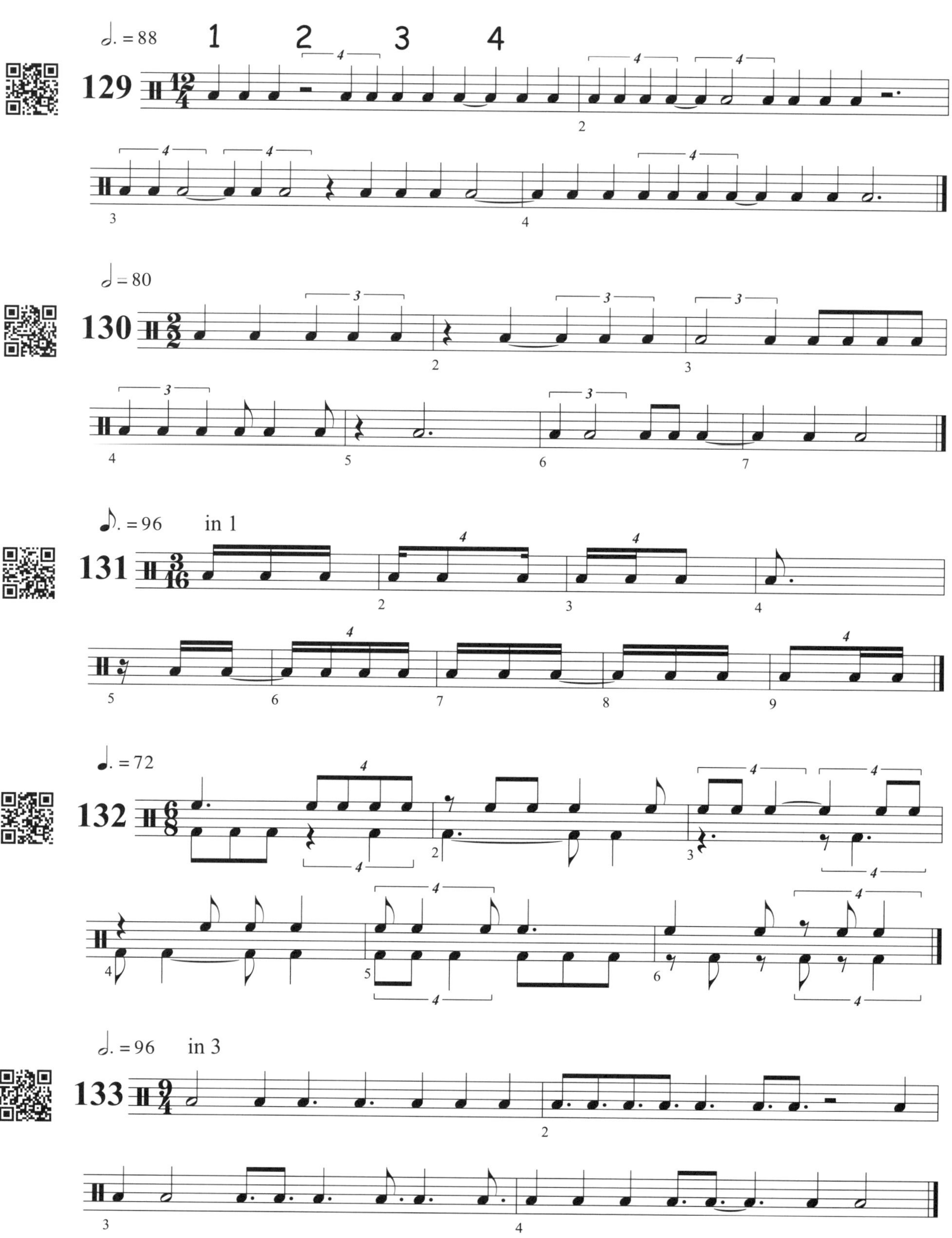
129
1
2
3
4
130
131
in 1
132
133
in 3

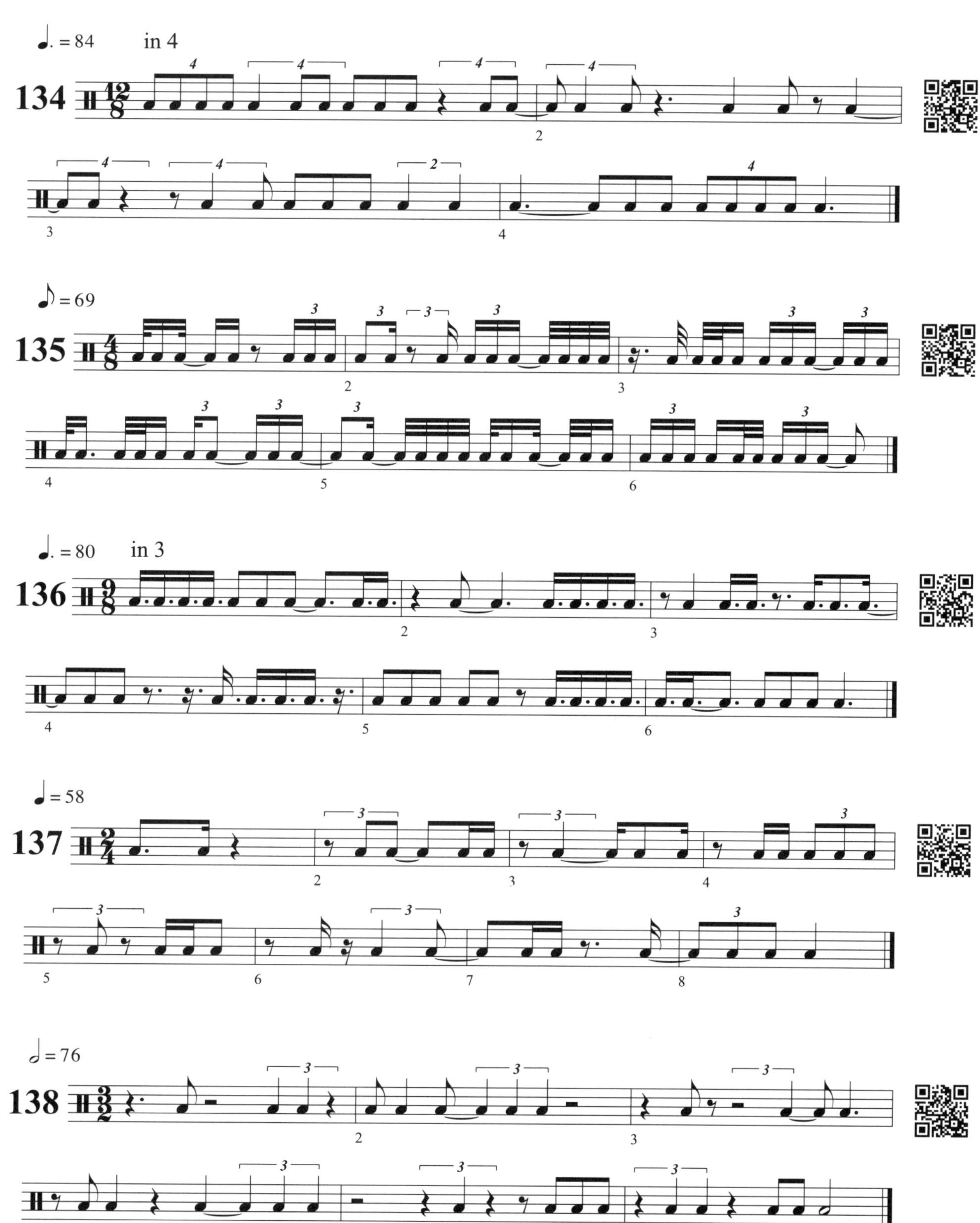

taataa!

A5 Fünfteilige Rhythmen

Ein 5-teiliger Rhythmus kann in (2+3), (3+2), oder in (5) gruppiert werden. Die Gruppierungen können durch den Melodieverlauf oder den musikalischen Kontext als Phrasierung hörbar werden. Die Gruppierung soll auch unhörbar gezählt und gedacht werden können. Stets soll ein 5-teiliger Puls innerlich gefühlt werden.

Zu 5.1. Fünfteilige Rhythmen in Grundnotenwerten und Quintolen: (5), (2+3), (3+2)

▶ **Vorübung**: Wiederhole jeweils die drei Gruppierungsmöglichkeiten des Fünfers (A–C) im Wechsel singend, klatschend und mit innerem Puls. Beachte die Akzente, die noch zur Stabilisierung helfen. Es ist hilfreich, die Gruppierungen zunächst auszudirigieren und erst im zweiten Schritt in einem Schlag zu nehmen. Später dürfen die metrischen Akzente nicht mehr hörbar sein.

Als Überleitung von den additiven Rhythmen aus Kapitel 3.3. *Additive Rhythmen mit 2er- und 3er-Metren* wird Übung 85 herangezogen. Sie wird zunächst – in 2 – und im Anschluss – in 1 – geschlagen.

▶ **Übungen 139–141**: Übe die 5er-Gruppen in verschiedenen Notationen und Tempi. Zähle die Fünfer zunächst laut und später innerlich.

▶ **Übungen 142–144 und 149–151**: Die 5-teiligen Rhythmen werden entweder in (3+2) oder in (2+3) gruppiert. Die Akzente über den Fünfern bereiten die rhythmischen Konstellationen des Folgetakts vor.

▶ **Übung 143**: Nimm die Gruppierung (3+2) als Lese- und Zählhilfe. Die Gleichmäßigkeit der durchgehenden Fünfer soll in die rhythmischen Konstellationen der Quintole übergehen.

▶ **Übung 146**: Die Gruppierungen werden ohne Anweisungen an der Balkierung erkannt und spontan eingesetzt. Akzente sollen nicht mehr hörbar sein.

▶ **Übungen 147 und 148**: Bei den 5er-Gruppen wird durch Akzente ein besonderes Augenmerk auf die zweite und fünfte Note gerichtet, da dort die Schnittstellen für Überbindungen aus anderen oder in andere Rhythmen entstehen.

▶ **Übung 152**: Die zweiten bzw. dritten und fünften Sechzehntel bilden u. a. die Synkopen des 5-teiligen Rhythmus. Sie werden durch Akzente im vorangehenden Fünfer vorbereitet. Überbrücke mit dem inneren Zählen des 5-teiligen Rasters die länger gesungenen Dauern.

▶ **Übungen 154–155**: Beide Übungen sind als Zählübungen angelegt (→ S. 50). Das Tempo ist zur sorgfältigen Ausführung besonders langsam vorgegeben. Zähle laut die Notenwerte und stumm die Pausen oder umgekehrt. Später soll der 5-teilige Rhythmus mit den Pausen vollständig innerlich gezählt werden können.

▶ **Übungen 153, 160 und 161**: Zwischen den verschiedenen Gruppierungen in (2+3) und (3+2) soll innerhalb der jeweiligen Übung mit Leichtigkeit gewechselt werden können.

▶ **Übungen 156–159**: Halte an den vorgegebenen Gruppierungen fest. Übe am Anfang mit starker Phrasierung zur Stärkung des inneren Hörens und Zählens und verzichte am Ende ganz darauf und zähle nur.

Zu 5.2. Ein- bis fünfteilige Rhythmen

▶ **Vorübung**: Wiederhole den Wechsel von Fünfern und anderen Rhythmen in der Übeschleife so lange, bis die Wechsel sicher sitzen. Setze Pausentakte ein.

▶ **Übung 162**: Vor jedem Wechsel sind Pausen oder längere Notenwerte gesetzt, um Zeit für das Voraushören des nächsten Rhythmus zu geben.

Der Schwierigkeitsgrad innerhalb dieses Unterkapitels steigt durch Hinzunahme von Überbindungen, Synkopen und Pausen sowie durch größere Taktarten. Da keine Gruppierungen angegeben sind, entscheide entsprechend der Balkierung selbst darüber. Übe sorgfältig in allen Taktarten und Tempi, da diese rhythmischen Wechsel für die praktische Musikausübung und die gängige Musikliteratur bedeutend sind.

5.1. Fünfteilige Rhythmen in Grundnotenwerten und Quintolen: (5), (3+2), (2+3)

5.1.1. *Grundformen*

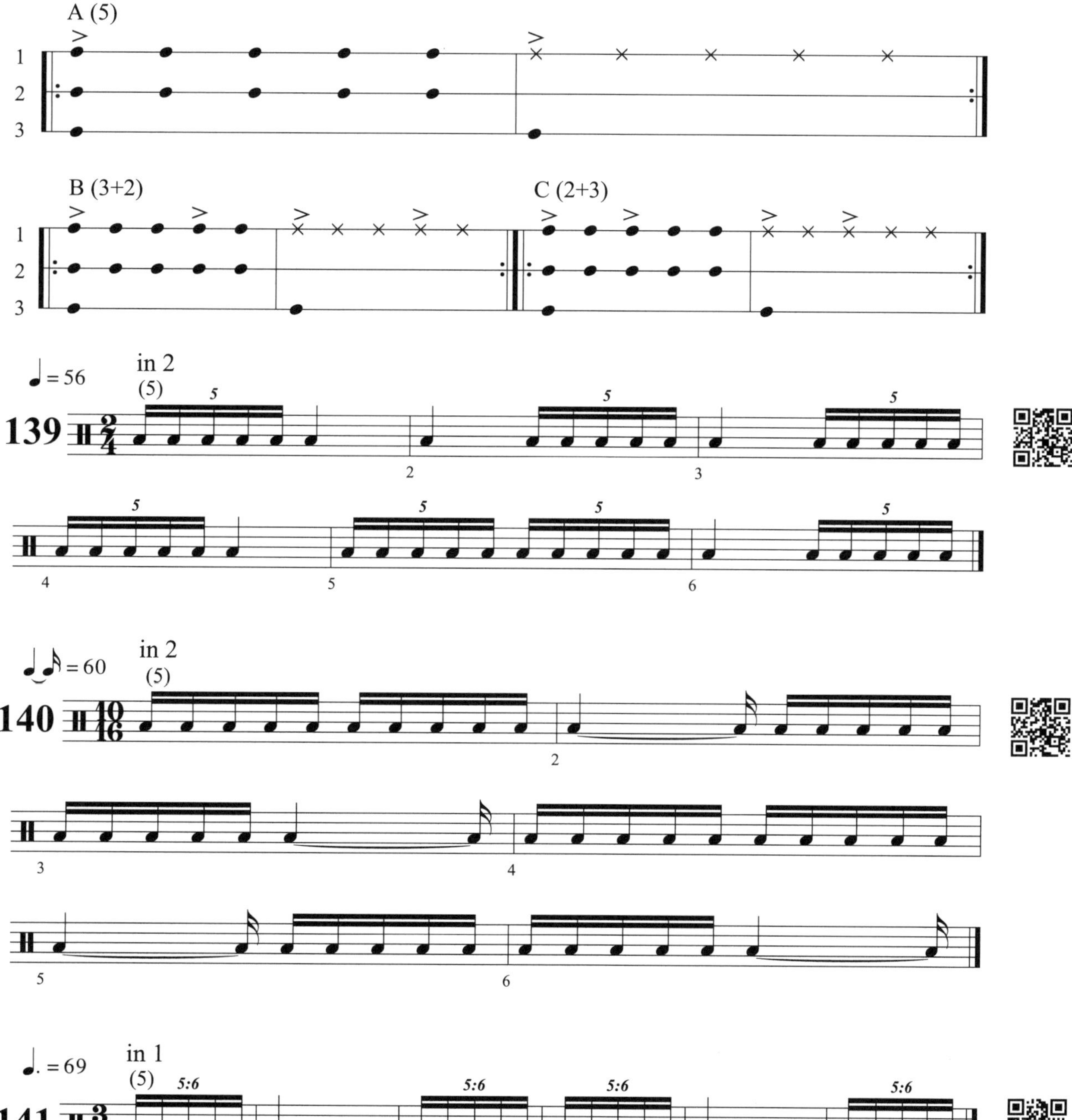

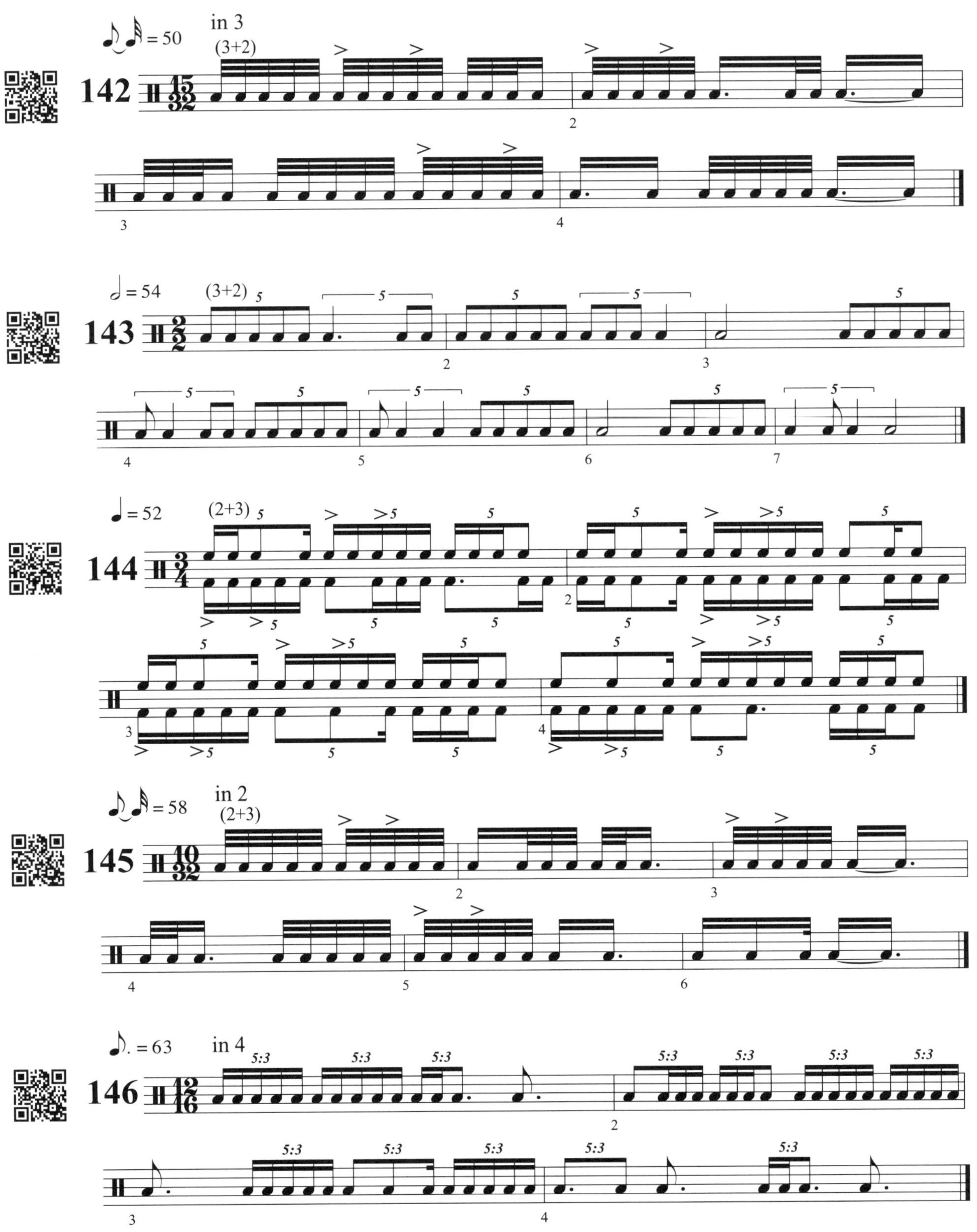
142
= 50
in 3
(3+2)
143
= 54
(3+2)
144
= 52
(2+3)
145
= 58
in 2
(2+3)
146
= 63
in 4
5:3

5.1.2. *Überbindungen und Synkopen*

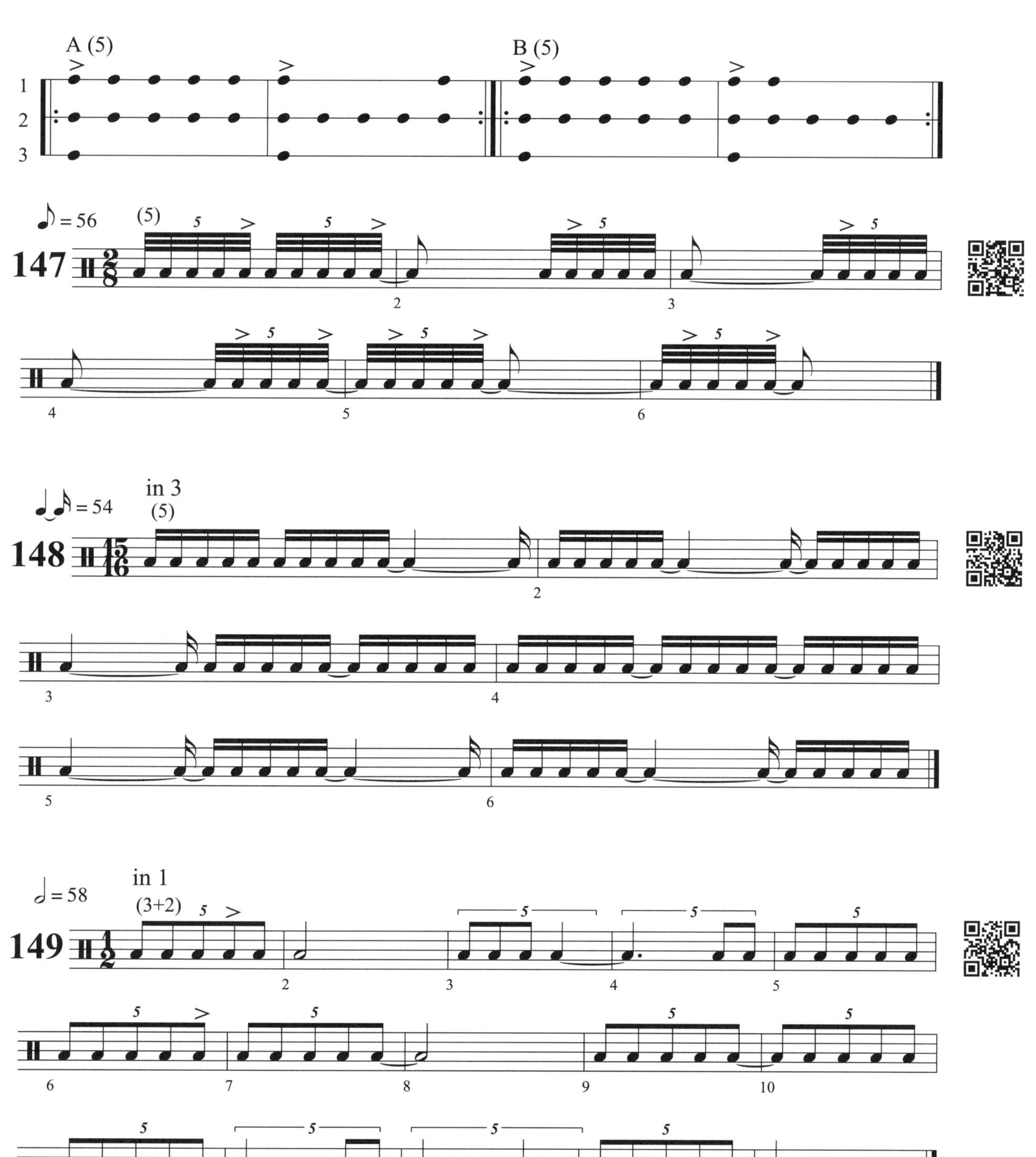

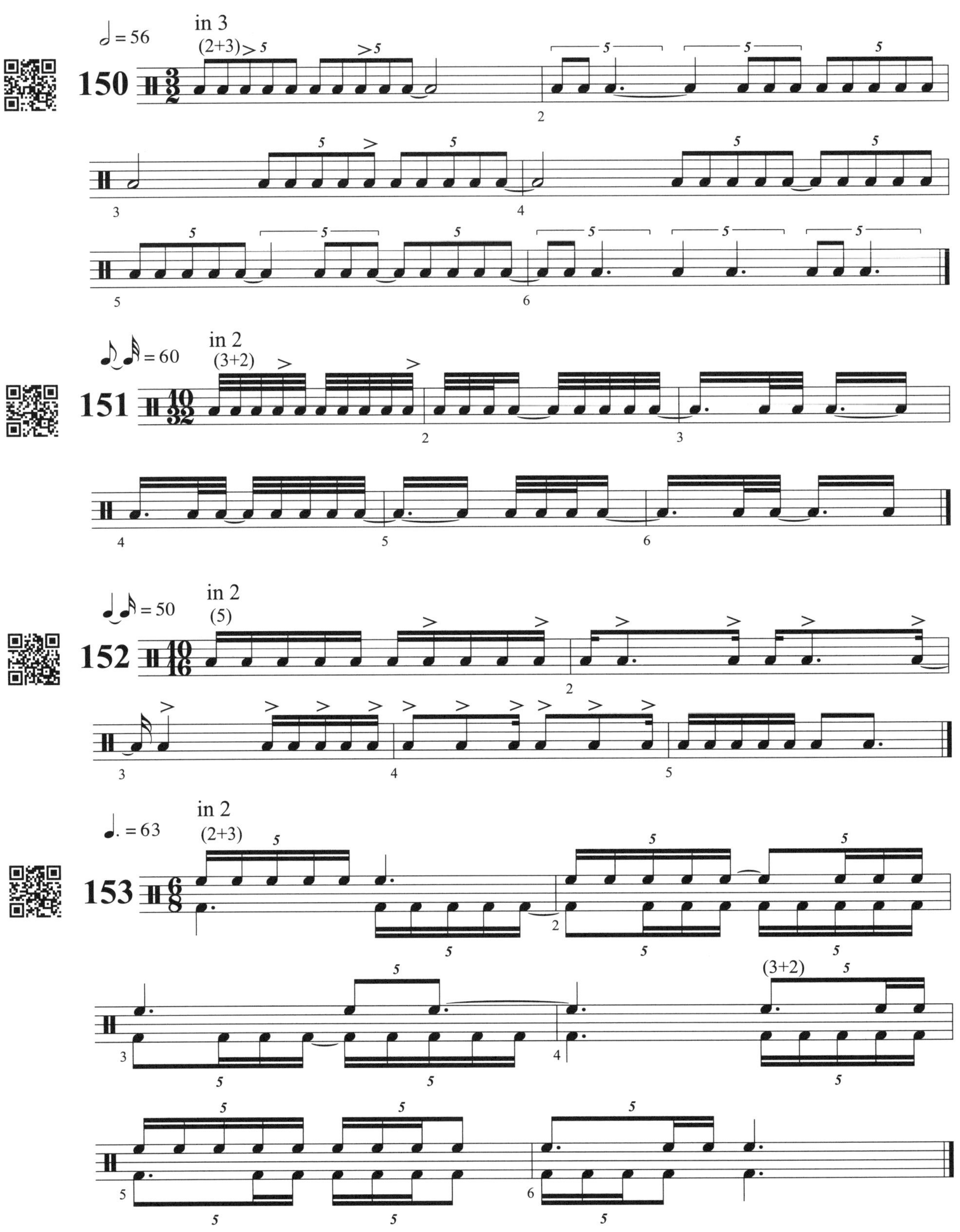

𝅗𝅥 = 56
in 3
(2+3)
150
♩𝅘𝅥𝅯 = 60
in 2
(3+2)
151
♩𝅘𝅥𝅯 = 50
in 2
(5)
152
♩. = 63
in 2
(2+3)
153
(3+2)

5.1.3. *Überbindungen, Synkopen, Pausen und Auftakte*

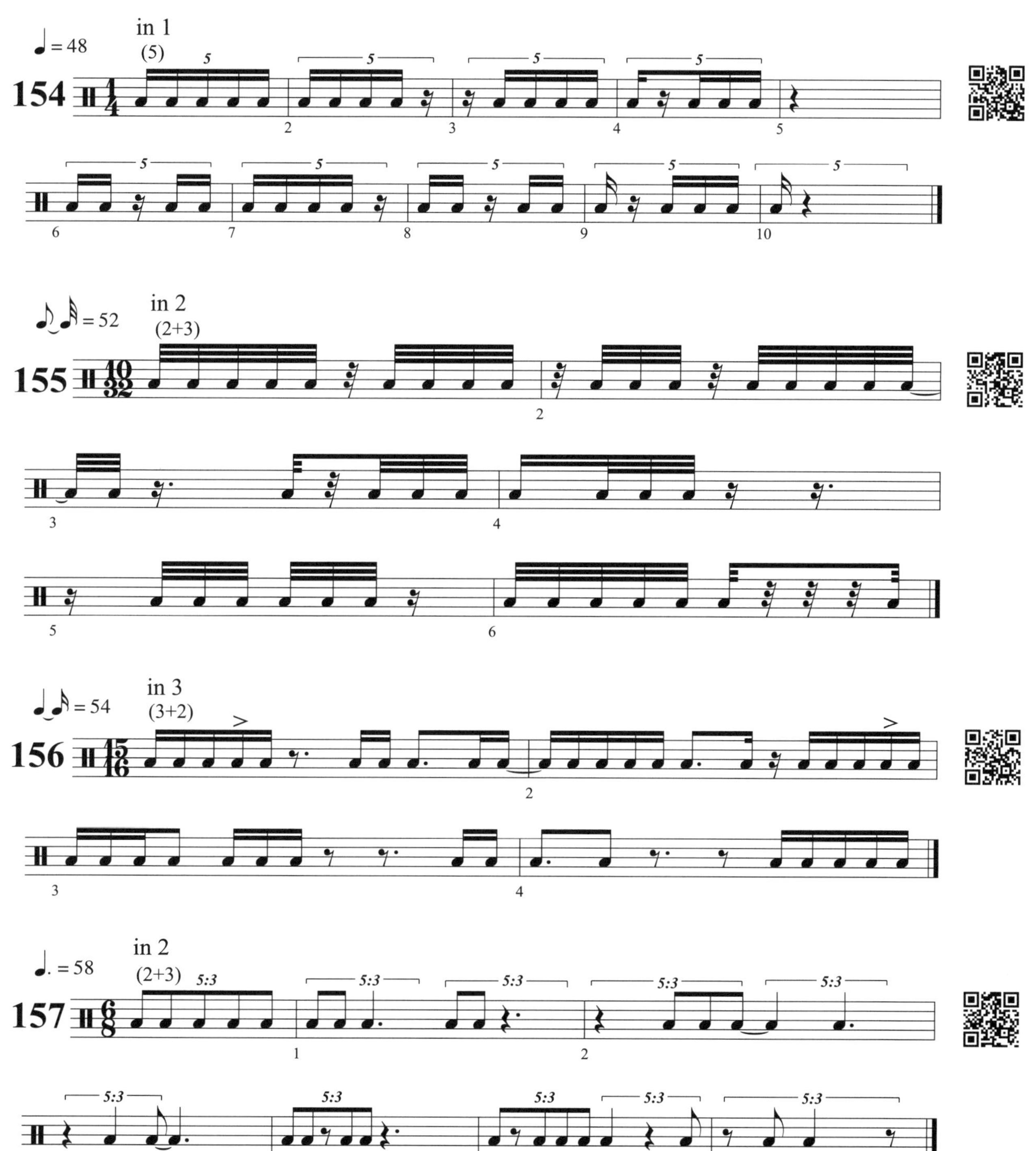

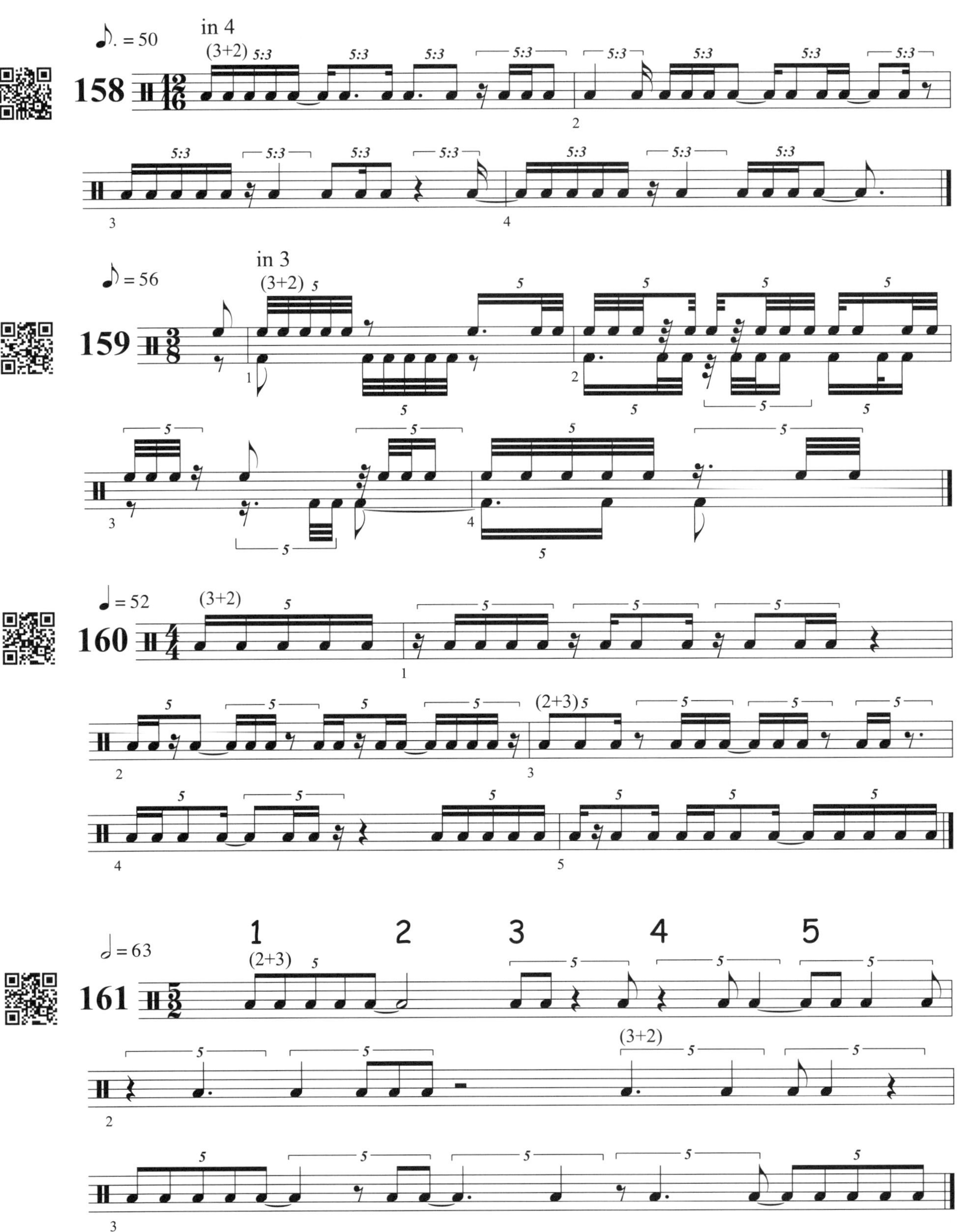

158
♪. = 50
in 4
(3+2)
5:3
159
♪ = 56
in 3
(3+2)
5
160
♩ = 52
(3+2)
(2+3)
5
161
𝅗𝅥 = 63
1 2 3 4 5
(2+3)
(3+2)
5

5.2. Ein- bis fünfteilige Rhythmen

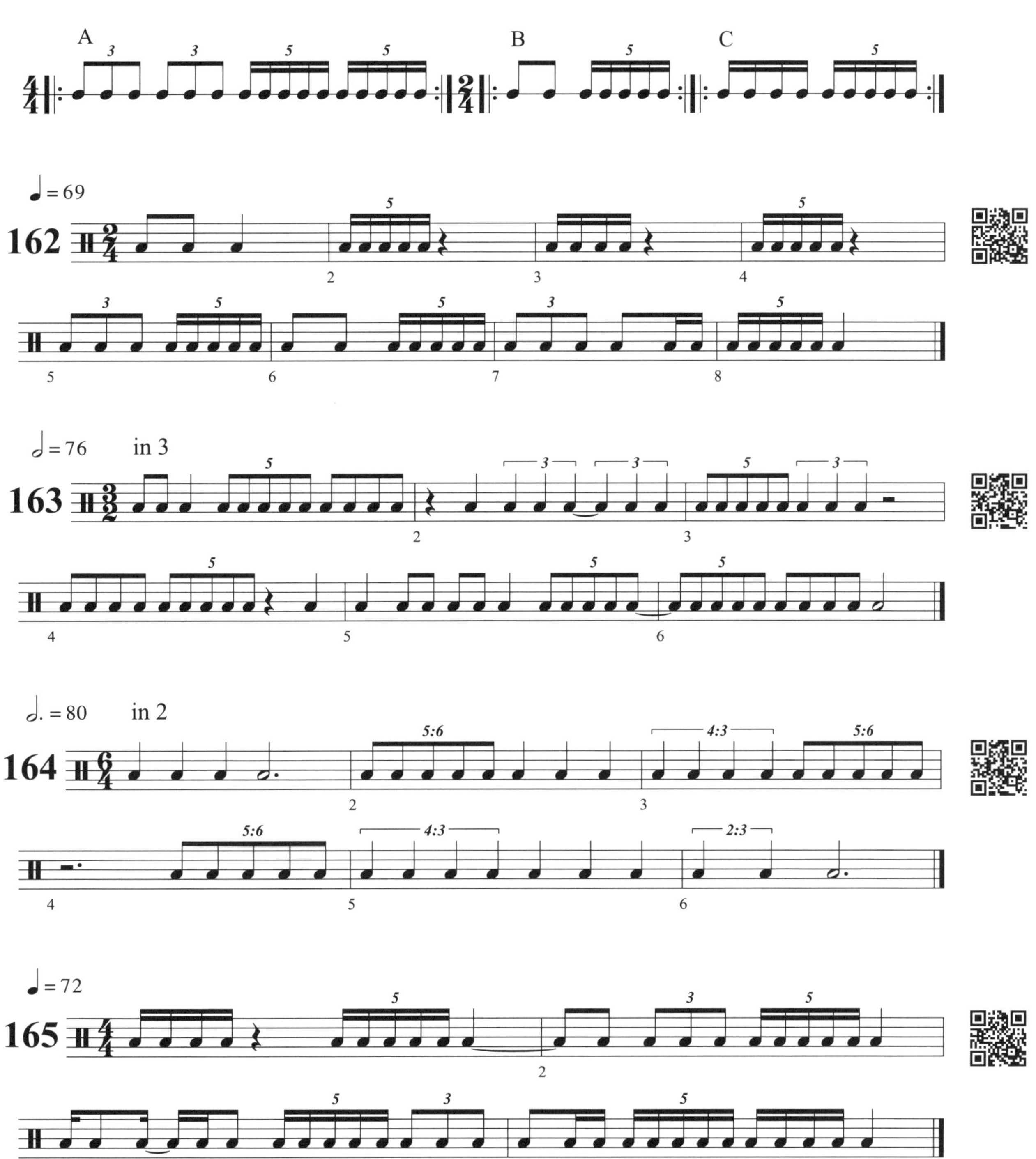

táatáa!

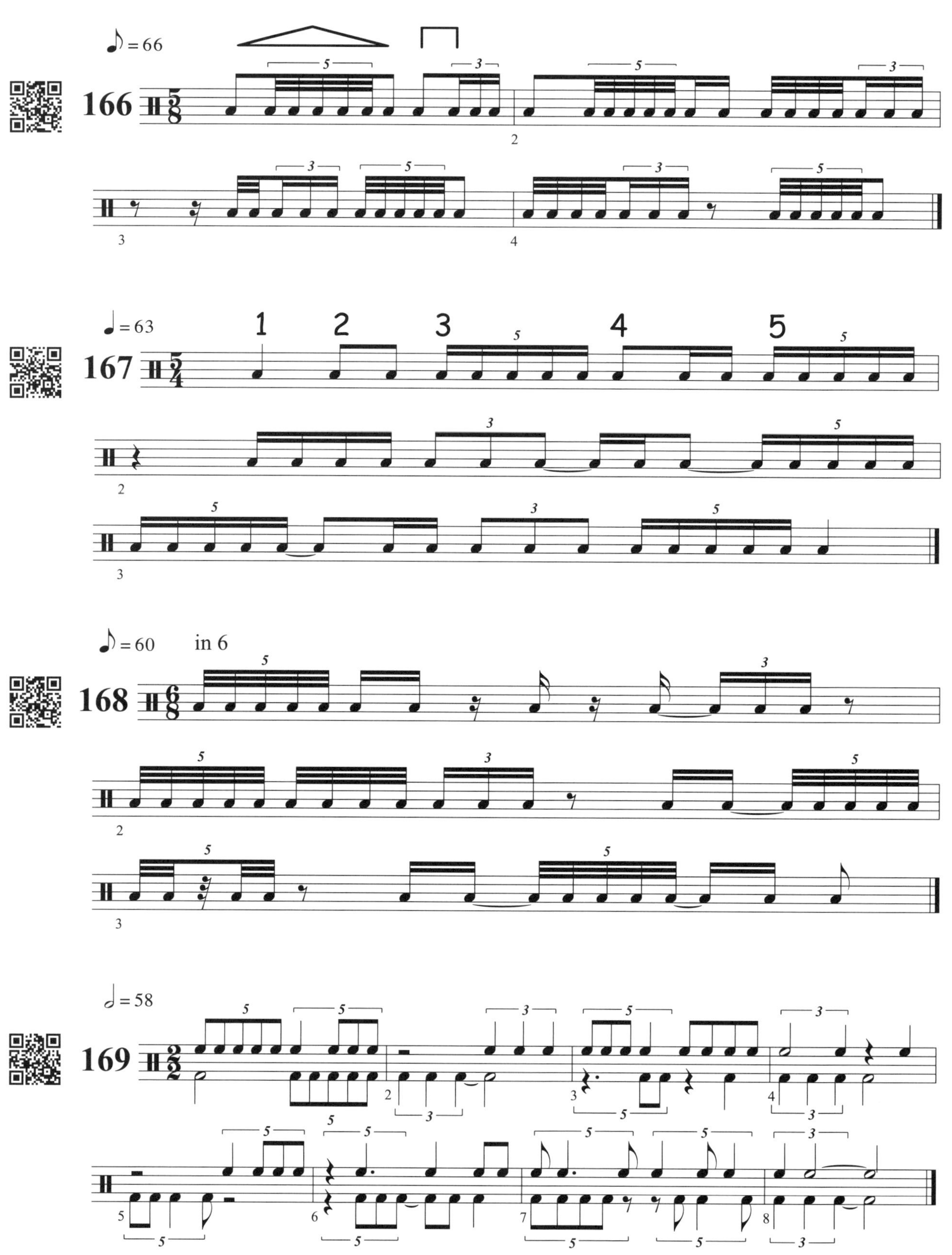

♪ = 66
166
♩ = 63
1 2 3 4 5
167
♪ = 60 in 6
168
𝅗𝅥 = 58
169

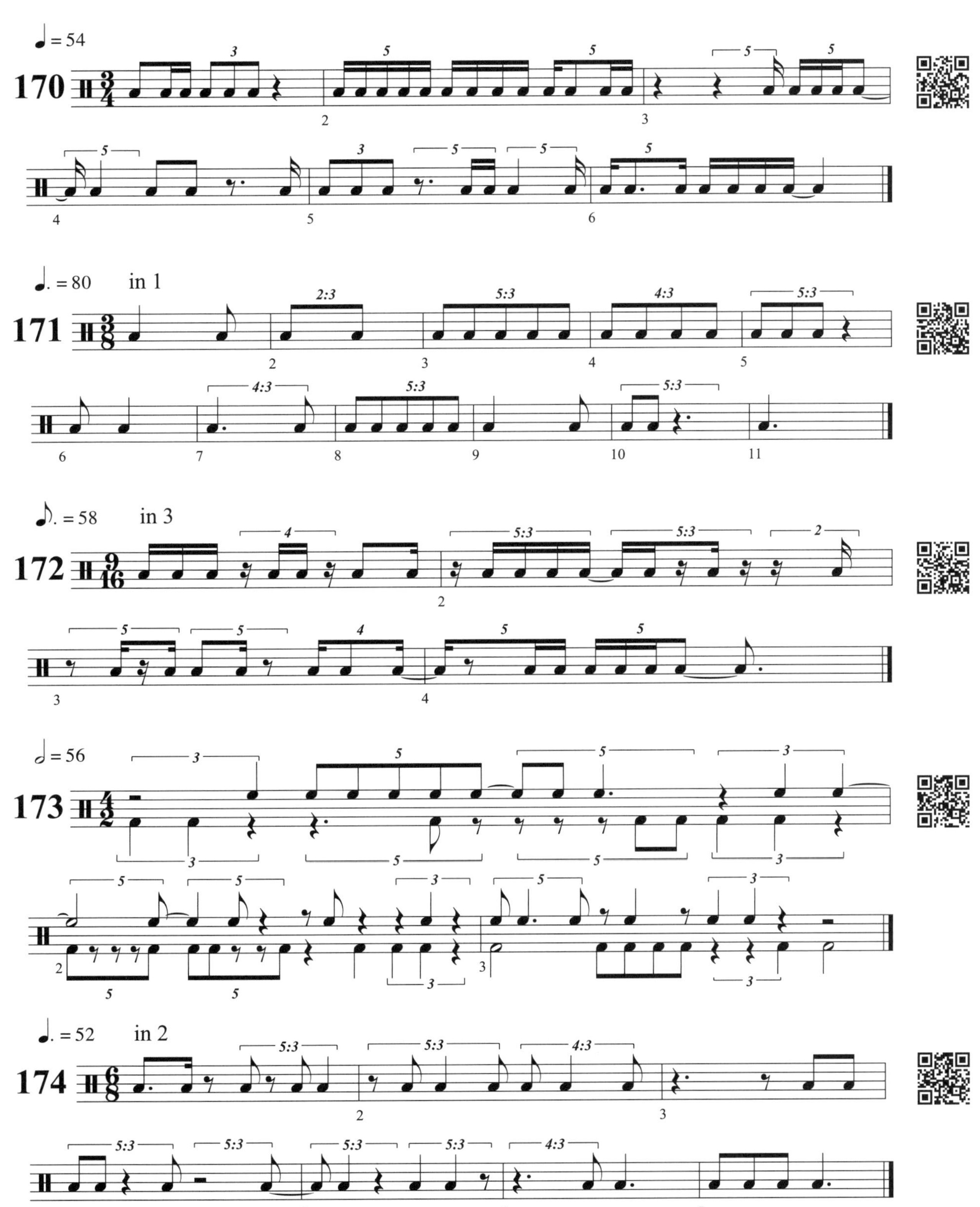
♩ = 54
170
♩. = 80 in 1
171
♪. = 58 in 3
172
𝅗𝅥 = 56
173
♩. = 52 in 2
174

A6 Sechsteilige und additive Rhythmen

Zu 6.1. Sechsteilige Rhythmen in Grundnotenwerten und Sextolen: (6), (2+2+2), (3+3)

Die 6-teiligen Rhythmen können entweder in (6), in (2+2+2) oder (3+3) gruppiert werden. Dabei liegt der Gruppierung (2+2+2) ein 3-teiliger Basisrhythmus (→ *Basisrhythmus*, S. 13) und der Gruppierung (3+3) ein 2-teiliger Basisrhythmus zugrunde. Das Pulsgefühl entwickelt drei Ebenen: Schlag, gefühlter Basisrhythmus, ausgeführter Rhythmus. Die Phrasierung ergibt sich aus Balkierung, Melodieverlauf und Taktangabe. Zunächst werden die verschiedenen Gruppierungsmöglichkeiten in einzelnen Unterkapiteln getrennt geübt und in Kapitel 6.1.4. (Übungen 199–206) schließlich durchmischt zusammengefasst.

► **Übungen 175–178** (Kap. 6.1.1.1) und **179–182** (Kap. 6.1.1.2): Übe die Gruppierungen des 6-teiligen Rhythmus in (2+2+2) und (3+3) in verschiedenen Taktarten und Tempi.

► **Übung 179**: In dieser Übung wird die Sextole ausschließlich in (6) gruppiert. Zähle jede Sextole zunächst laut und später innerlich „1 – 2 – 3 – 4 – 5 – 6“.

► **Übung 185**: Die Überbindungen und Synkopen der rhythmisierten Triolen, z.B. auf der zweiten und dritten Zählzeit in Takt 1, werden durch akzentuierte Sechser auf der davor gelagerten Zählzeit vorbereitet. Trotz des Akzents auf dem vierten Sechzehntel sollte der erste Takt sowie die komplette Übung in (2+2+2) gruppiert werden.

► In den **Übungen 191–194** (Kap. 6.1.3.1.) soll der 3-teilige Basisrhythmus und in den **Übungen 195–198** (Kap. 6.1.3.2.) der 2-teilige Basisrhythmus konsequent innerlich durchlaufen, um die Überbindungen, Synkopen und Pausen sauber ausführen zu können.

► **Übungen 199–206** (Kap. 6.1.4.): Der Wechsel der Gruppierungen (3+3) mit (2+2+2) beruht auf dem Wechsel der 2- und 3-teiligen Basisrhythmen. Wenn es dabei noch Unsicherheiten gibt, sollte Kapitel A3.3. *Ein- bis dreiteilige Rhythmen* noch einmal wiederholt werden. Unter Umständen läuft die Balkierung der 6-teiligen Rhythmen der vorgegebenen Gruppierung entgegen. Halte an der vorgegebenen Gruppierung fest, damit du beim Notenlesen flexibel bleibst.

Zu 6.2. Ein- bis sechsteilige Rhythmen

► **Übungen 207–218**: Die Gruppierung der 6-teiligen Rhythmen kann je nach vorangehendem oder nachfolgendem Rhythmus in (2+2+2) oder (3+3) erfolgen. Letztendlich wird dies durch den Tonhöhenverlauf bestimmt.

► **Übung 208**: Beachte die Gruppierung in (3+3) von Takt 3, die sich aus der Balkierung ergibt.

Der Schwierigkeitsgrad der Übungen wird zum Ende hin durch die Zunahme von Synkopen und Pausen gesteigert. Übe die rhythmischen Wechsel sorgfältig und kontrolliere dein Ergebnis anhand der Hörbeispiele und Videosequenzen auf *www.taataa.net*.

Zu 6.3. Additive Rhythmen aus 2er- und 3er-Metren und Unterteilungen

► **Übungen 219–236**: Die Takte und das Dirigat werden auf der Basis von 2er- und 3er-Metren zusammengesetzt. Aus der Zweiteilung dieser Metren entstehen die 4er- und 6er-Gruppen. Die 2er- und 3er-Metren sollen als Phrasierung deutlich hörbar werden. Lass den ganzen Körper in diesen Metren mitschwingen. Versuche in diesen Metren zu tanzen.

► **Übungen 231–236**: Stärke durch die 2er- und 3er-Metren das Gefühl für den Kleinstpuls. Durch ihn wird der Rhythmus, der mit Überbindungen, Synkopen und Pausen durchsetzt ist, gestützt.

6.1. Sechsteilige Rhythmen in Grundnotenwerten und Sextolen: (6), (2+2+2), (3+3)

6.1.1. *Grundformen*

6.1.1.1. *Gruppierung (2+2+2)*

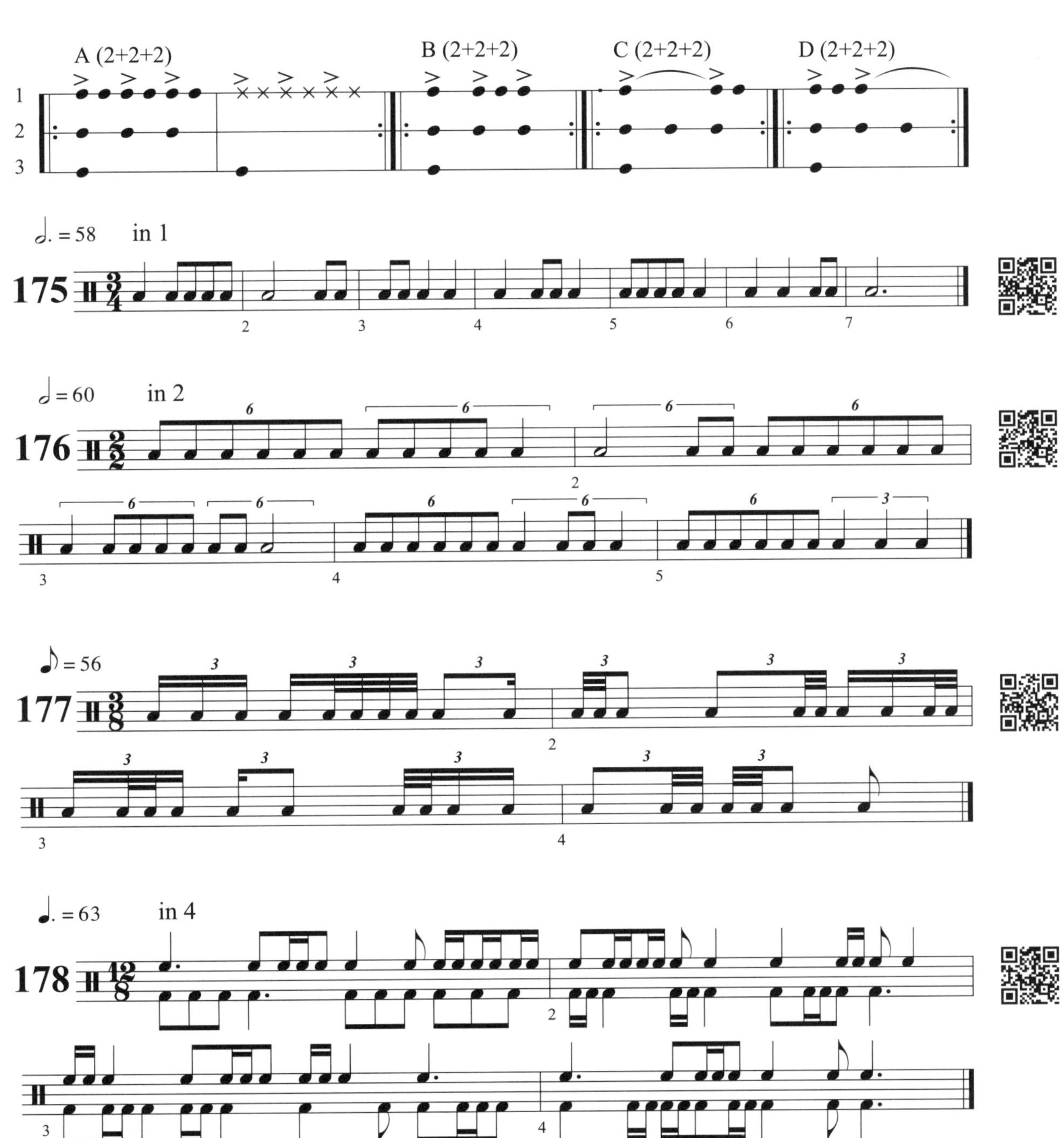

6.1.1.2. *Gruppierung (3+3) und (6)*

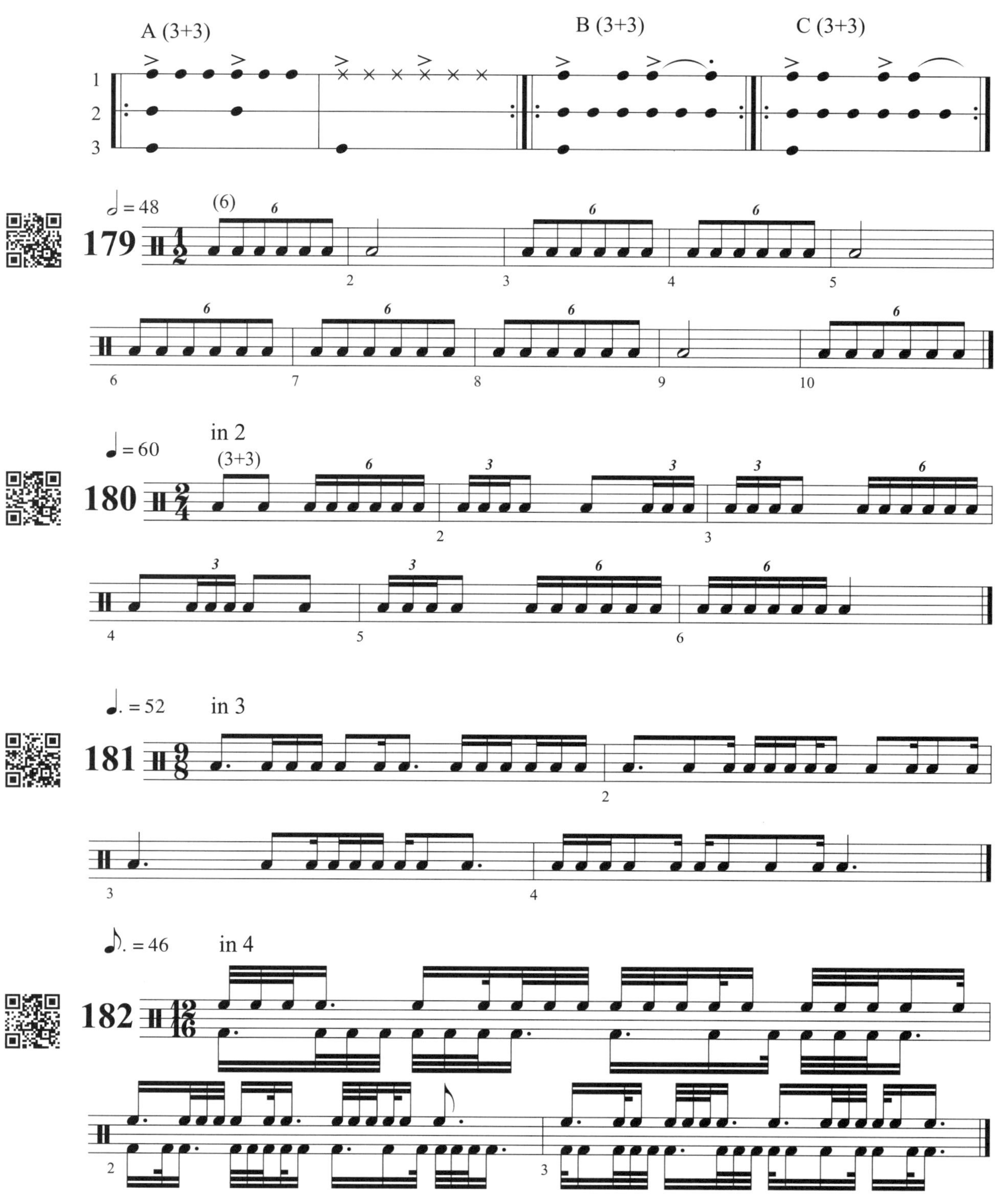

6.1.2. *Überbindungen und Synkopen*

6.1.2.1. *Gruppierung (2+2+2)*

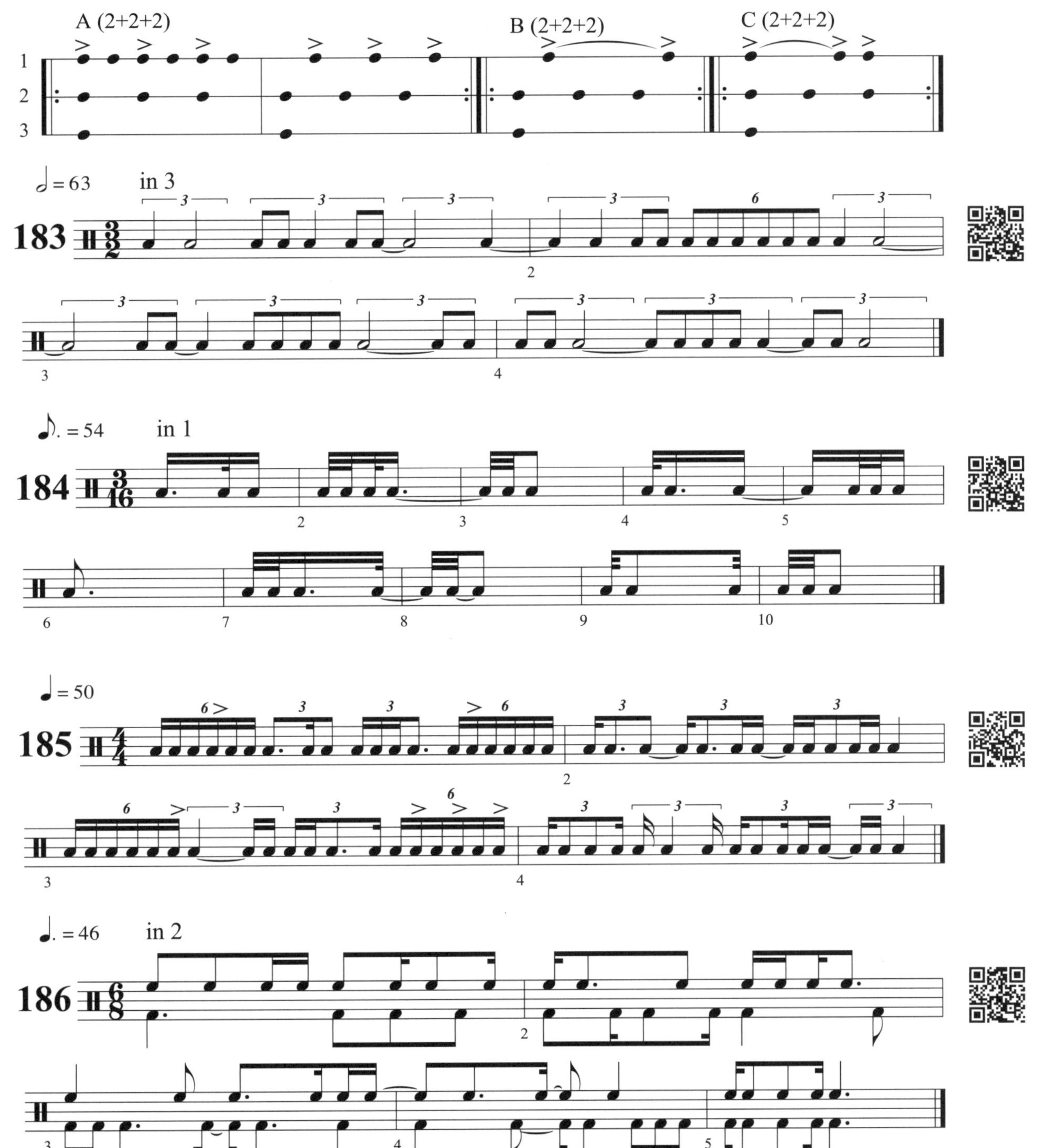

6.1.2.2. *Gruppierung (3+3)*

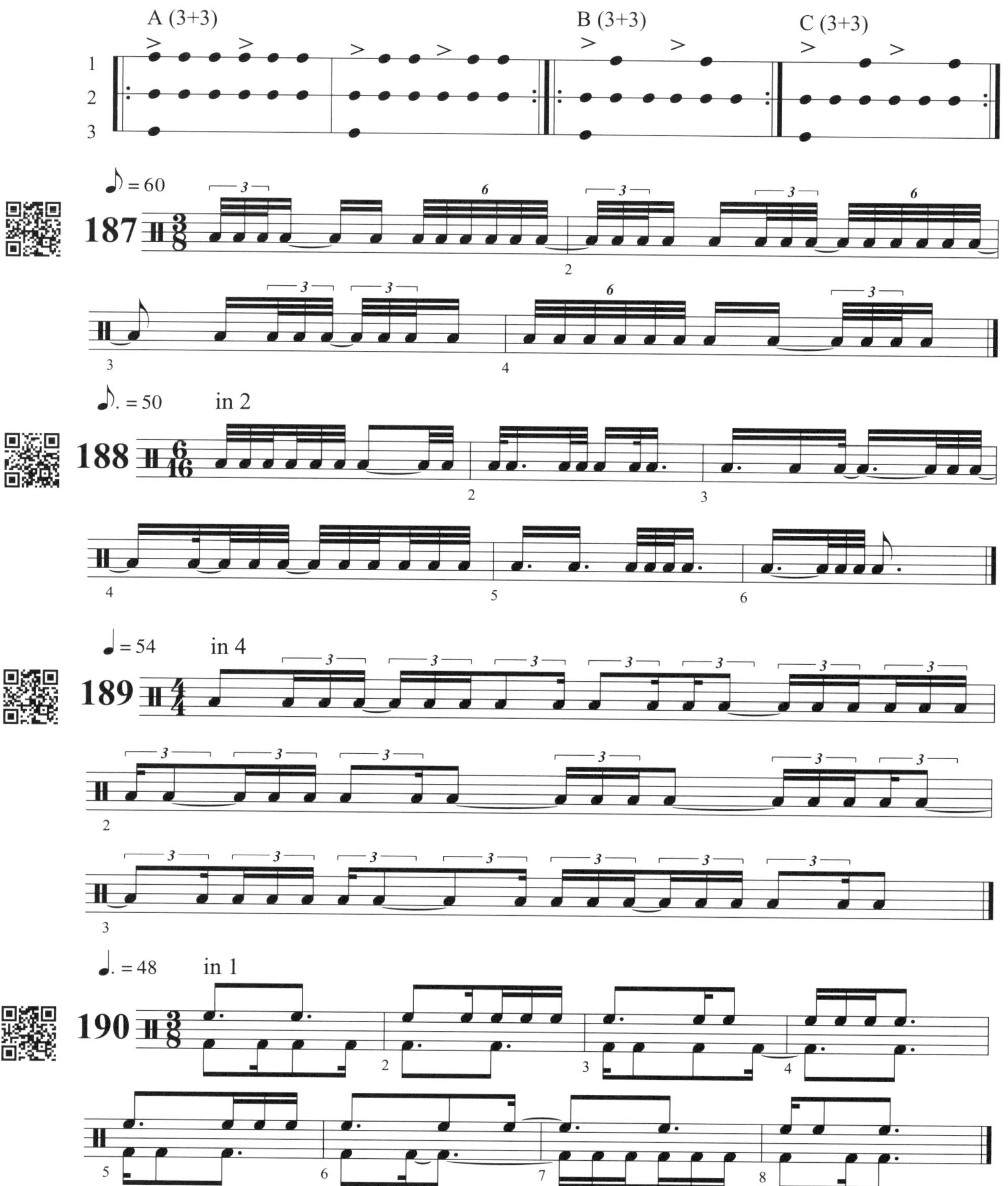

6.1.3. *Überbindungen, Synkopen, Pausen und Auftakte*

6.1.3.1. *Gruppierung (2+2+2)*

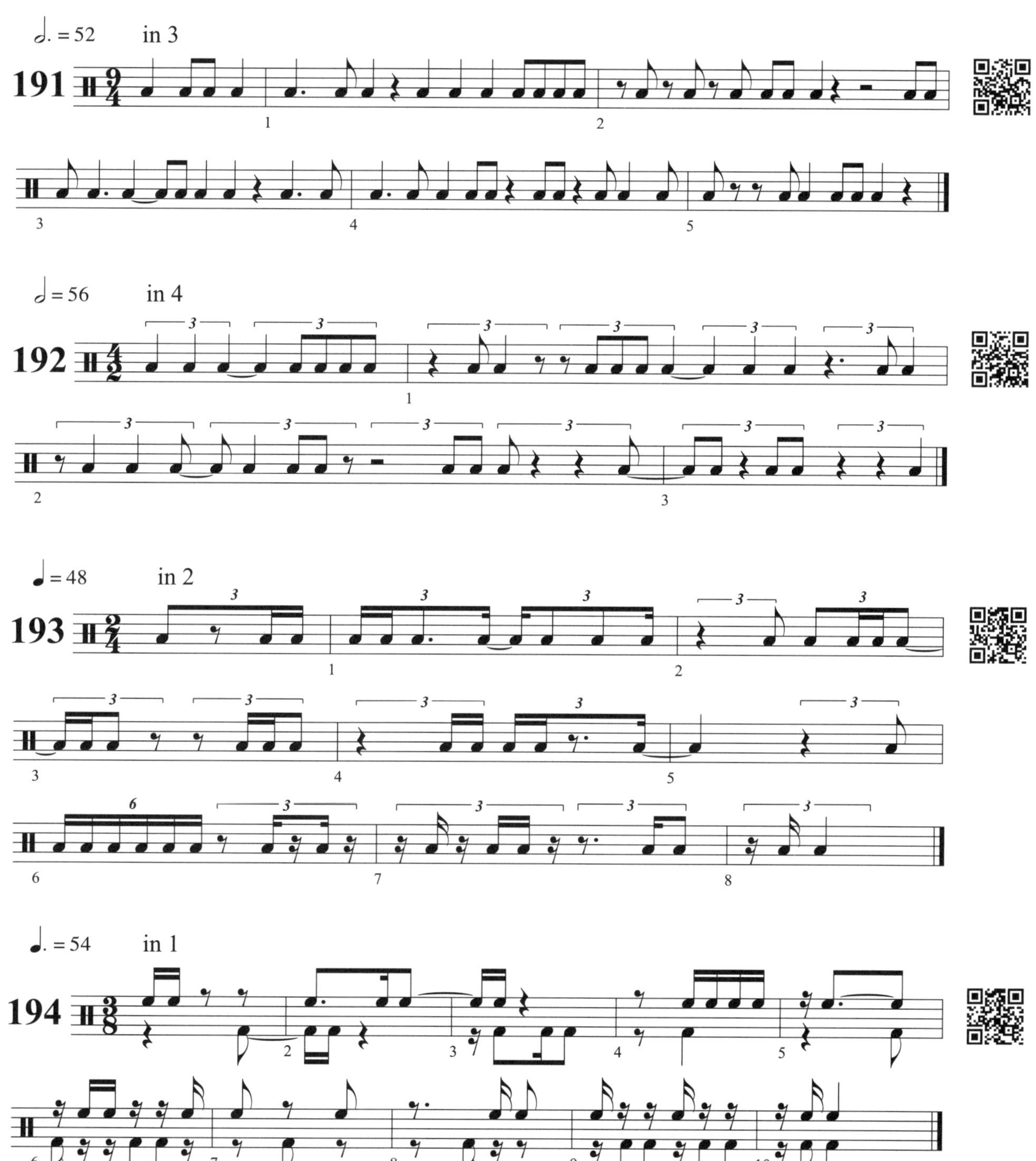

6.1.3.2. *Gruppierung (3+3)*

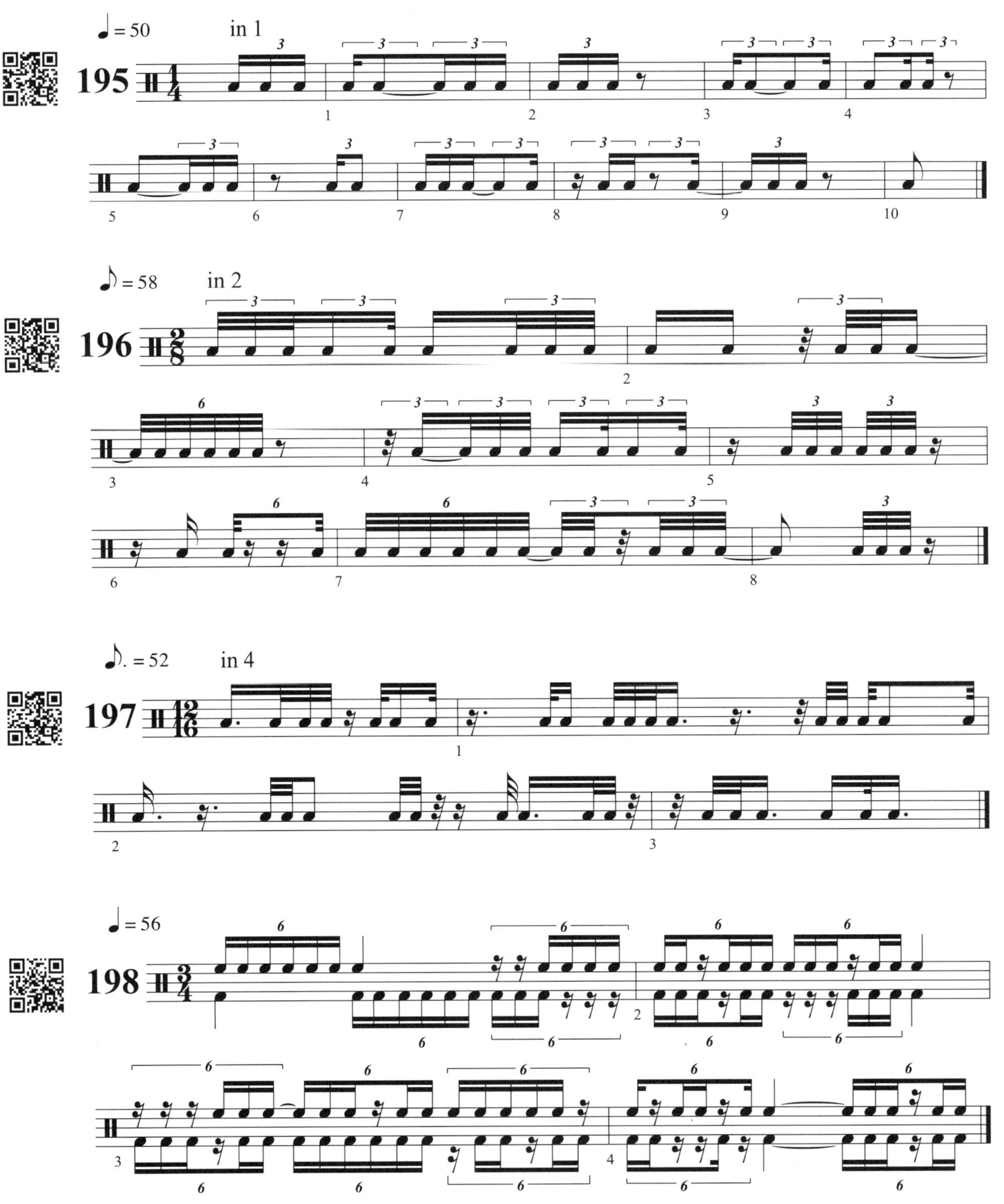

6.1.4. *Kombination von (2+2+2) und (3+3)*

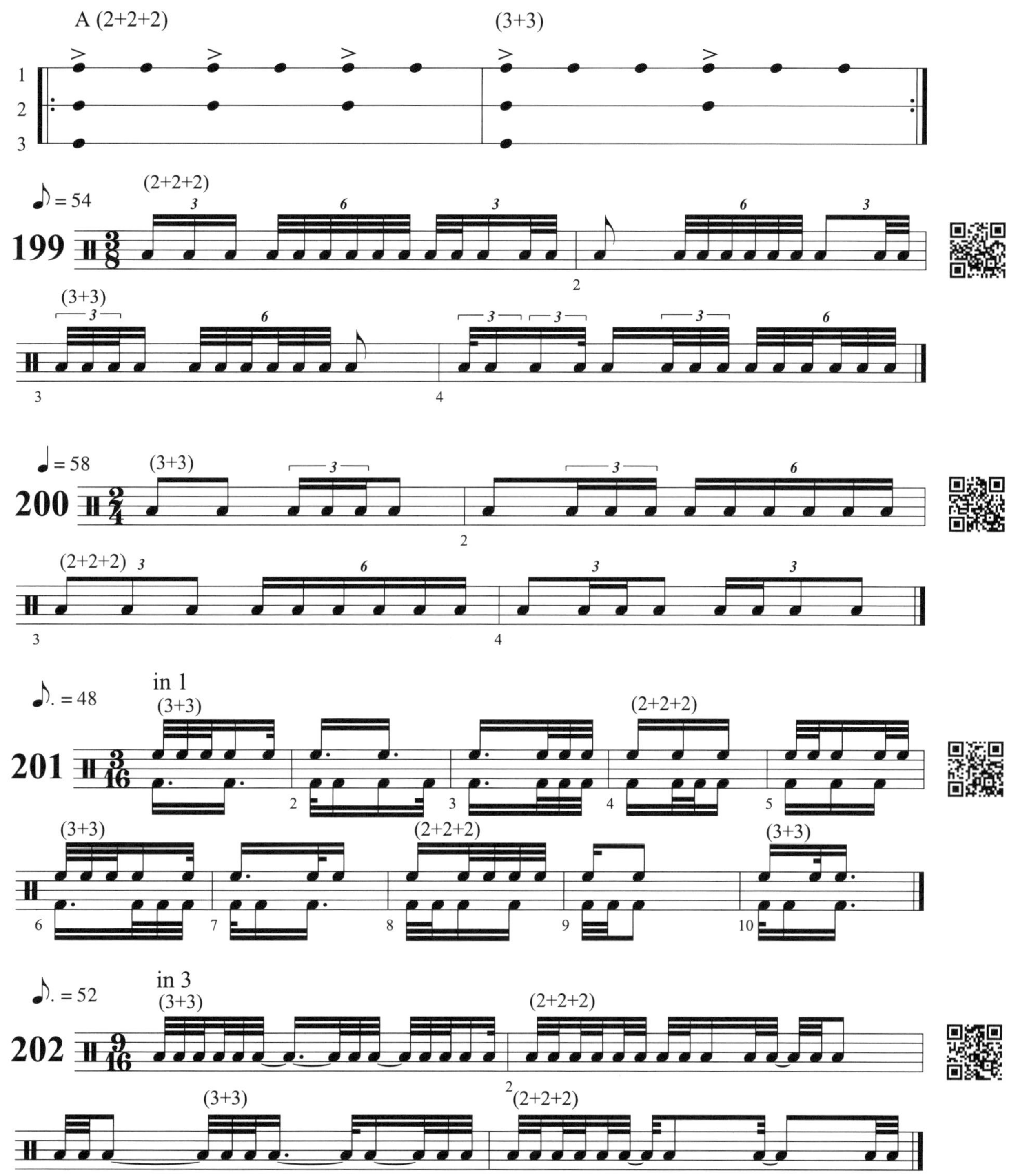

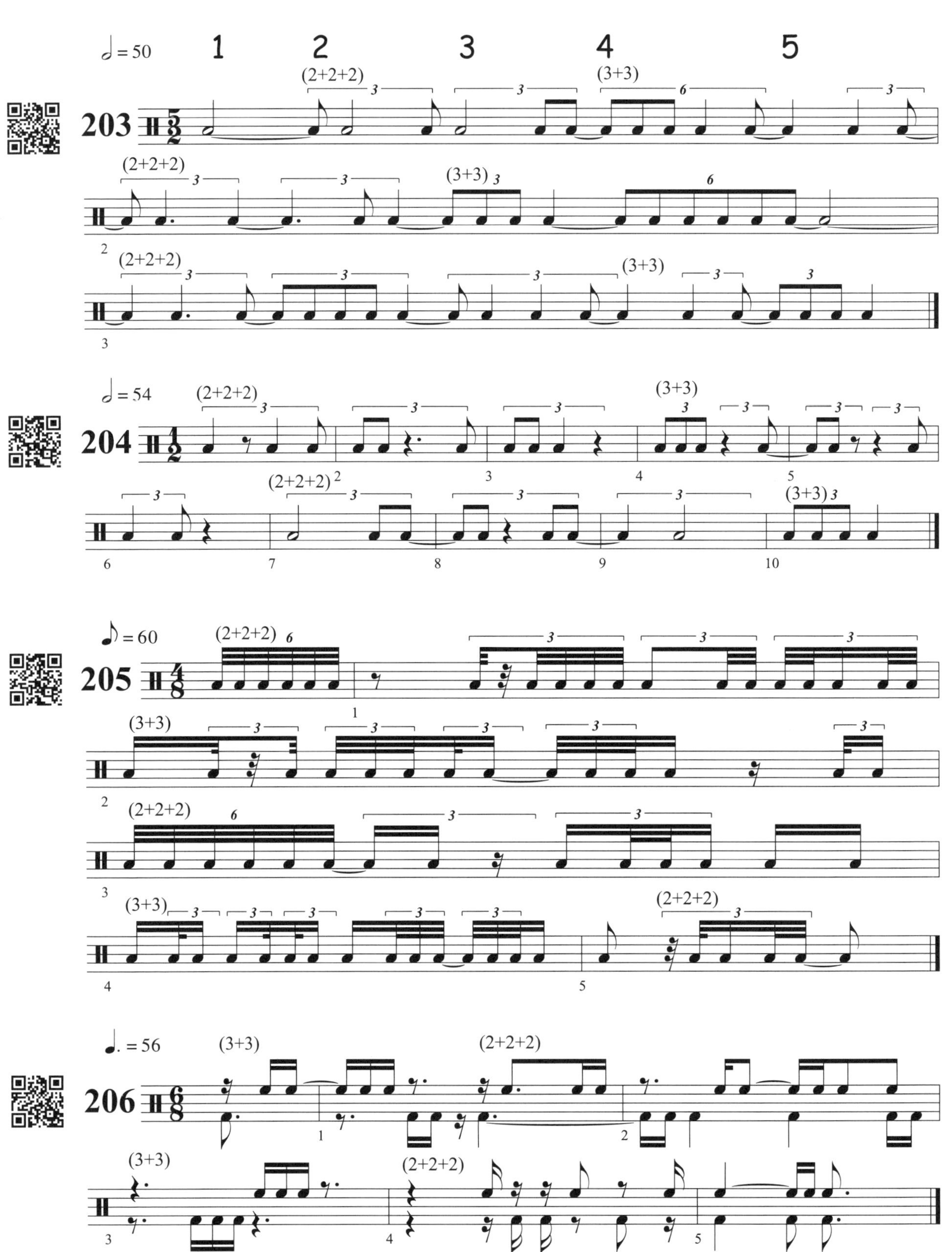

𝅗𝅥 = 50
1
2
3
4
5
(2+2+2)
(3+3)
203
2
3
𝅗𝅥 = 54
204
(2+2+2)
(3+3)
𝅘𝅥𝅮 = 60
205
(2+2+2)
(3+3)
𝅘𝅥. = 56
206
(3+3)
(2+2+2)

6.2. Ein- bis sechsteilige Rhythmen

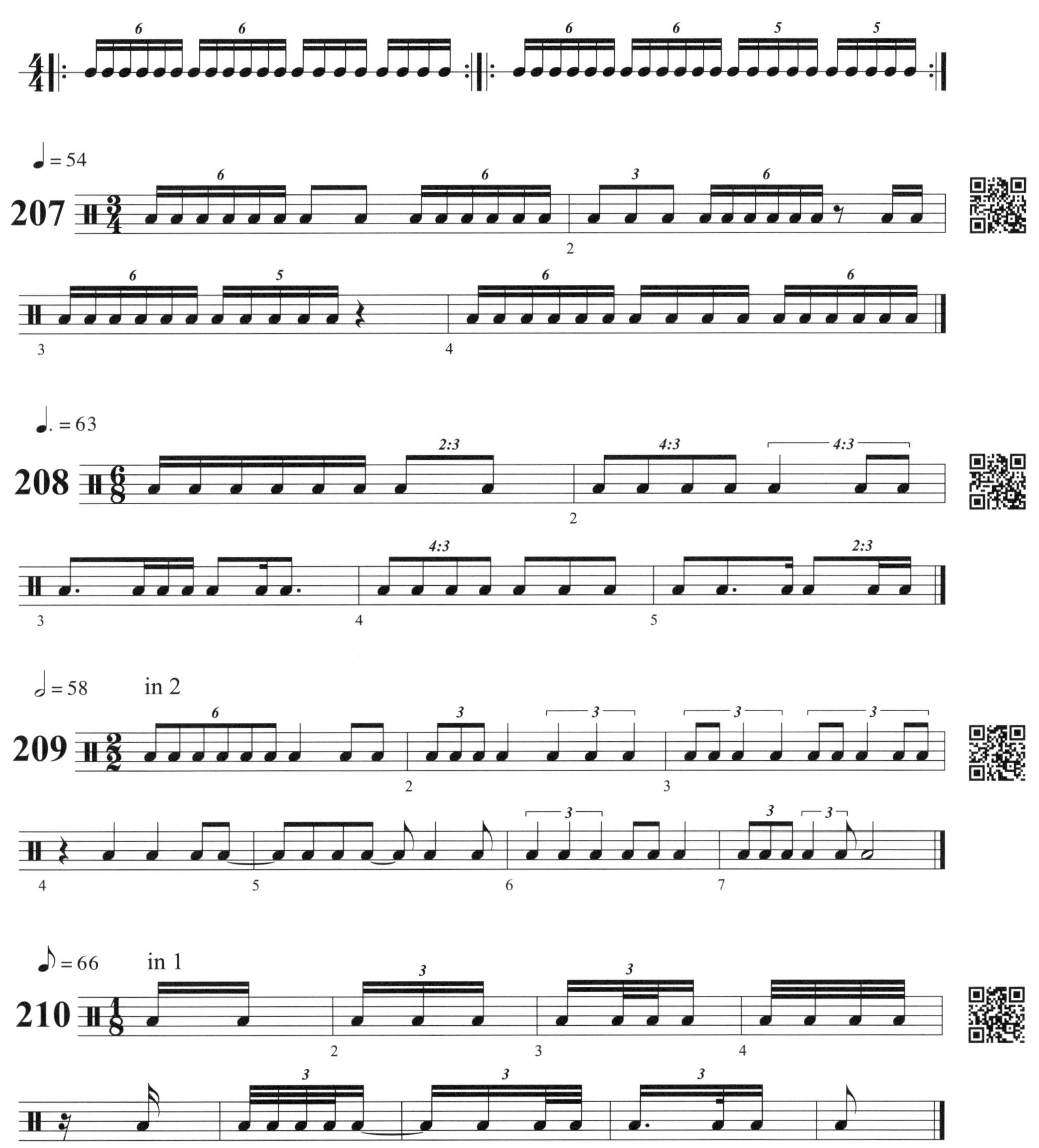

taataa!

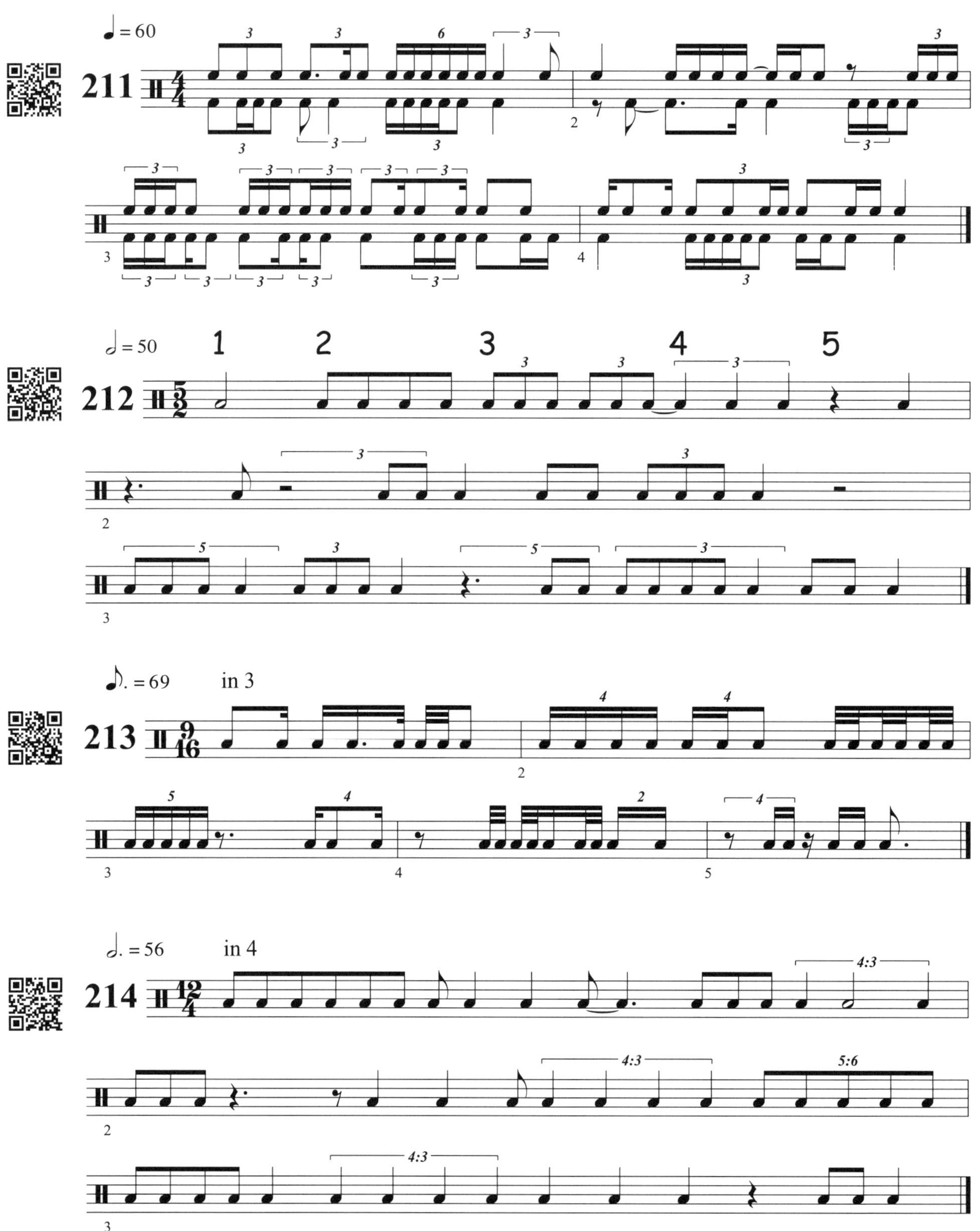

♩ = 60
211
𝅗𝅥 = 50
1 2 3 4 5
212
♪. = 69
in 3
213
𝅗𝅥. = 56
in 4
214

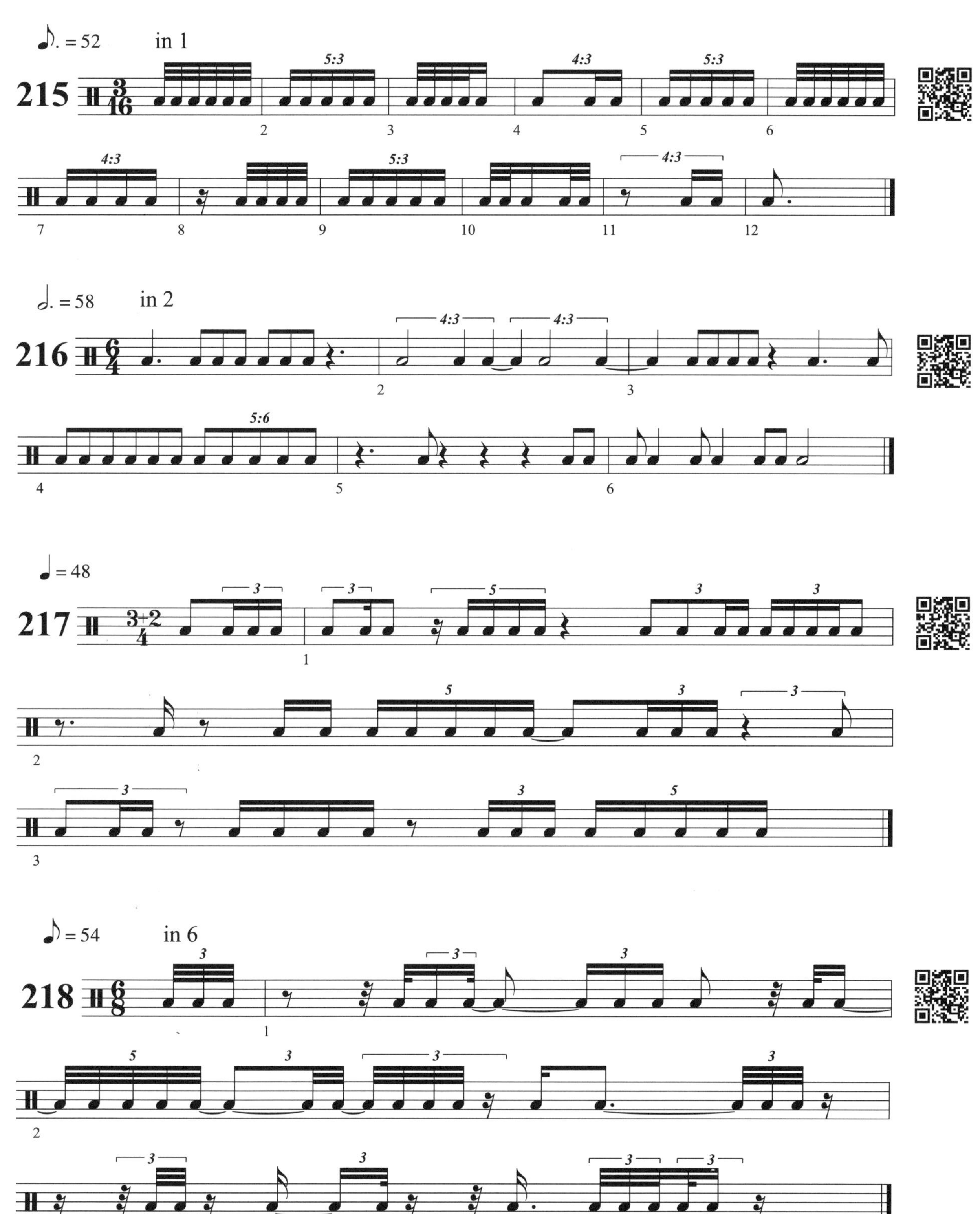
♪. = 52 in 1
215
5:3
4:3
5:3
2
3
4
5
6
4:3
5:3
4:3
7
8
9
10
11
12
𝅗𝅥. = 58 in 2
216
4:3
4:3
2
3
5:6
4
5
6
♩ = 48
217
3+2
4
3
3
5
3
3
1
5
3
3
2
3
3
5
3
♪ = 54 in 6
218
3
3
3
1
5
3
3
3
2
3
3
3
3
3

6.3. Additive Rhythmen mit 2er- und 3er-Metren und Unterteilungen

6.3.1. *Grundformen*

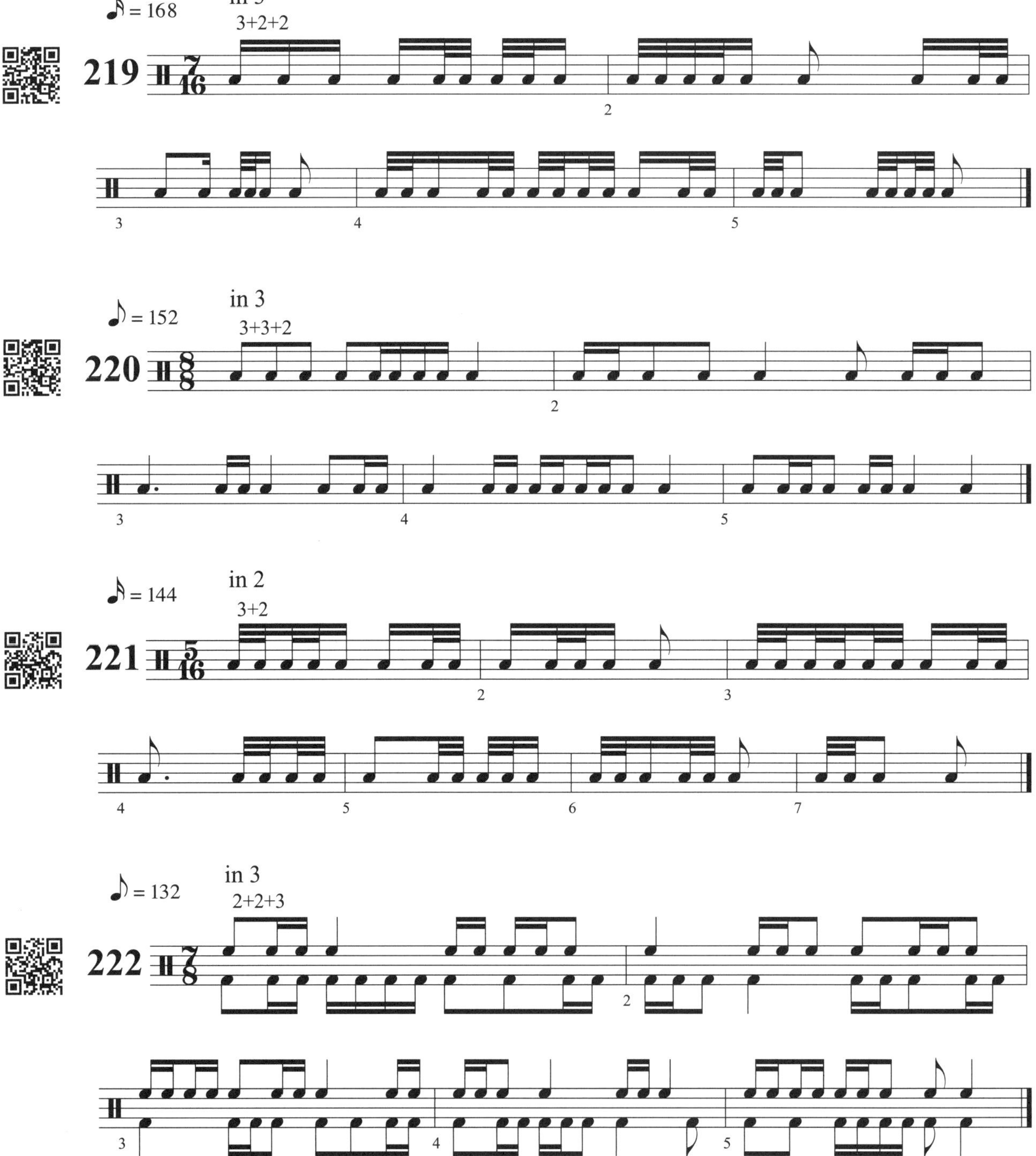

♩ = 160 in 2

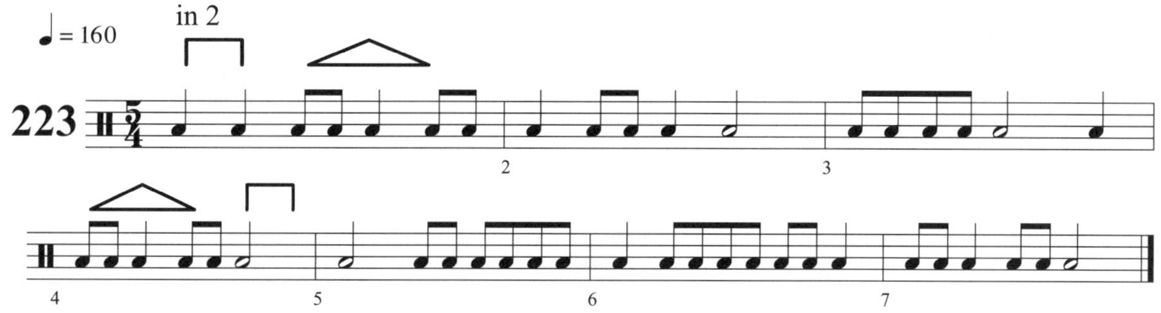

223 5/4

♪ = 152 in 3

3+2+3

224 8/16

3+3+2

2+3+3

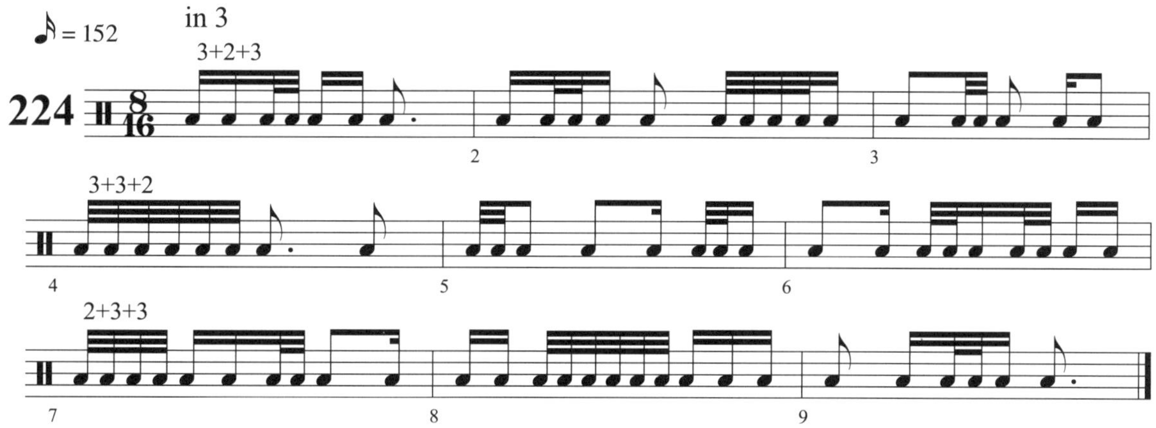

6.3.2. *Überbindungen und Synkopen*

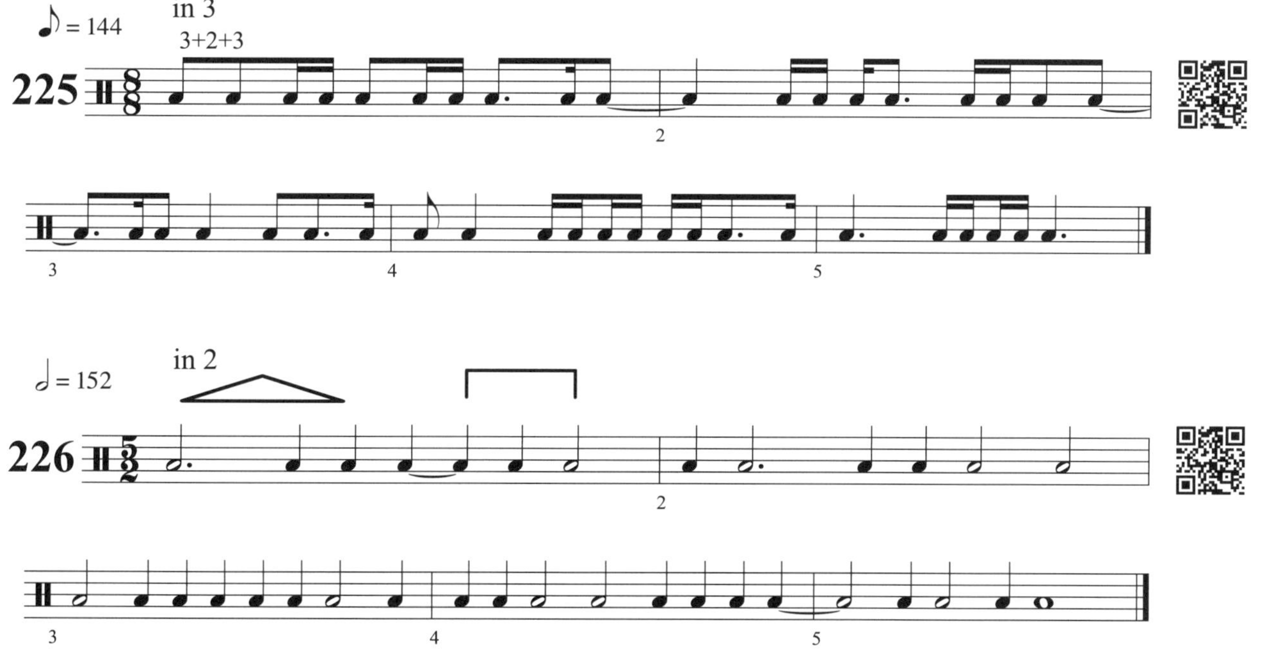

taataa!

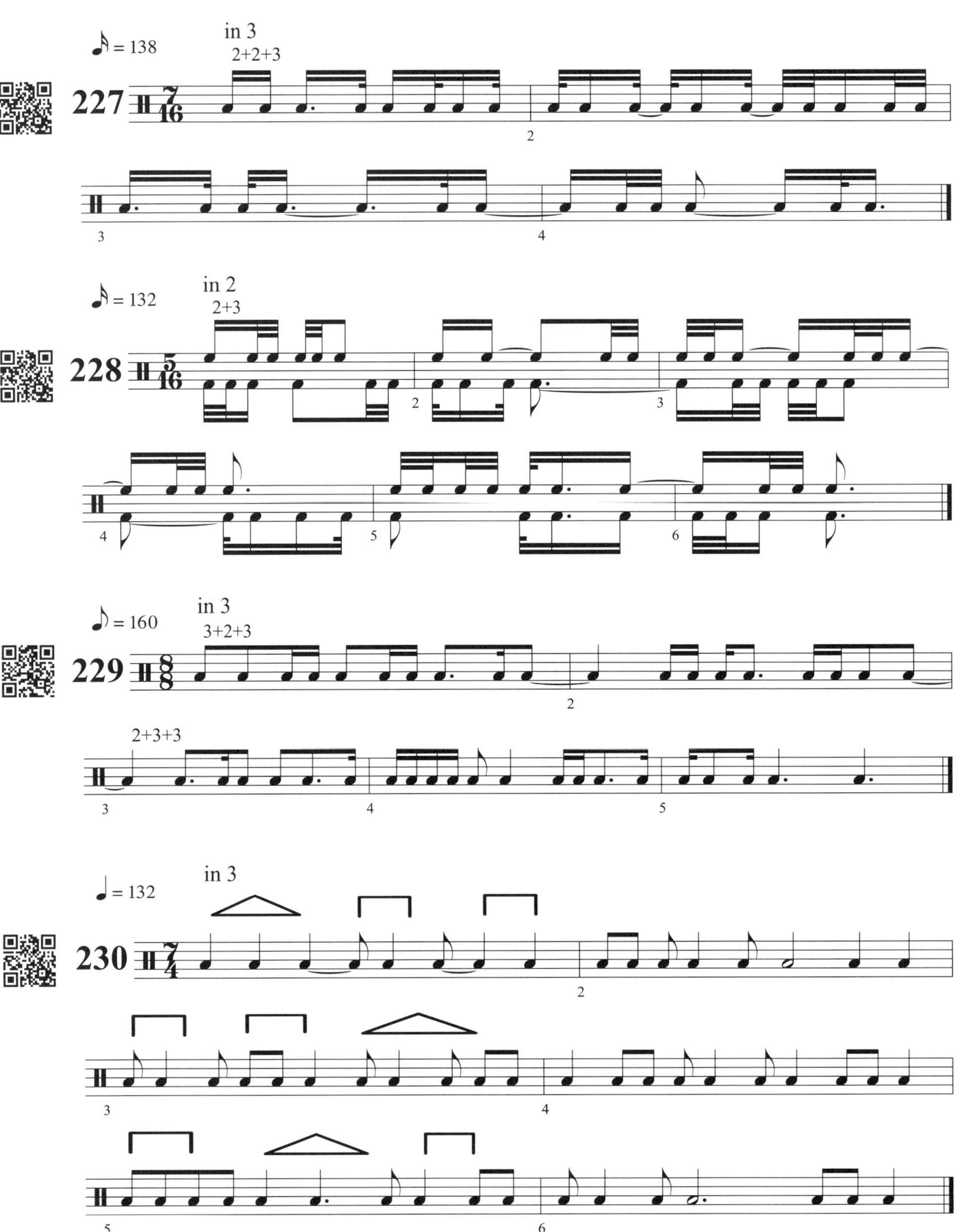

in 3
2+2+3
227
7/16
in 2
2+3
228
5/16
in 3
3+2+3
229
8/8
2+3+3
in 3
230
7/4

6.3.3. *Überbindungen, Synkopen, Pausen und Auftakte*

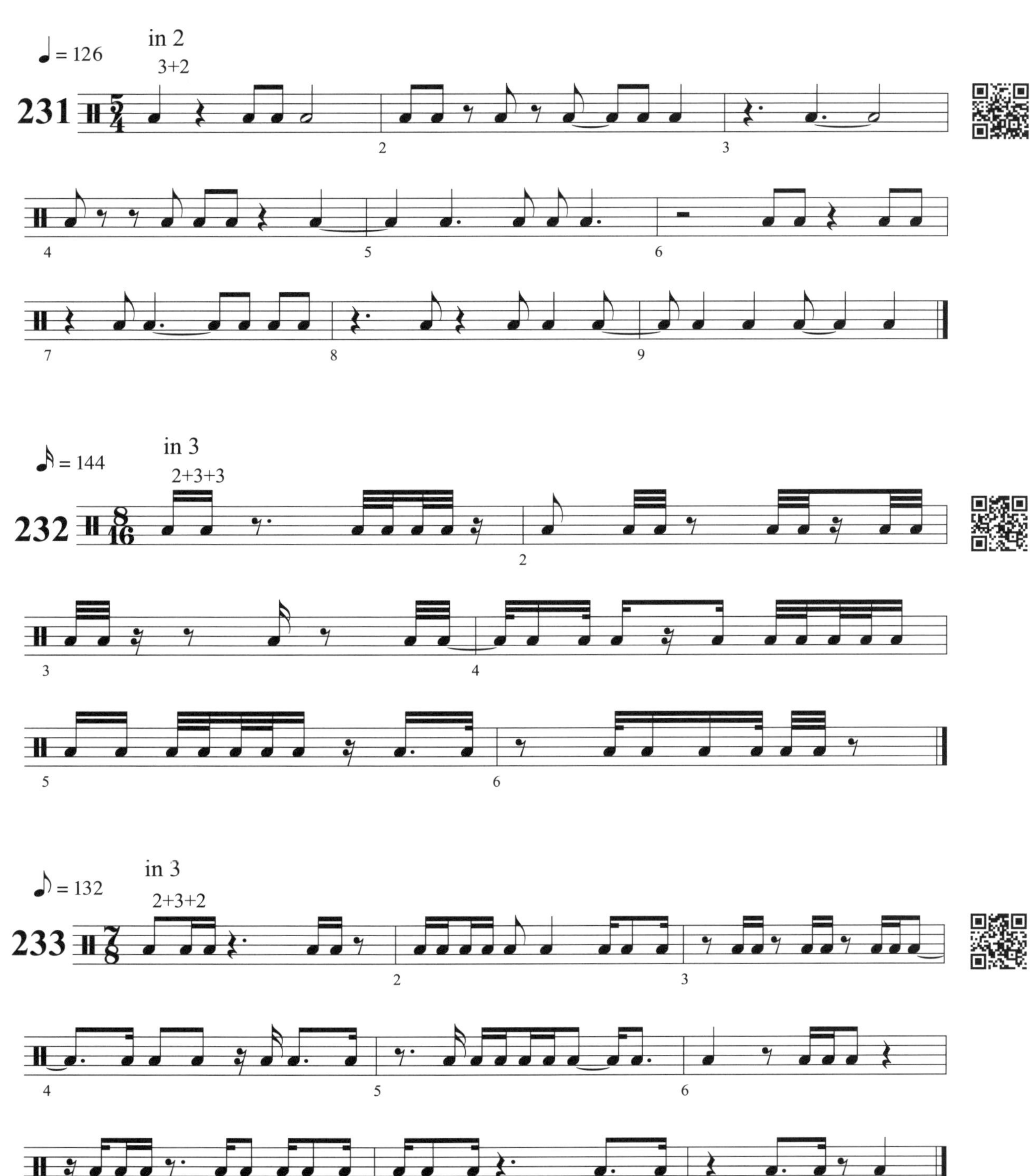

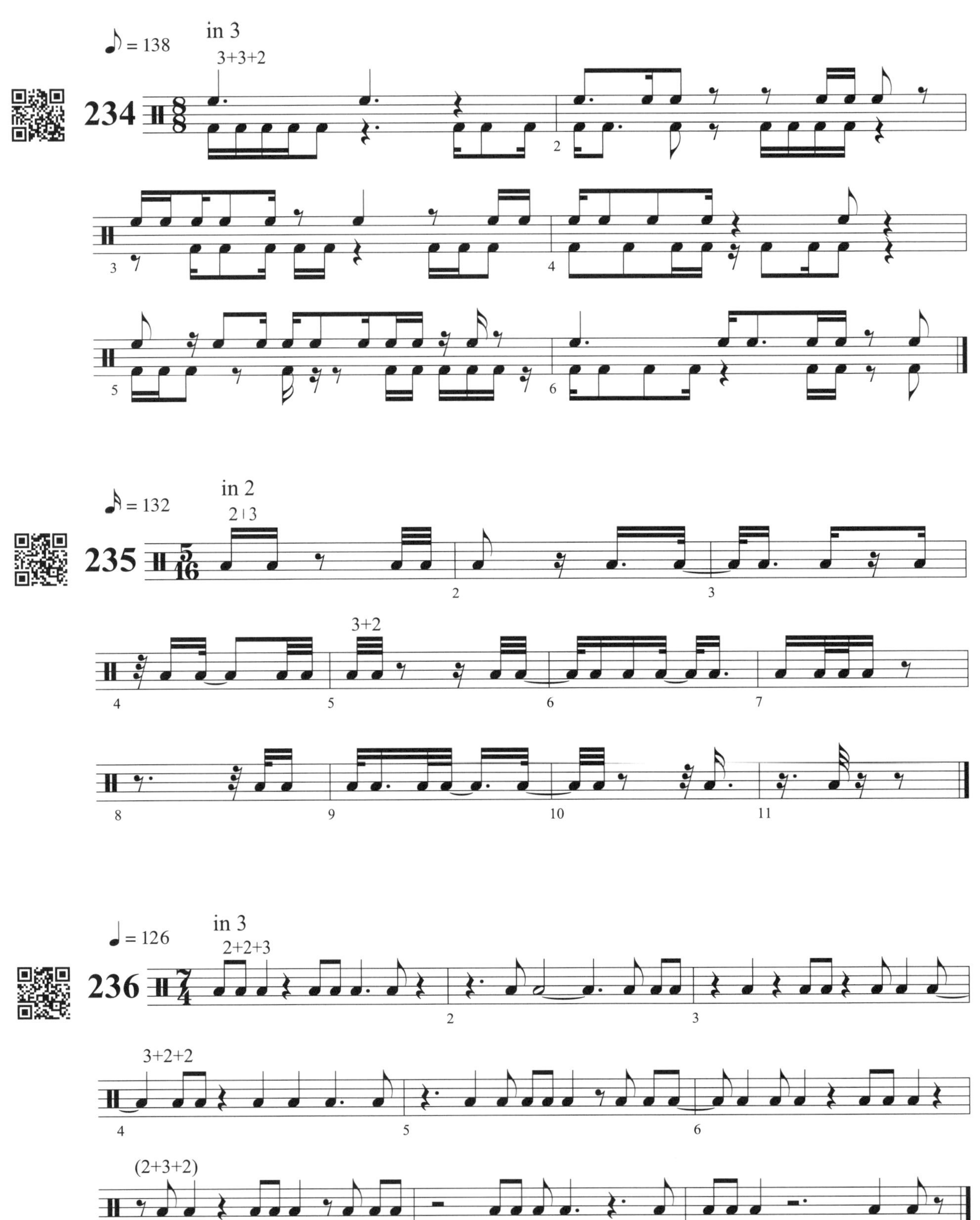

♪ = 138
in 3
3+3+2
234
♬ = 132
in 2
2 | 3
235
3+2
♩ = 126
in 3
2+2+3
236
3+2+2
(2+3+2)

A7 Siebenteilige Rhythmen

Zu 7.1. Siebenteilige Rhythmen in Grundnotenwerten und Septolen: (7), (2+2+3), (2+3+2), (3+2+2)

Die 7-teiligen Rhythmen werden in (7), (2+2+3), (3+2+2) und (2+3+2) gruppiert (→ *Metrum, Taktphrasierung und Gruppierung*, S. 12). Die Schwierigkeit bei den 7-teiligen Rhythmen liegt u. a. darin, dass kein gleichmäßiger Basisrhythmus den Gruppierungen zugrunde liegt.

► **Vorübung zu Kap. 7.1.1.**: Wiederhole jeweils die vier Gruppierungsmöglichkeiten des Siebeners A–D im Wechsel singend, klatschend und mit innerem Puls. Beachte die Akzente, die bei der Stabilisierung des Rhythmus helfen.

Mit **Übung 90** wird von den additiven Rhythmen aus Kapitel A3.3. *Additive Rhythmen aus 2er- und 3er-Metren* in die Gruppierungen der 7er-Teilungen übergeleitet. Die metrischen Akzente sollen nach einiger Übung nicht mehr hörbar sein.

► **Übungen 237–239**: Übe anhand der verschiedenen Takte und Tempi die gleichmäßige Siebenteilung des Schlags.

► **Übungen 240–241**: Die Rhythmisierung der 7-teiligen Rhythmen ist in (2+2+3) oder (3+2+2) gruppiert. Dirigiere die Gruppen zunächst aus und nimm sie dann in einem Schlag. Achte darauf, dass der 7-teilige Puls, auf dem die 2er- und 3er-Gruppen gebildet werden, nicht schwankt.

► **Übungen 242–243**: Die gleichmäßige Siebenteilung soll im Wechsel an die 2er- und 3er-Gruppen angeglichen werden. Kontrolliere dabei, dass das gleichmäßige Pulsieren des Siebeners in die 2er- und 3er-Gruppen übergeht.

► **Vorübung zu Kap. 7.1.2.**: Mache dich mit Hilfe von Akzenten mit den Synkopen aus den Gruppierungen (2+2+3) und (3+2+2) vertraut. Versuche schließlich den Rhythmus ohne die Akzentuierung umzusetzen.

► **Übungen 244–245**: Bei der ersten bzw. siebenten Unterteilung setzten die Überbindungen aus vorigen bzw. zu nachfolgenden Rhythmen an. Dadurch darf die zweite Unterteilung nach der angebundenen ersten nicht aufgrund von Atmen oder langer Reaktionszeit zu spät weitergehen. Der 7-teilige Puls muss über die Überbindung hinweg stabil bleiben. Behalte beim Singen der längeren Dauern die Pulsunterteilungen und das Zählen bei.

► **Übungen 246–249**: Übe die Anbindungen im Wechsel mit durchgehenden Siebenern und rhythmisierten 7-teiligen Rhythmen. Die Gruppierungen in Klammern sollen weniger der Schwerpunktsetzung als vielmehr dem Zählen und Lesen dienen. Bei langen Notenwerten müssen die Pulsunterteilungen stabil empfunden werden, um exakte Dauern einhalten zu können.

► **Übung 250**: Erkenne ohne Hinweis in Klammern aus Balkierung und Rhythmen die Gruppierungen der verschieden rhythmisierten Septolen. Schärfe den Blick für die spontane Umsetzung der Rhythmen. Die Schwerpunktsetzungen dürfen nicht mehr hörbar sein.

► **Übungen 251–252**: Beide Übungen sind als Zählübungen angelegt. Das Tempo ist zur sorgfältigen Ausführung langsam vorgegeben. Zähle laut die Notenwerte und stumm die Pausen oder umgekehrt. Später sollen die 7-teiligen Rhythmen mit den Pausen vollständig innerlich gezählt werden.

► **Übung 253–256**: Aus den Rhythmen und Pausen können die 2er- und 3er- Gruppen herausgelesen werden. Die Pausen sollen nicht vernachlässigt werden. Der innere 7-teilige Puls muss deutlich erhalten bleiben, damit die Pausen in Bezug auf die Siebenteiligkeit die exakte Länge haben.

► **Übung 257**: Erkenne aus den Rhythmen und Pausen eine für dich zu bewältigende Gruppierung der 7-teiligen Rhythmen ohne hörbare Schwerpunktsetzungen.

Zu 7.2. Ein- bis siebenteilige Rhythmen

► **Vorübung**: Wiederhole die einzelnen rhythmischen Sprünge bei gleichbleibendem Schlag, bis der Wechsel zwischen den Siebenern und anderen Rhythmen einwandfrei beherrscht wird.

► **Übung 258**: Übernimm zunächst das Tempo aus der Vorübung, damit sich die Erfahrungen der rhythmischen Wechsel mit dem Notenlesen verbinden.

► **Übungen 259–261**: Komplette rhythmische Unterteilungen des Schlags wechseln einander in verschiedenen Taktarten und Tempi ab.

► **Übungen 262–268**: Alle Rhythmen werden nach und nach durch Pausen und Überbindungen geformt. Stärke deinen inneren Puls, damit die Wechsel der jeweiligen Teiltempi und alle Rhythmen sicher und kontrolliert gelingen.

7.1. Siebenteilige Rhythmen in Grundnotenwerten und Septolen: (7), (2+2+3), (2+3+2), (3+2+2)

7.1.1. *Grundformen*

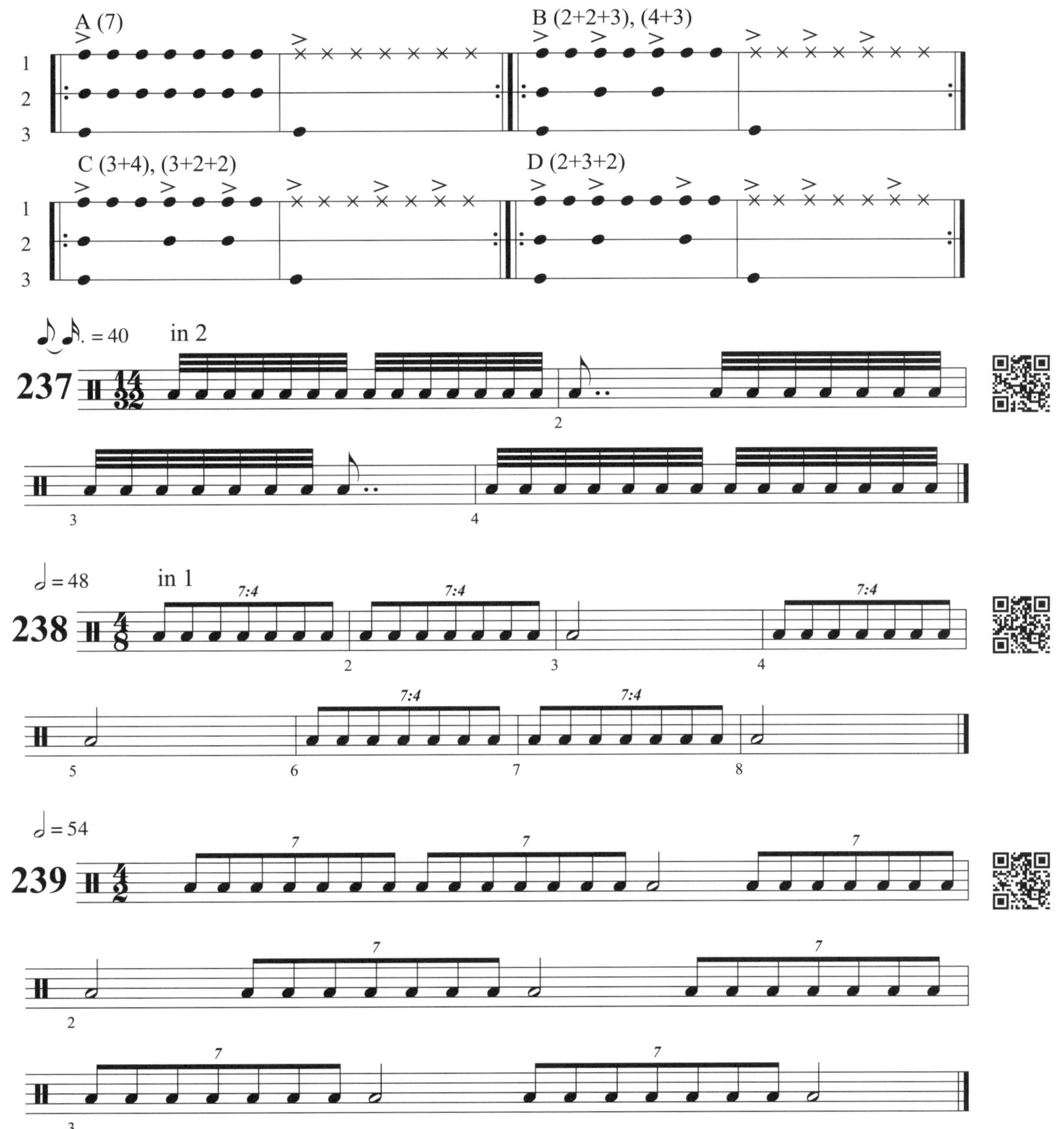

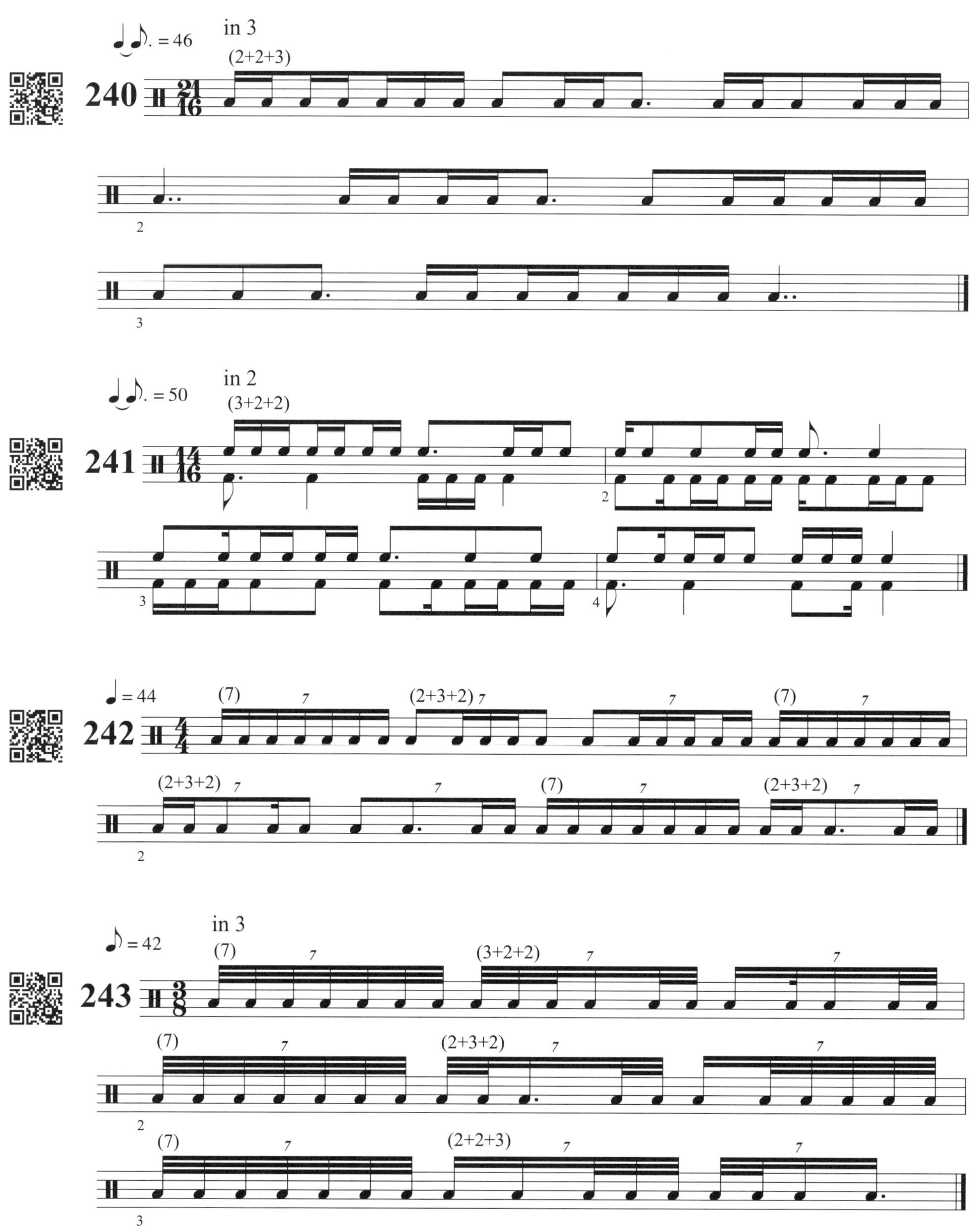

240
in 3
(2+2+3)
241
in 2
(3+2+2)
242
(7)
(2+3+2)
243
in 3
(7)
(3+2+2)
(2+3+2)
(2+2+3)

7.1.2. *Überbindungen und Synkopen*

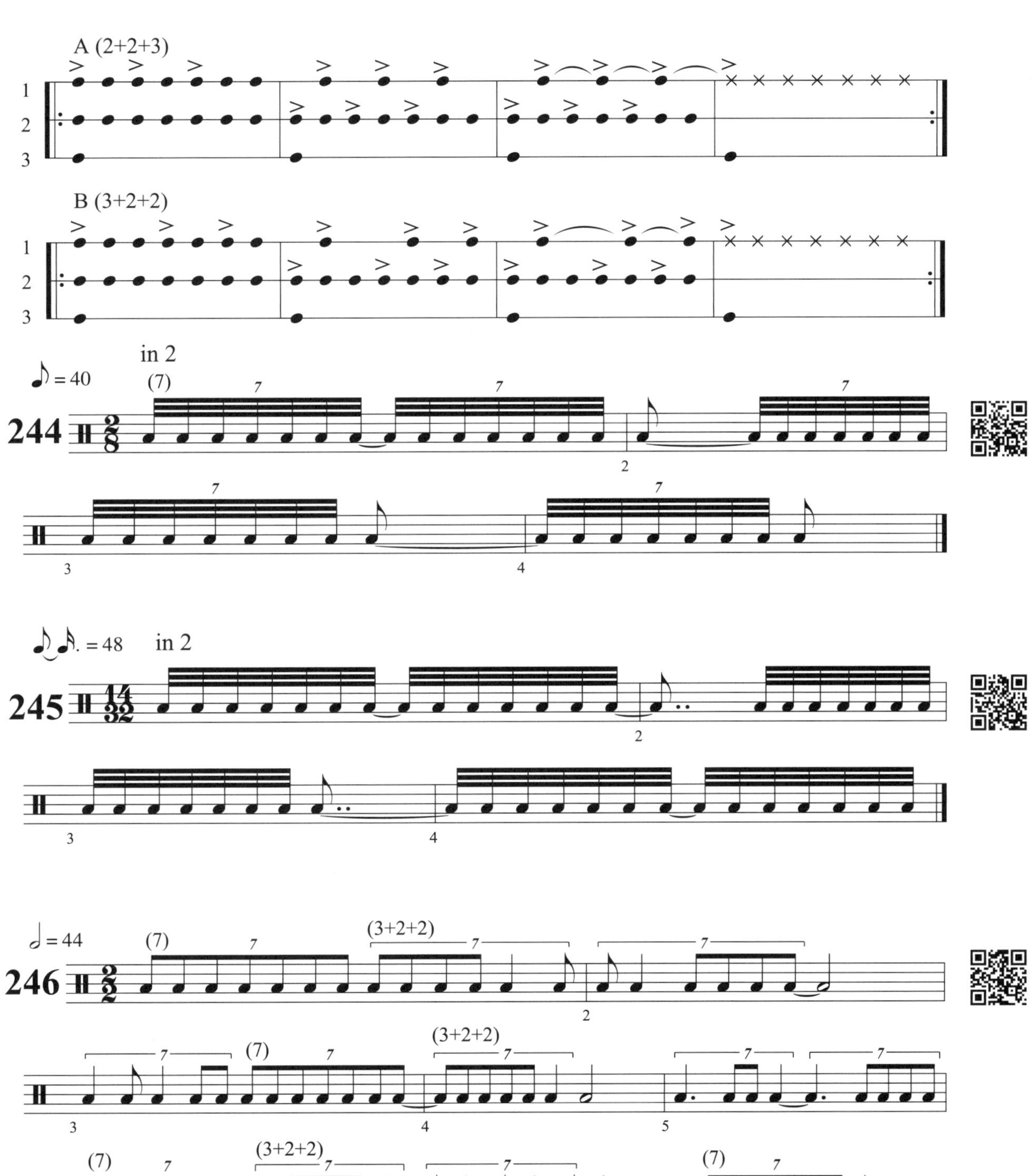

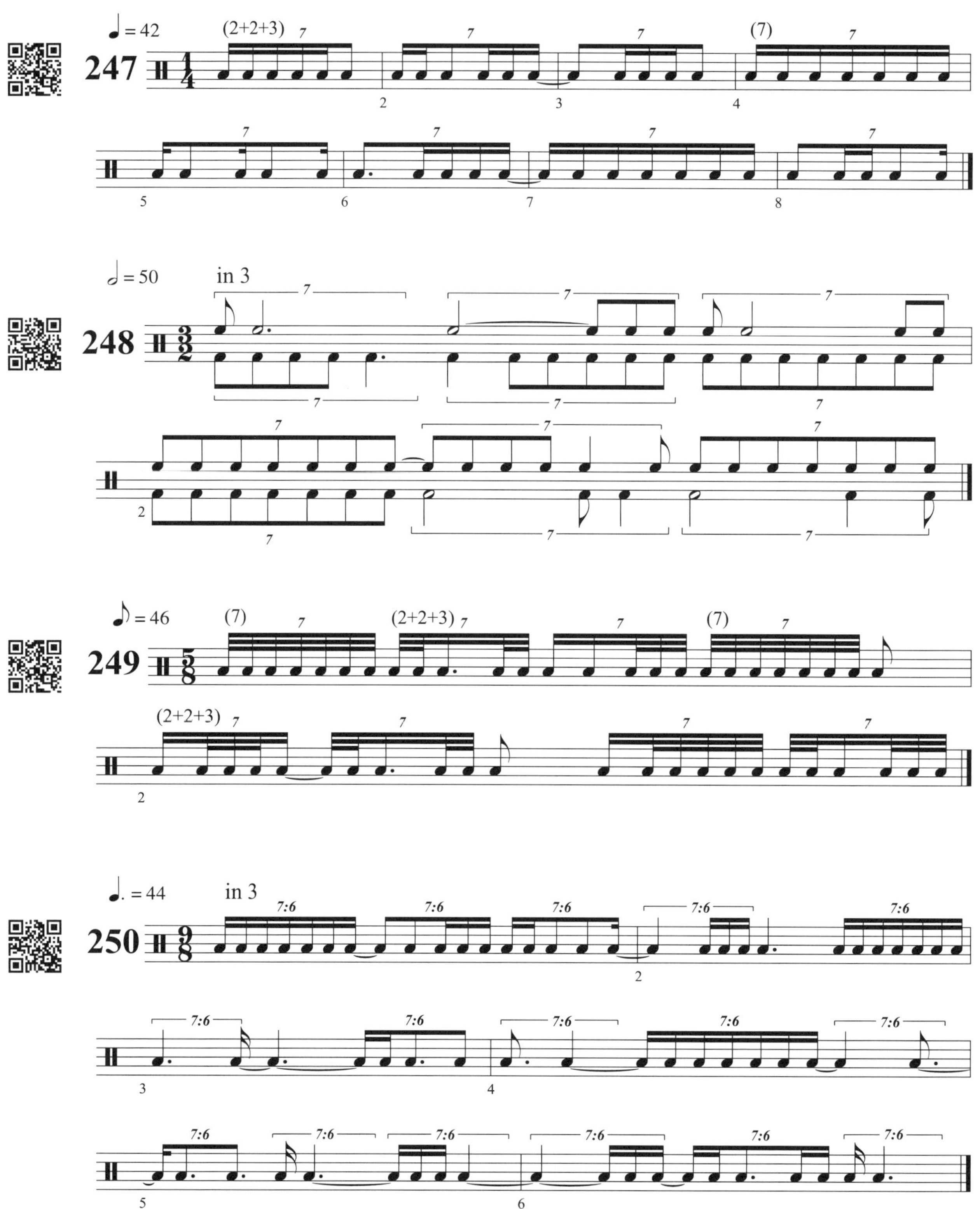

♩ = 42
247
(2+2+3)
(7)
7
𝅗𝅥 = 50
248
in 3
7
♪ = 46
249
(7)
(2+2+3)
7
♩. = 44
250
in 3
7:6

7.1.3. *Überbindungen, Synkopen, Pausen und Auftakte*

251

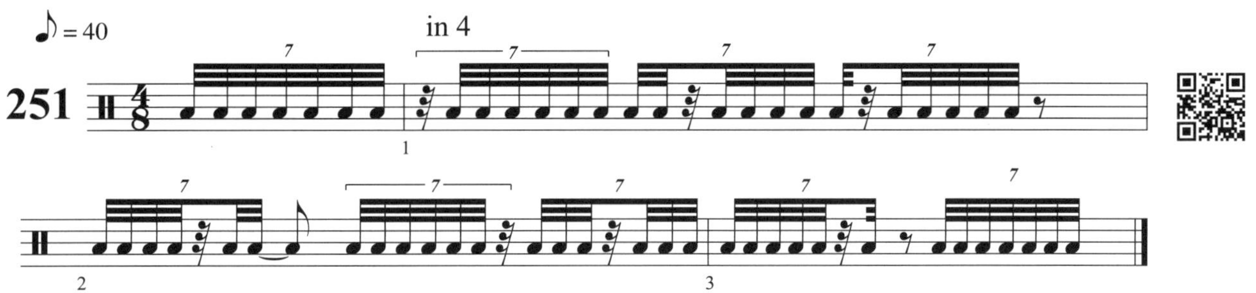

252

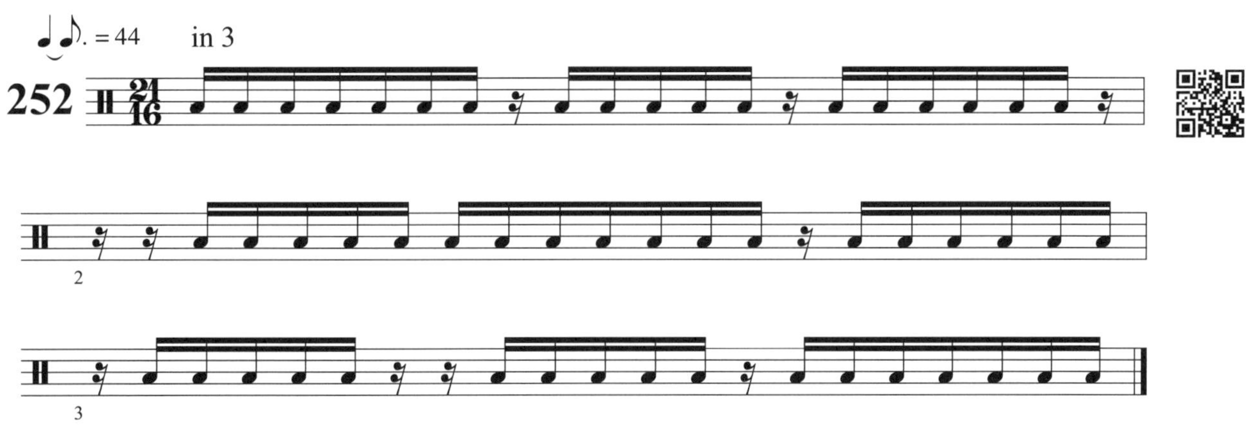

253

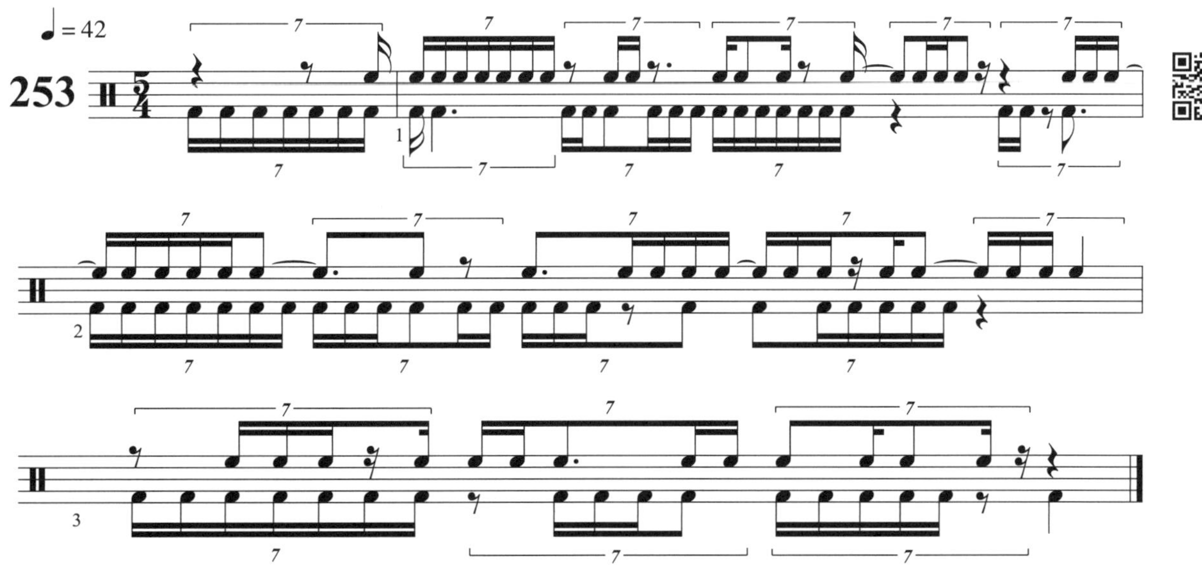

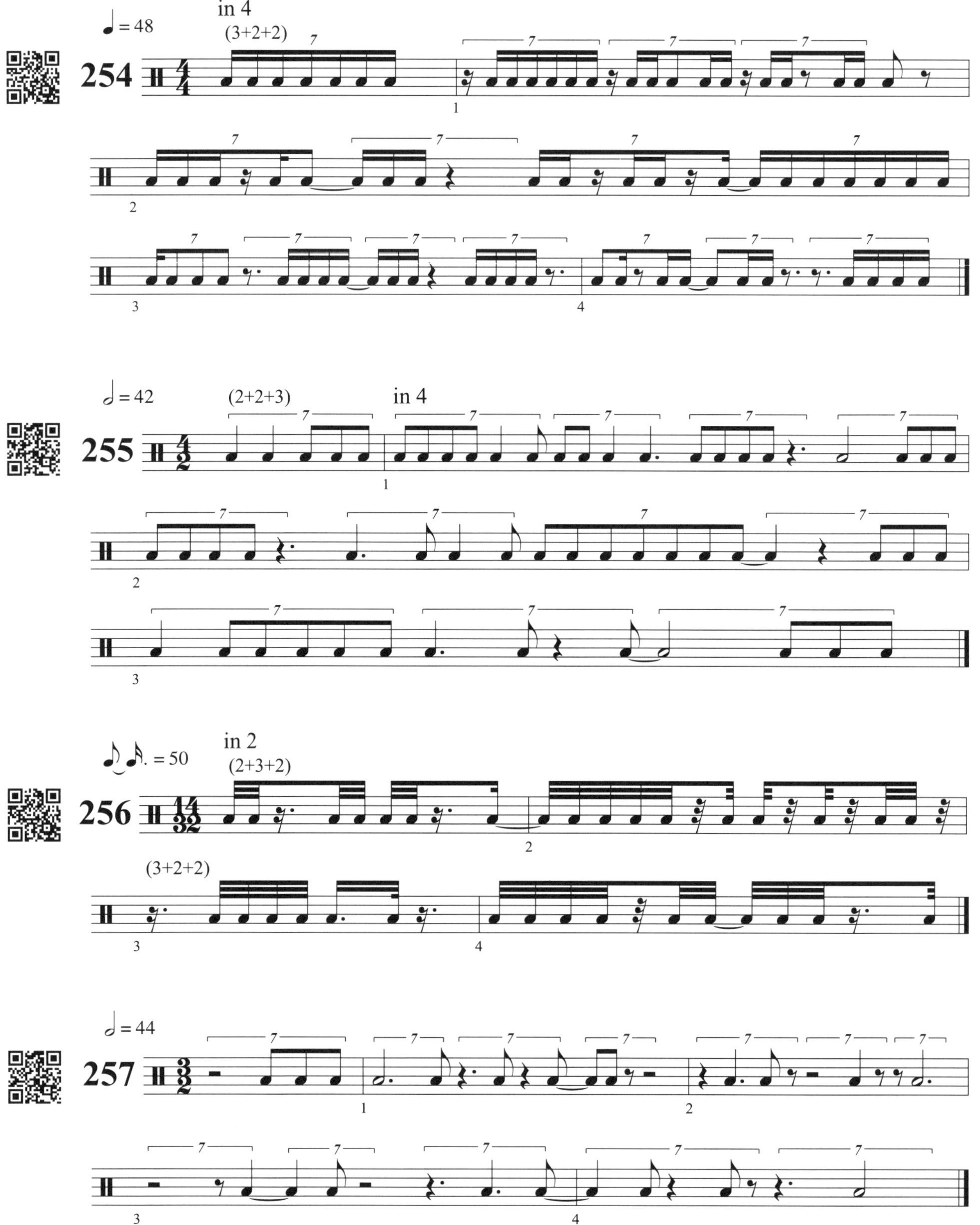

♩ = 48
in 4
(3+2+2)
254
7
1
2
3
4
𝅗𝅥 = 42
(2+2+3)
in 4
255
1
2
3
♪‿♬. = 50
in 2
(2+3+2)
256
2
(3+2+2)
3
4
𝅗𝅥 = 44
257
1
2
3
4

7.2. Ein- bis siebenteilige Rhythmen

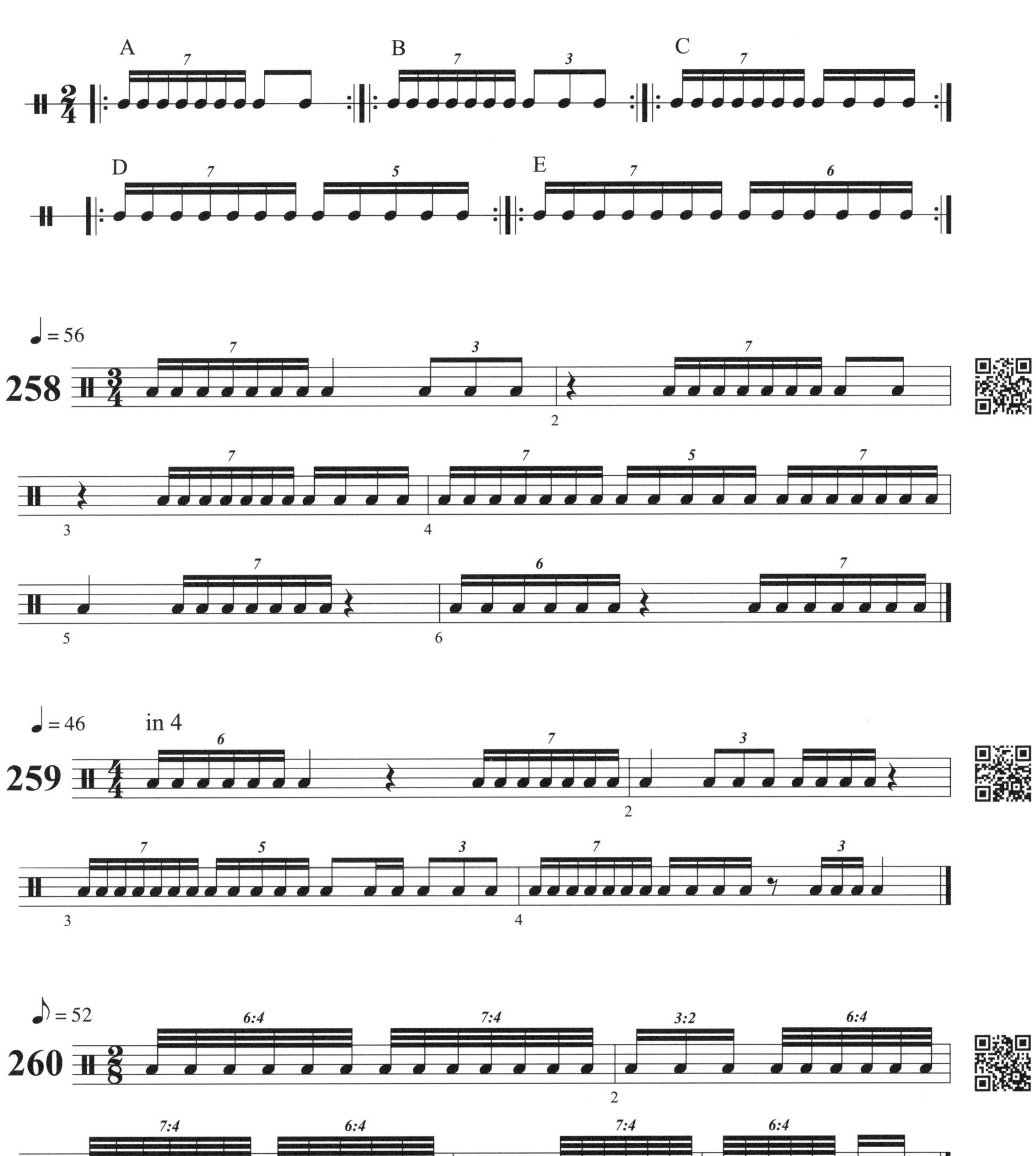

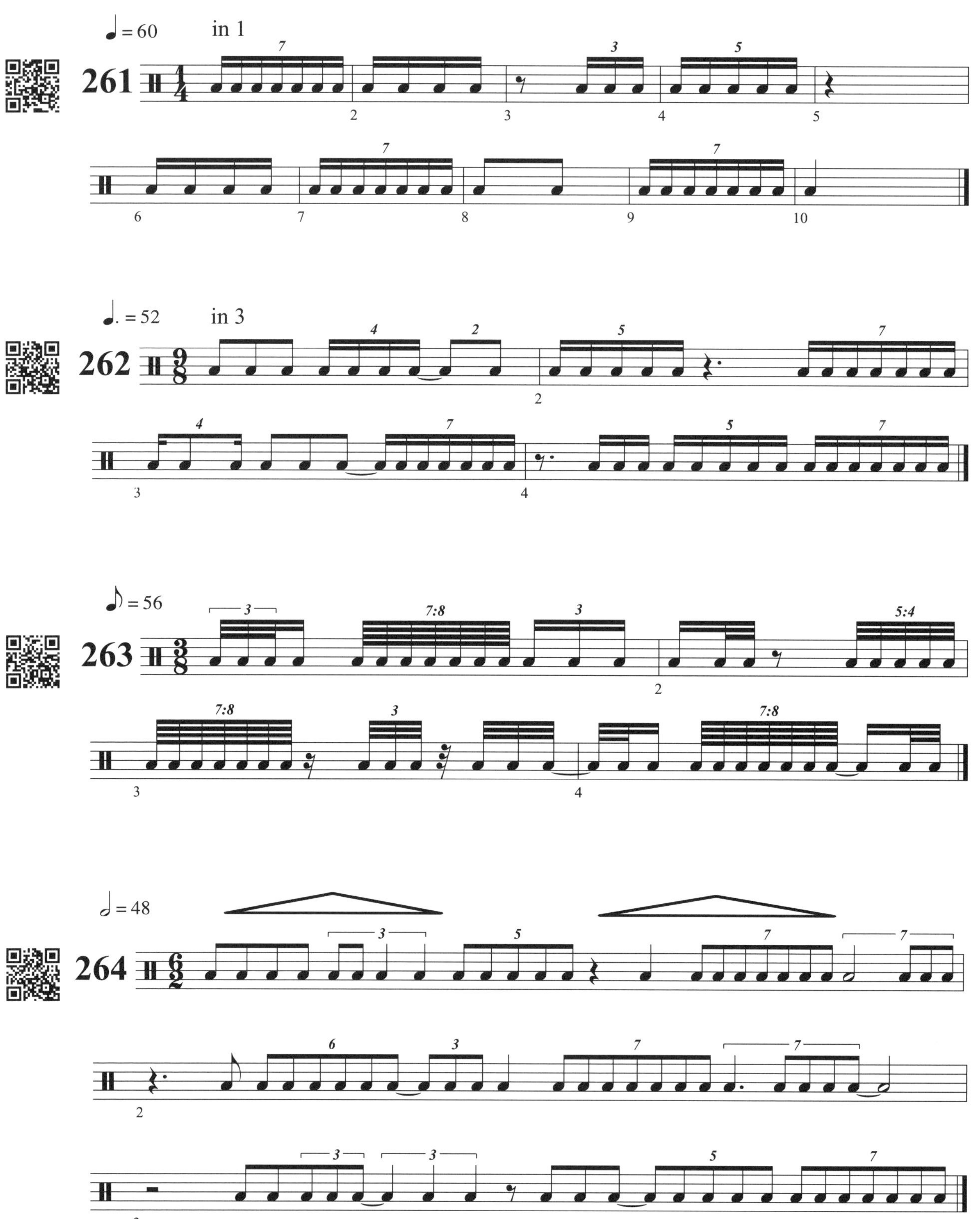
♩ = 60
in 1
261
♩. = 52
in 3
262
♪ = 56
263
7:8
5:4
𝅗𝅥 = 48
264

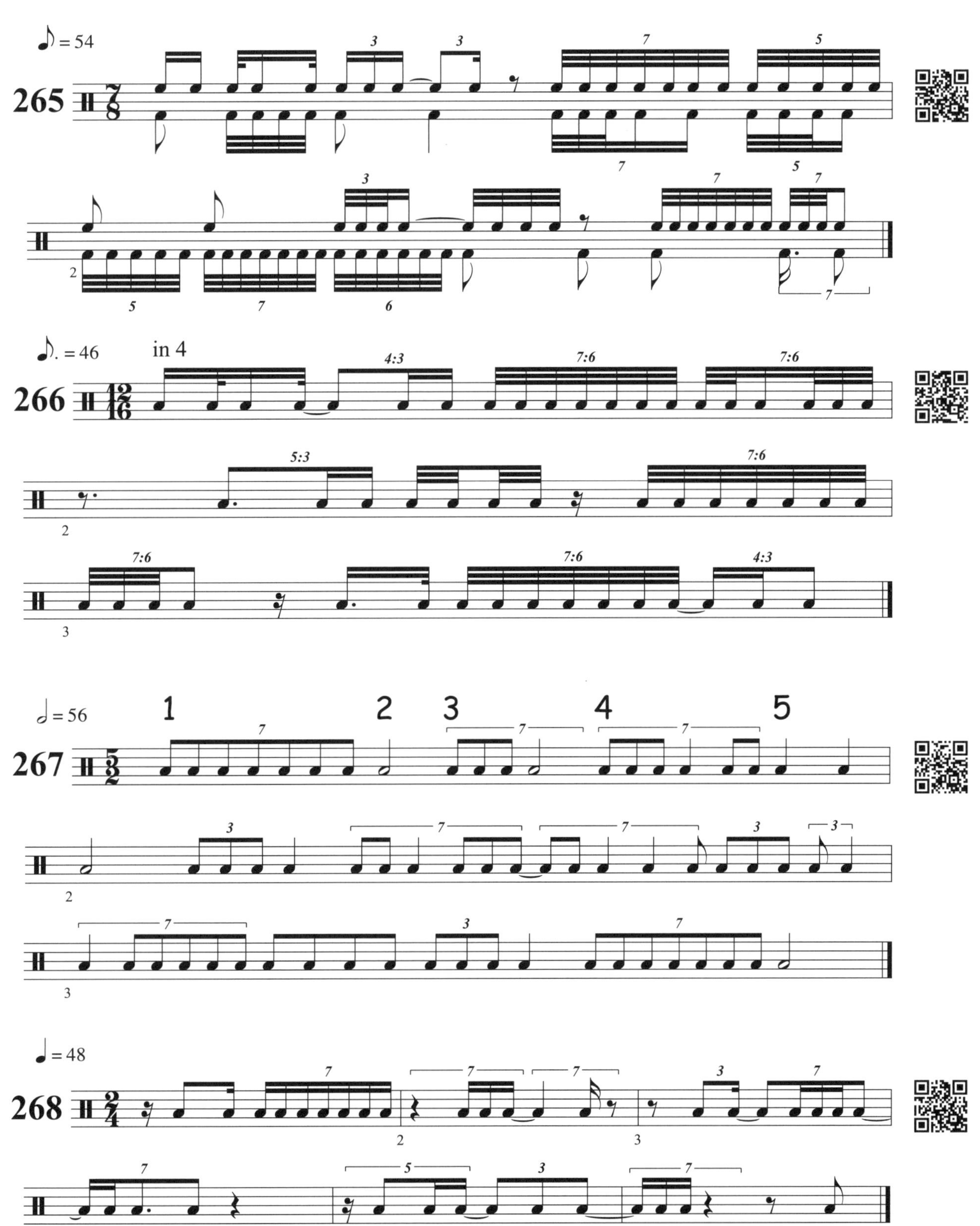

taataa!

A8 Achtteilige Rhythmen

Zu 8.1. Achtteilige Rhythmen in Grundnotenwerten, Oktolen und Punktierungen: (2+2+2+2), (4+4)

Die 8-teiligen Rhythmen werden in (2+2+2+2) oder (4+4) gruppiert. Der Gruppierung (2+2+2+2) liegt ein 4-teiliger und der Gruppierung (4+4) ein 2-teiliger Basisrhythmus (→ *Basisrhythmus*, S. 13) zugrunde. Der Puls wird auf drei Ebenen gefühlt. Die beiden Gruppierungen sind in den jeweiligen Unterkapiteln separat behandelt. In den Übungen 293–299 werden die Gruppierungen innerhalb der Übungen gewechselt.

► **Übungen 269–272** (Kap. 8.1.1.1.) und **273–276** (Kap. 8.1.1.2.): Übe die Gruppierungen (2+2+2+2) und (4+4) in verschiedenen Takten und Tempi.

► **Übungen 277–292** (Kap. 8.1.2. und 8.1.3.): Stärke das innere Gefühl für die zugrunde liegenden 4-teiligen oder 2-teiligen Basisrhythmen. Denn nur dadurch können die längeren Dauern, Pausen, Überbindungen und Synkopen präzise gebildet werden.

► **Übungen 293–299** (Kap. 8.1.4.): Der Wechsel der Gruppierungen (2+2+2+2) und (4+4) beruht auf dem Wechsel der 4- und 2-teiligen Basisrhythmen. Halte an der vorgegebenen Gruppierung fest, auch wenn die Balkierung der 8-teiligen Rhythmen der vorgegebenen Gruppierung entgegenläuft, damit du beim Rhythmuslesen über Flexibilität verfügst.

► **Übung 297**: Die Gruppierungen (3+2+3) und (3+3+2) werden hier als Ausnahme und nur in dieser Übung behandelt. Übe streng in den vorgegebenen Gruppierungen und wechsle nicht in (2+2+2+2) oder (4+4).

Zu 8.2. Ein- bis achtteilige Rhythmen

Vorübung: Übe den Wechsel von vollständigen Achtern zu anderen Unterteilungen. Der Temposprung zwischen Zweiunddreißigsteln und Septolen (Vorübung D) kann auch durch plötzliche schnellere und langsamere Pulsunterteilungen erreicht werden. Dabei darf aber kein ritardando oder accelerando zu hören sein. Der rhythmische Schnitt muss sauber sein. Das Tempo der ersten beiden Pulsunterteilungen spielt als Referenz für die gesamte Tempofindung eine wichtige Rolle. Ist es zu schnell oder zu langsam, bewirkt die Tempokorrektur ein rallentando oder accelerando. Halte das Schlagtempo stabil.

► **Übung 300**: Übernimm das Tempo der Vorübungen. Die Wechsel von 6-, 7- und 8-teiligen Rhythmen werden hier im Besonderen behandelt.

► **Übungen 300–306**: In diesen Übungen wird der Schwierigkeitsgrad durch zunehmende Synkopierungen, Anbindungen und Pausen sowie größere Taktarten verschärft.

8.1. Achtteilige Rhythmen in Grundnotenwerten, Oktolen und Punktierungen: (2+2+2+2), (4+4)

8.1.1. *Grundformen*

8.1.1.1. *Gruppierung (2+2+2+2)*

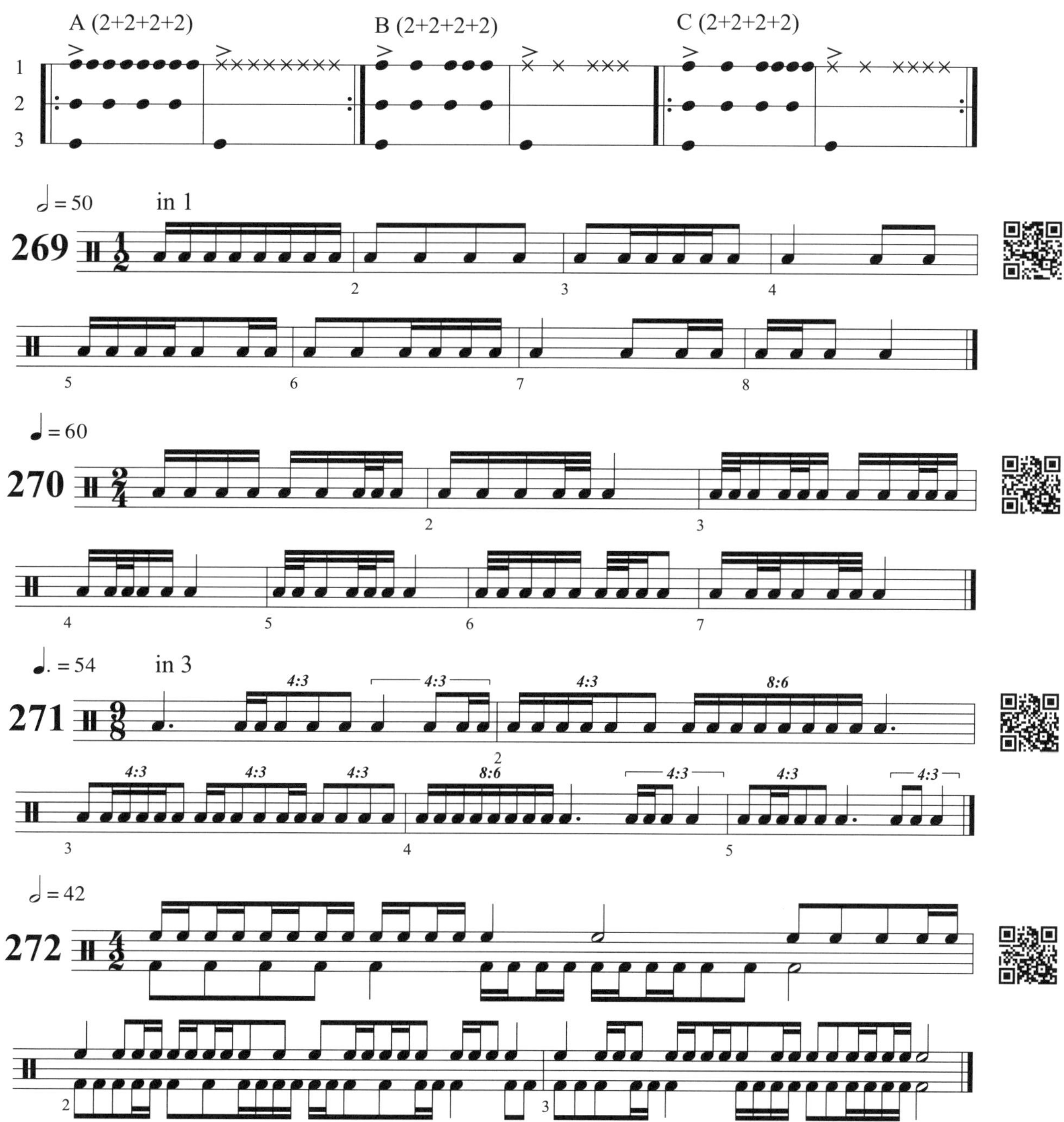

8.1.1.2 *Gruppierung (4+4)*

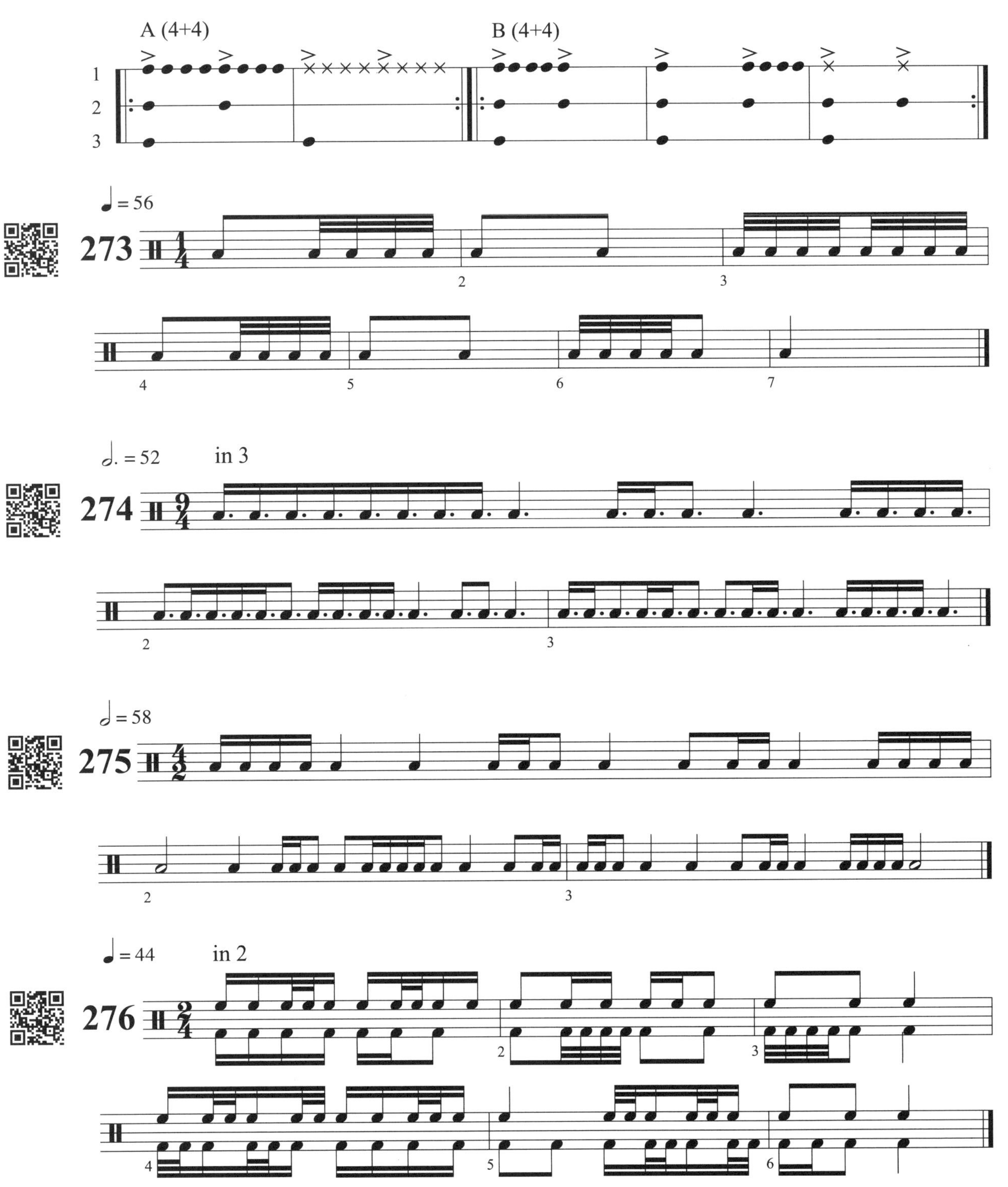

8.1.2. *Überbindungen und Synkopen*

8.1.2.1. *Gruppierung (2+2+2+2)*

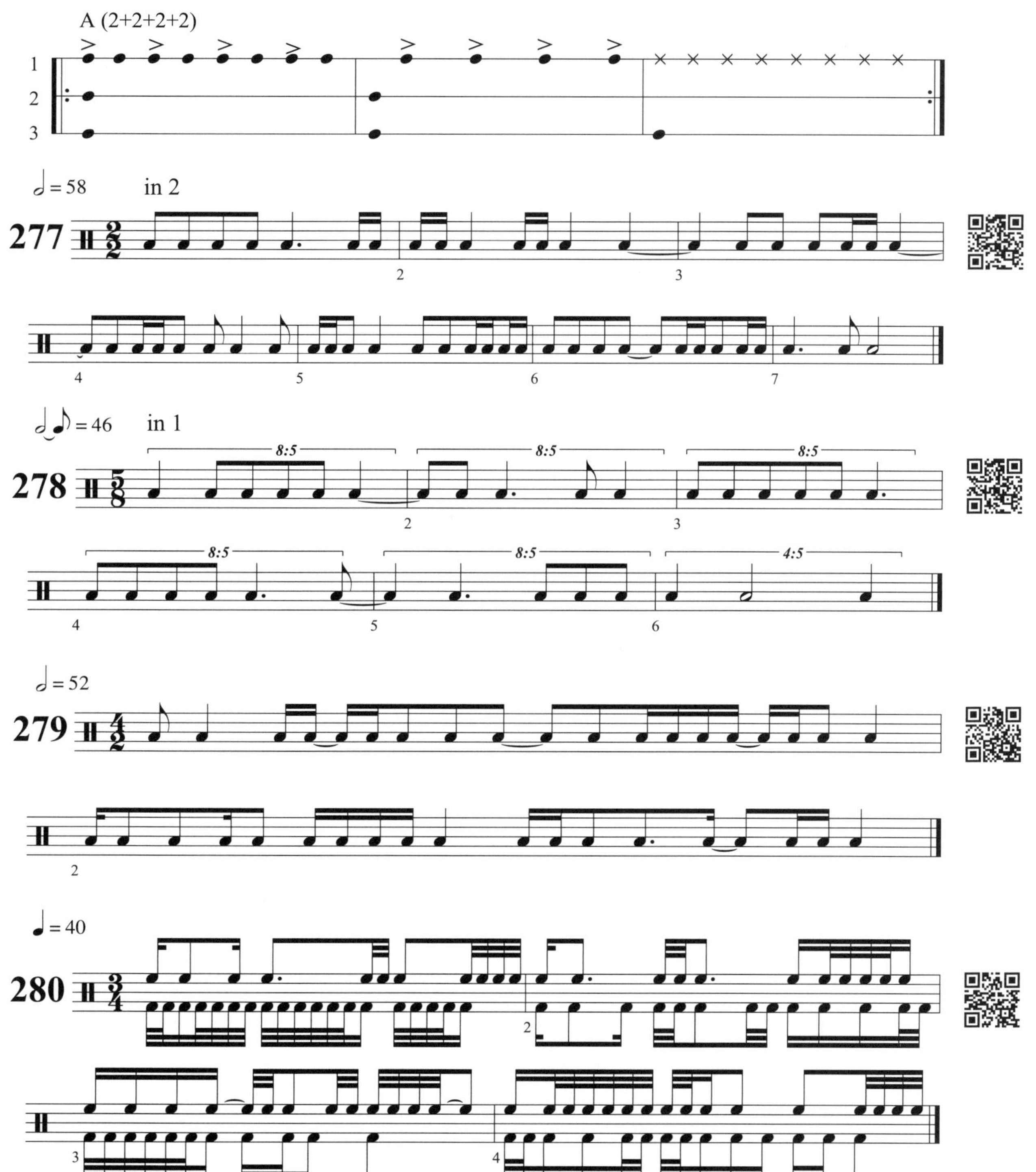

8.1.2.2. *Gruppierung (4+4)*

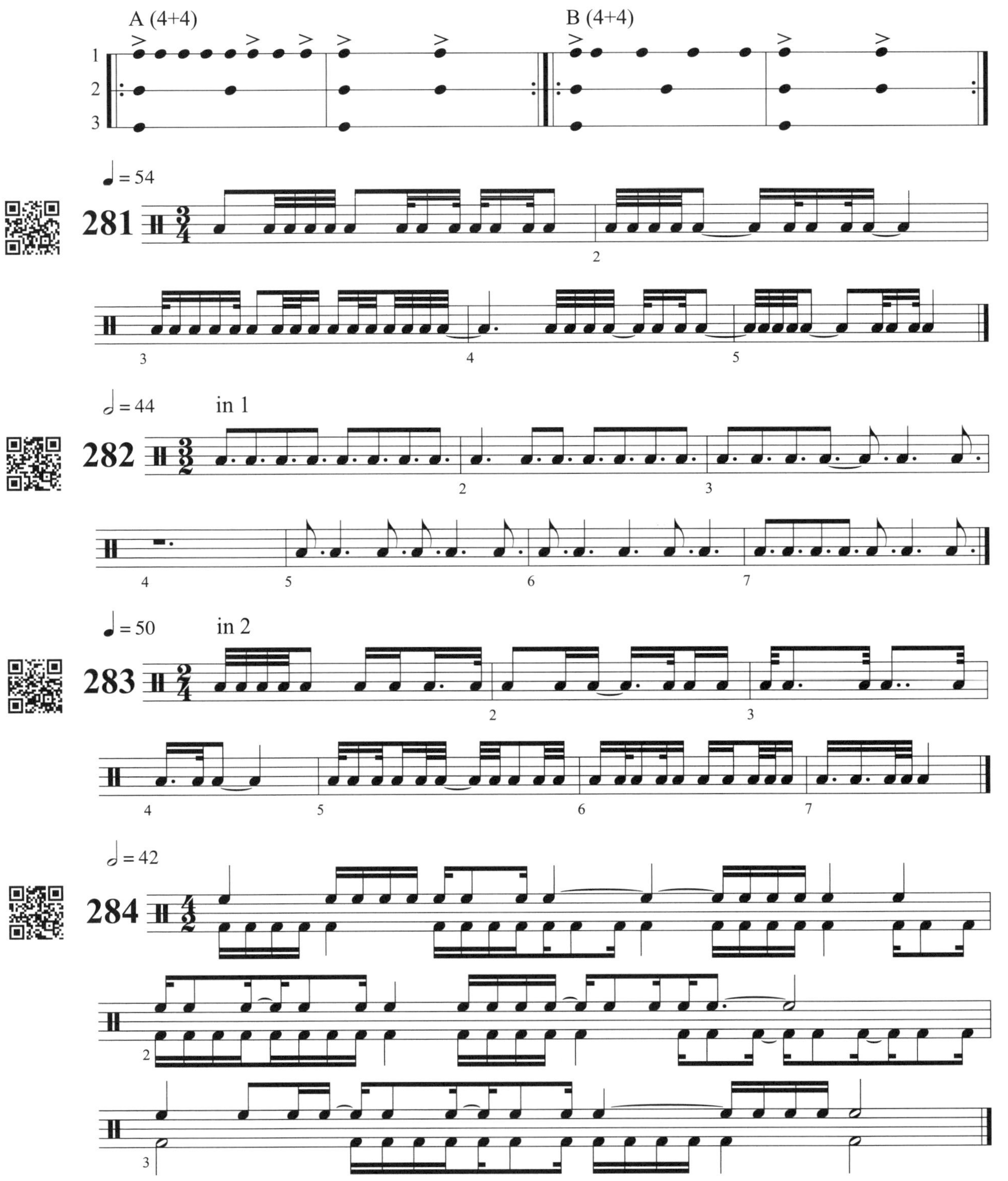

8.1.3. *Überbindungen, Synkopen, Pausen und Auftakte*

8.1.3.1. *Gruppierung (2+2+2+2)*

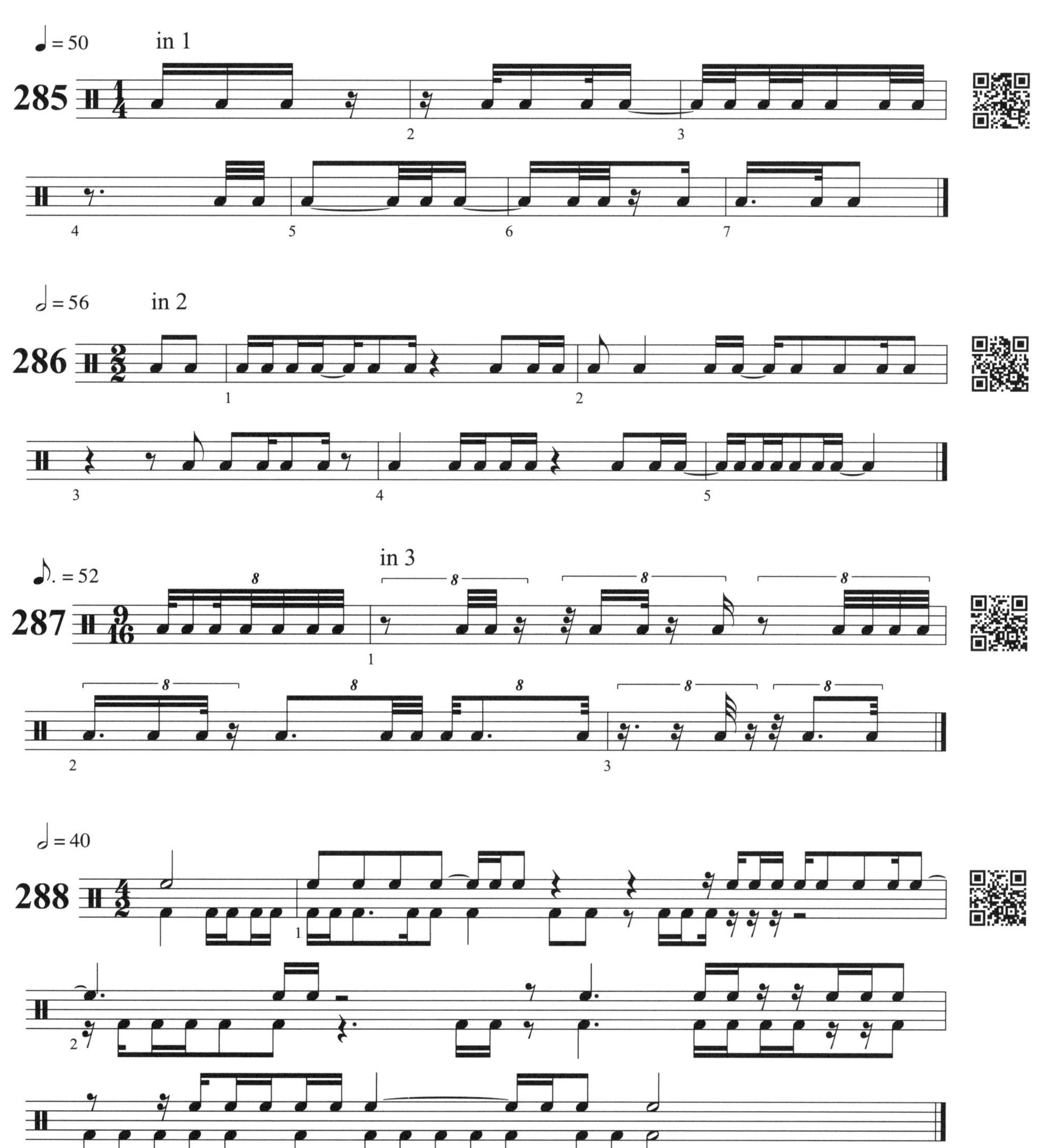

8.1.3.2. *Gruppierung (4+4)*

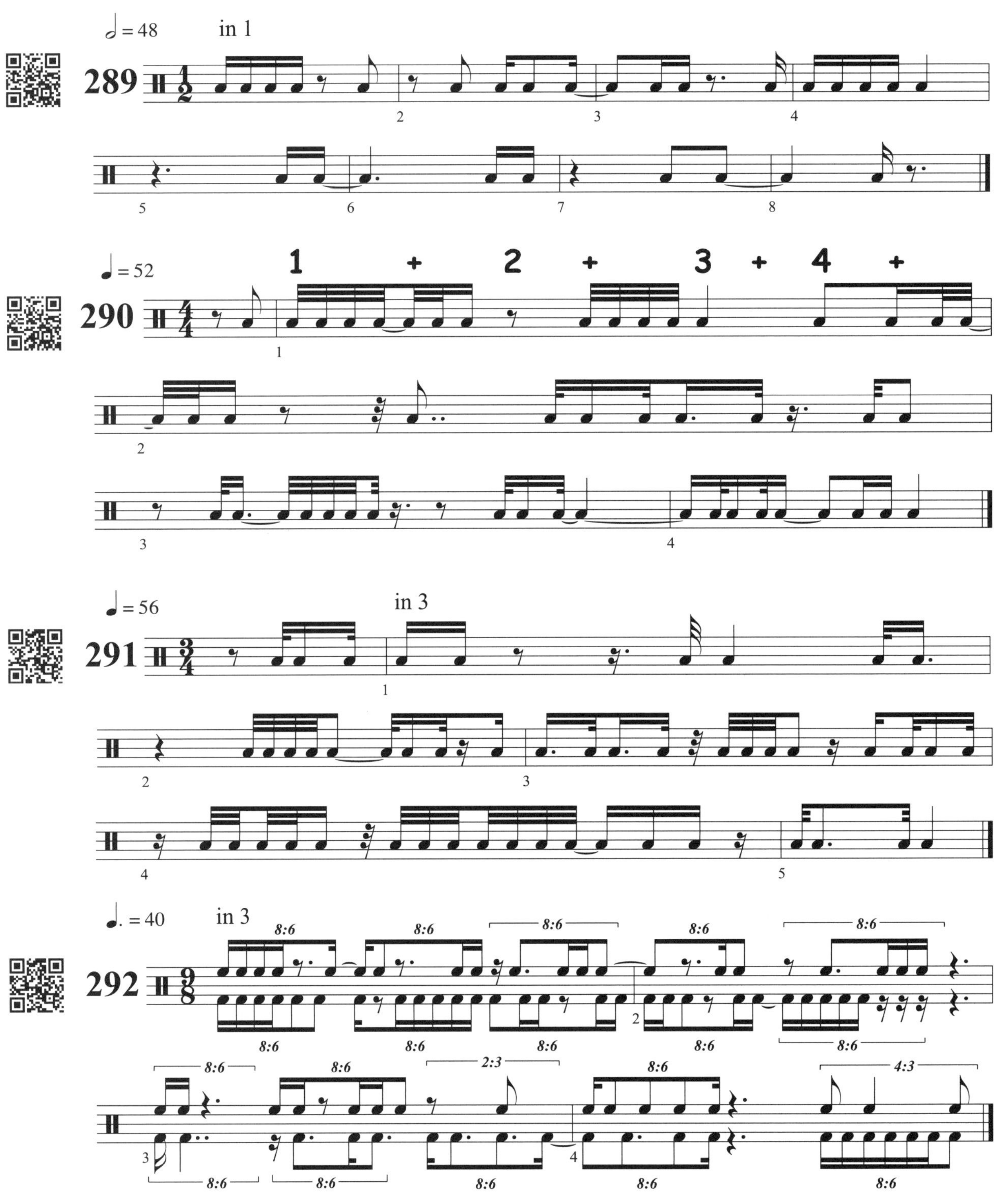

8.1.4. *Kombination von (2+2+2+2) und (4+4)*

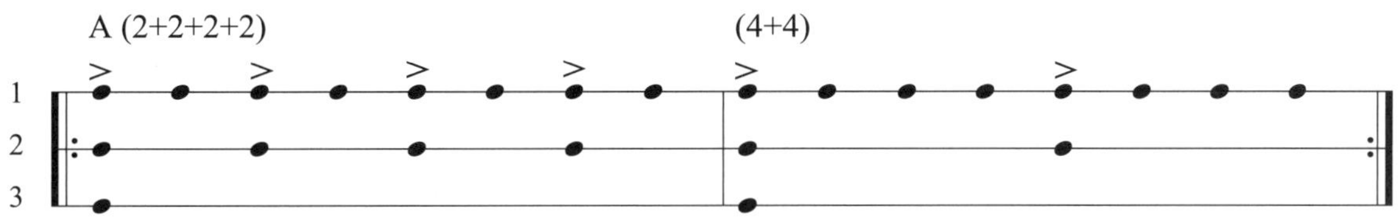

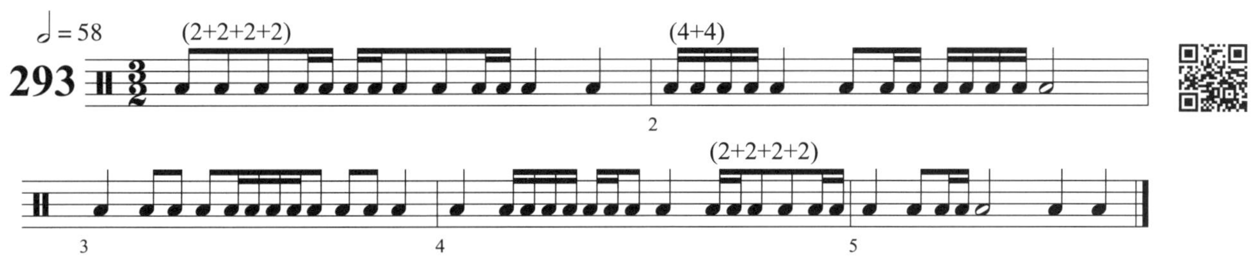

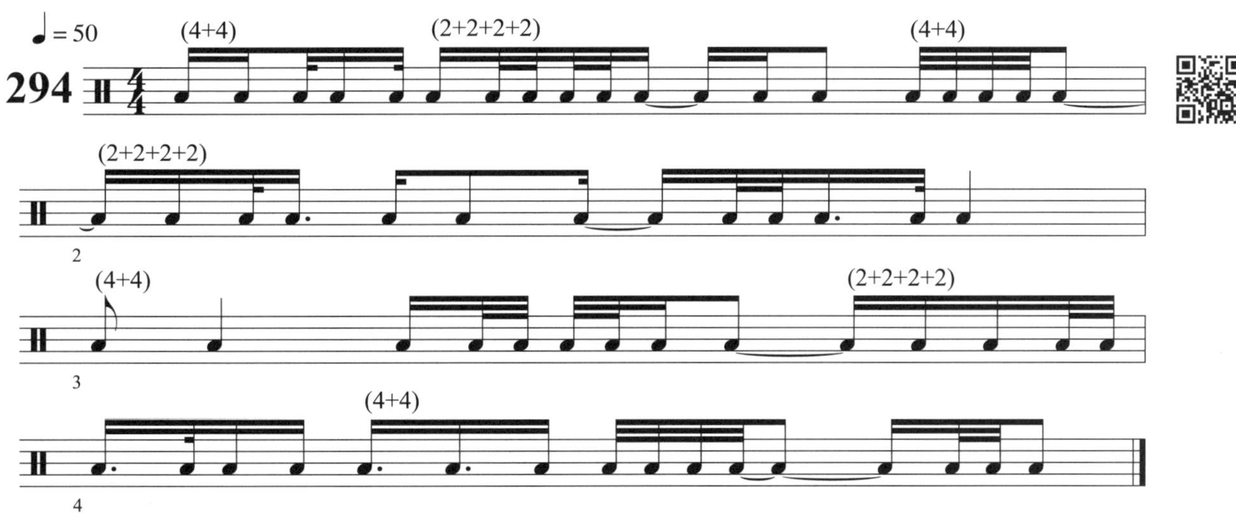

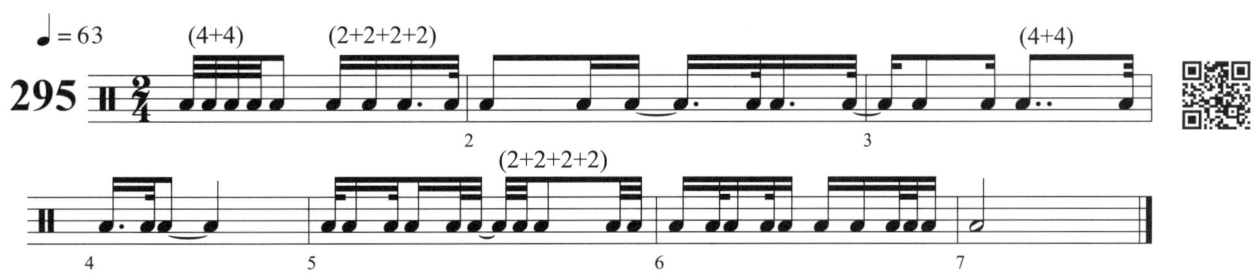

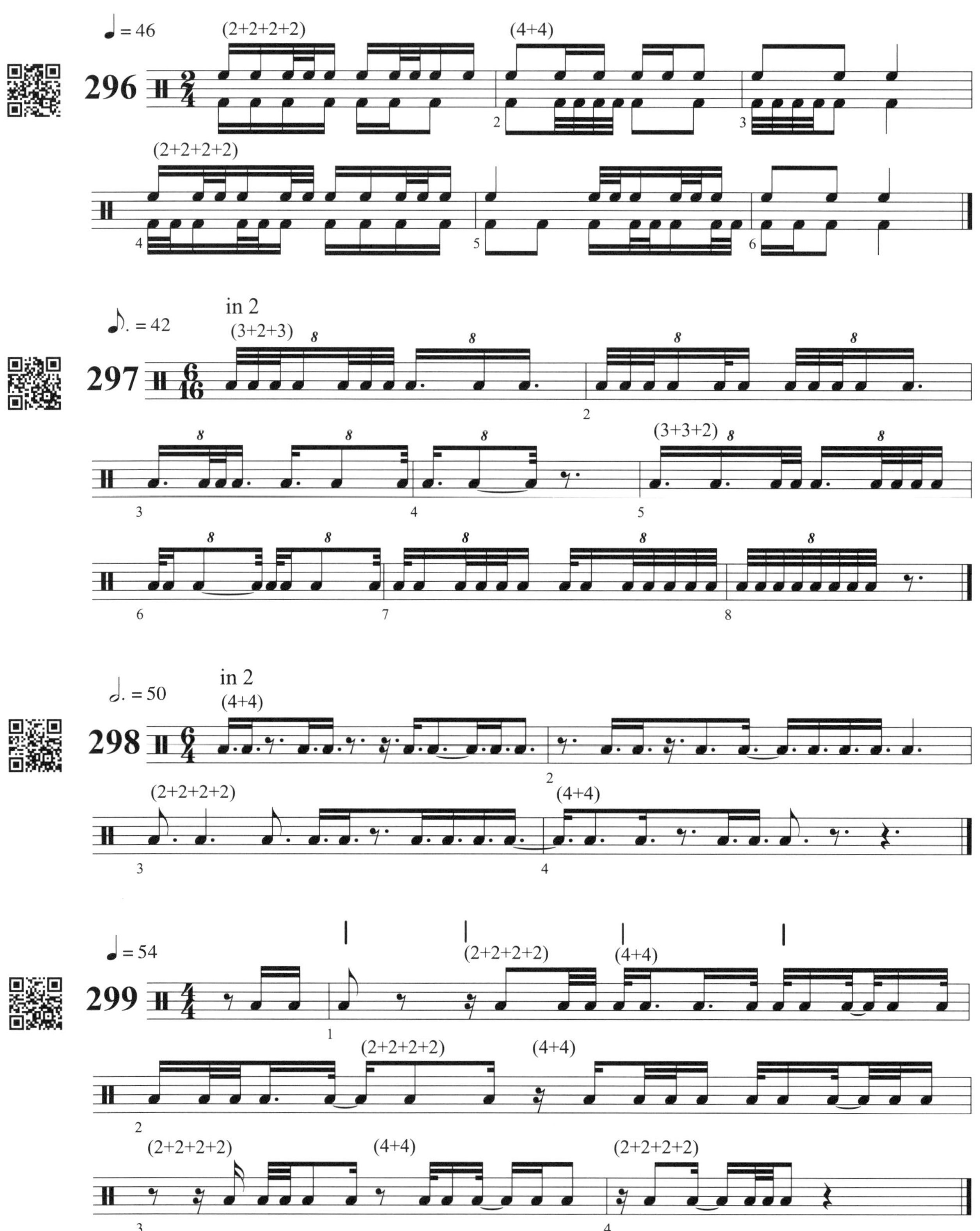
♩ = 46
(2+2+2+2)
(4+4)
296
2/4
(2+2+2+2)
♪. = 42
in 2
(3+2+3)
297
6/16
(3+3+2)
𝅗𝅥. = 50
in 2
(4+4)
298
6/4
(2+2+2+2)
(4+4)
♩ = 54
299
4/4
(2+2+2+2)
(4+4)
(2+2+2+2)
(4+4)
(2+2+2+2)
(4+4)
(2+2+2+2)

8.2. Ein- bis achtteilige Rhythmen

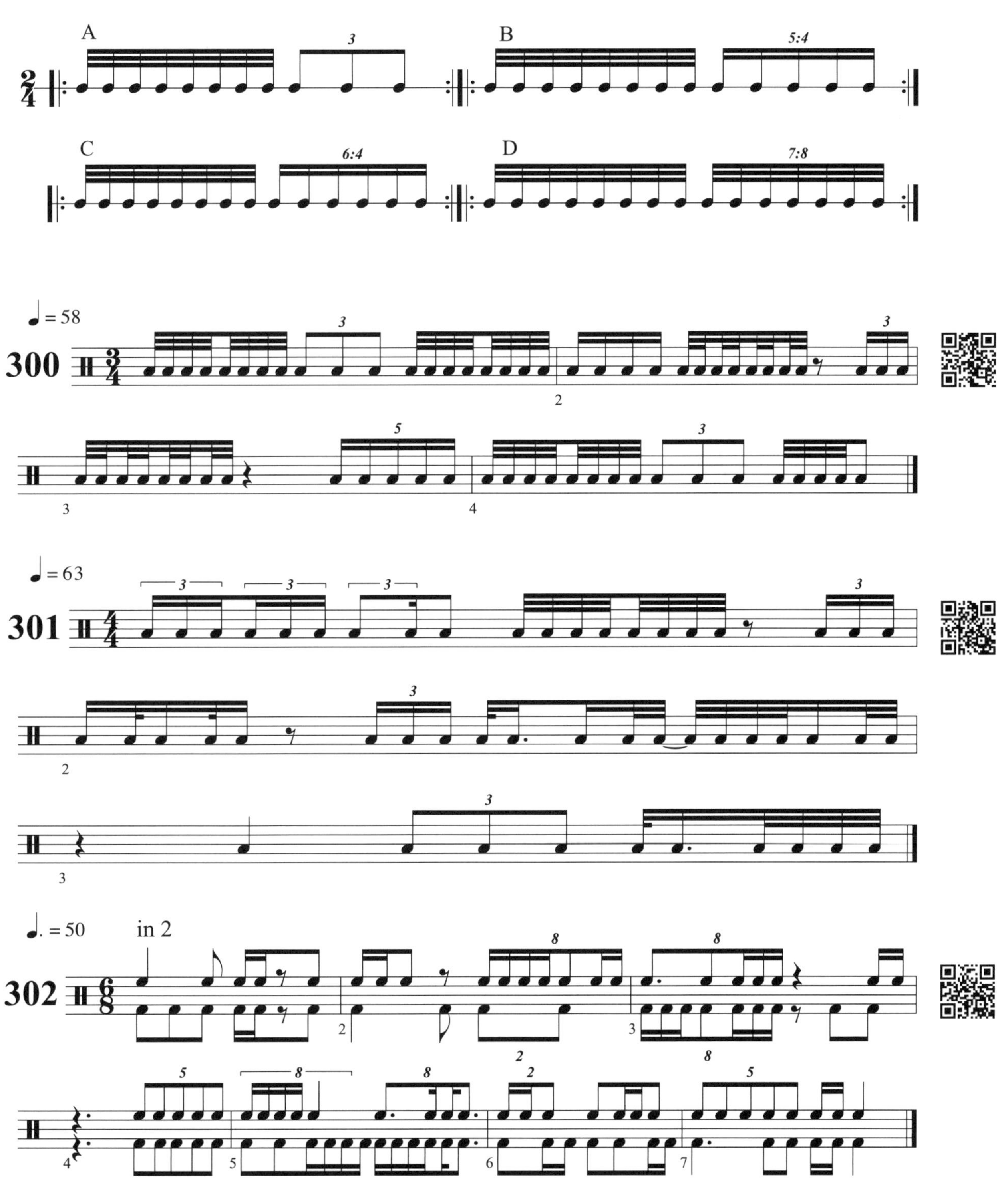

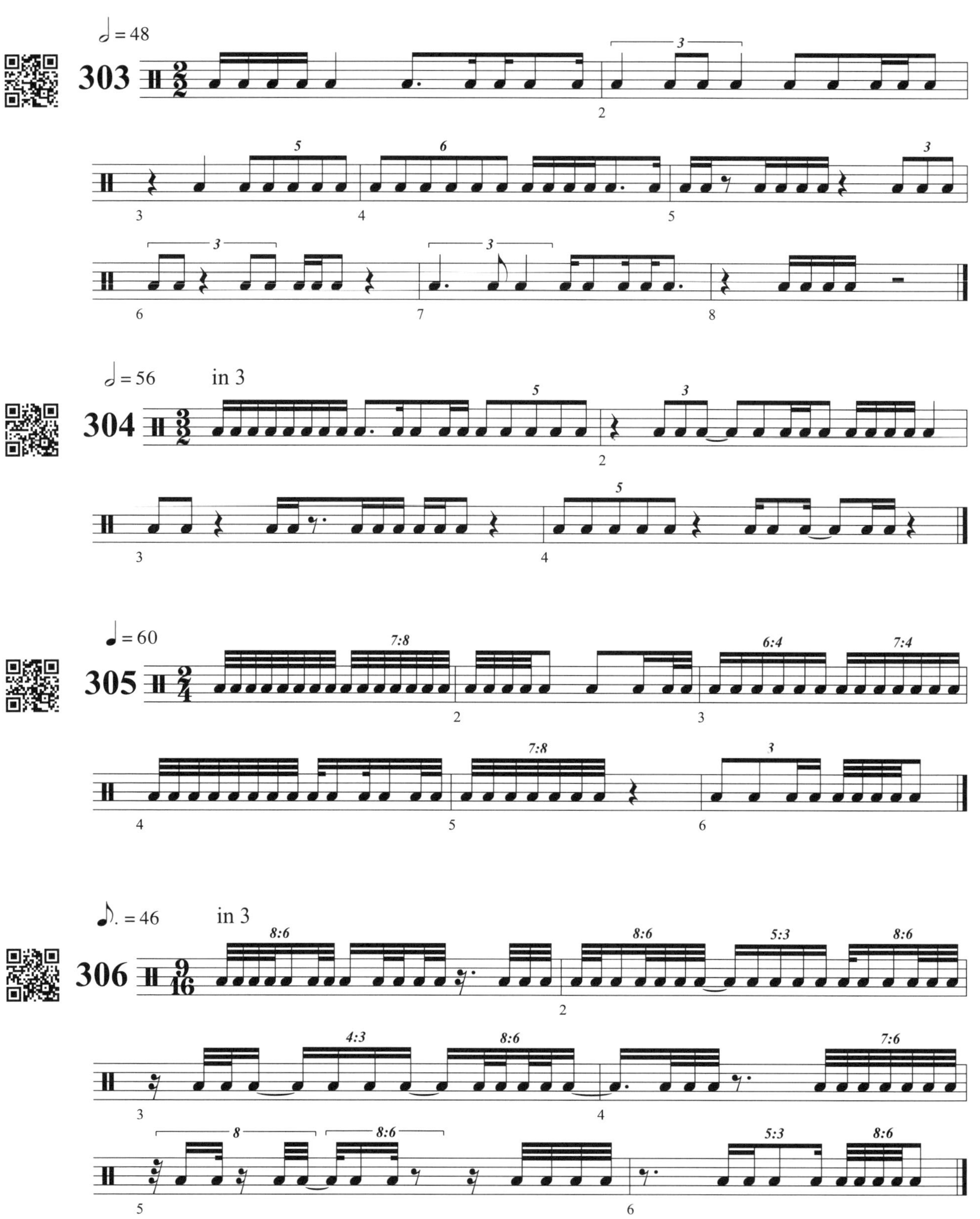

𝅗𝅥 = 48
303
𝅗𝅥 = 56
in 3
304
♩ = 60
305
𝅘𝅥𝅮. = 46
in 3
306

A9 Neunteilige Rhythmen

Zu 9.1. Neunteilige Rhythmen in Grundnotenwerten, unterteilten Triolen und Nonolen: (3+3+3)

Die 9-teiligen Rhythmen bleiben in diesem Kapitel auf die Gruppierung (3+3+3) begrenzt. Der in diesem Kapitel verwendeten Notation liegt stets ein 3-teiliger Basisrhythmus (→ *Basisrhythmus*, S. 13), der wiederum dreigeteilt wird, zugrunde.

▶ **Übungen 307–314** (Kap. 9.1.1. und 9.1.2.): Übe die Gruppierung (3+3+3) des 9-teiligen Rhythmus in verschiedenen Takten und Tempi sowie Überbindungen und Synkopen.

▶ **Übungen 315–318** (Kap. 9.1.3.): Stabilisiere den 3-teiligen Basisrhythmus, damit das rhythmische Gerüst für die 9-teiligen Rhythmen mit Überbindungen, Synkopen und Pausen nicht wackelt.

▶ **Übung 317**: Wähle ein Tempo, mit dem die rhythmischen Konstellationen, die sich bisweilen zu einem Konfliktrhythmus *3:2* reihen, sauber gehört und kontrolliert werden können. Beachte streng die unterschiedlichen Dauern der Sechzehntel- und Achtel-Triolen.

Zu 9.2. Ein- bis neunteilige Rhythmen

Vorübung: Übe den Wechsel von vollständigen Neunern zu anderen Rhythmen. Der Sprung von Nonolen zu Sextolen wird durch den gemeinsamen 3-teiligen Basisrhythmus (3+3+3) und (2+2+2) stabil gehalten. Der Übergang von Nonolen zu Septolen und zu Zweiunddreißigsteln kann als plötzlicher Temposprung erreicht werden. Halte das Schlagtempo stabil. Der rhythmische Schnitt zwischen zwei Rhythmen muss sehr exakt sein.

▶ **Übungen 319–320**: Übe die vollständigen Nonolen im Wechsel mit anderen Rhythmen. Lass das Tempo der Vorübungen zunächst in den Notentext übergehen. Wechsle dann auf ein anderes Tempo.

▶ **Übungen 321, 322 und 324**: Übe den Wechsel von Nonolen zu anderen Rhythmen durch plötzliche schnellere und langsamere Pulsunterteilungen. Das Tempo der ersten beiden Pulsunterteilungen muss sauber getroffen werden. Ist es zu schnell oder zu langsam, bewirkt die Tempokorrektur ein accelerando oder rallentando. Halte das Schlagtempo stabil.

▶ **Übung 323**: Übe den Wechsel zwischen verschiedenen rhythmischen Konstellationen des 9-teiligen Rhythmus in (3+3+3) und anderen rhythmischen Teilungen. Nutze die Pausen, um den folgenden Rhythmus vorauszuhören.

▶ **Übung 325**: Übe die Wechsel, die sich durch weitere Zweiteilung und Dreiteilung aus dem 3-teiligen Basisrhythmus sowie mit anderen Rhythmen ergeben.

9.1. Neunteilige Rhythmen in Grundnotenwerten, unterteilten Triolen und Nonolen: (3+3+3)

9.1.1. *Grundformen*

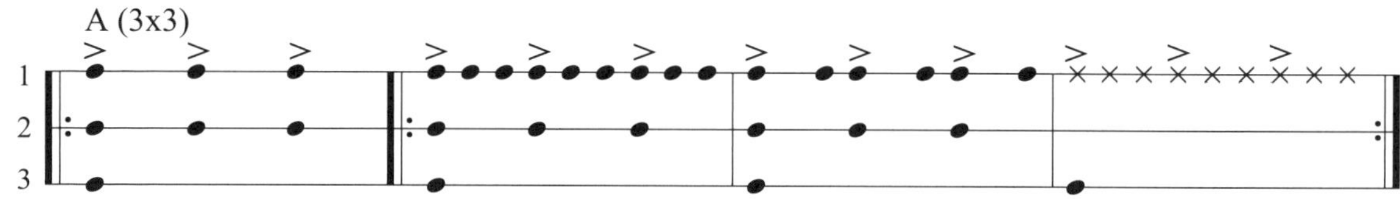

♩.♩.♩. = 58 in 1

307

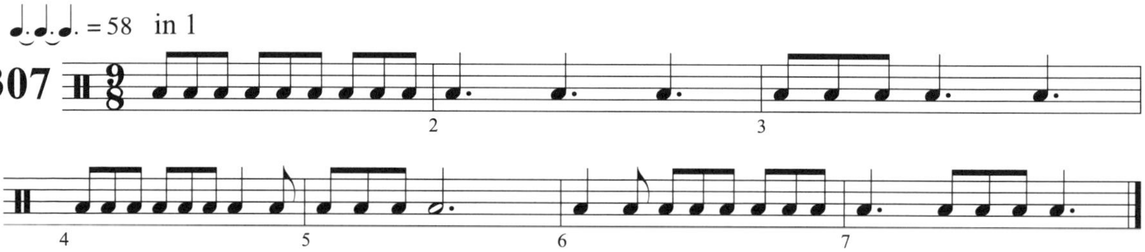

♪. = 52 in 2

308

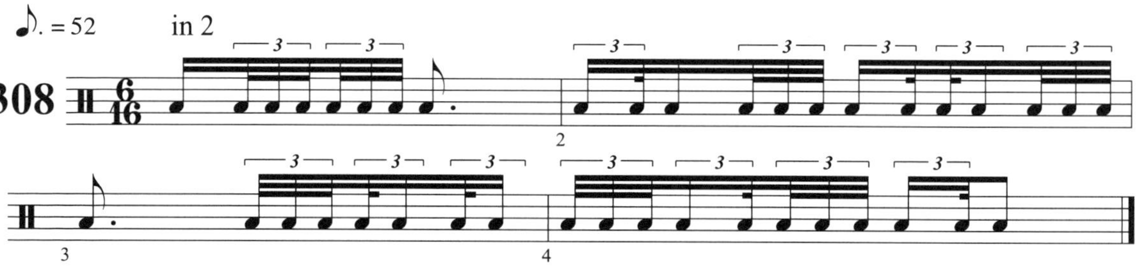

𝅗𝅥 = 56

309

♩. = 42 in 4

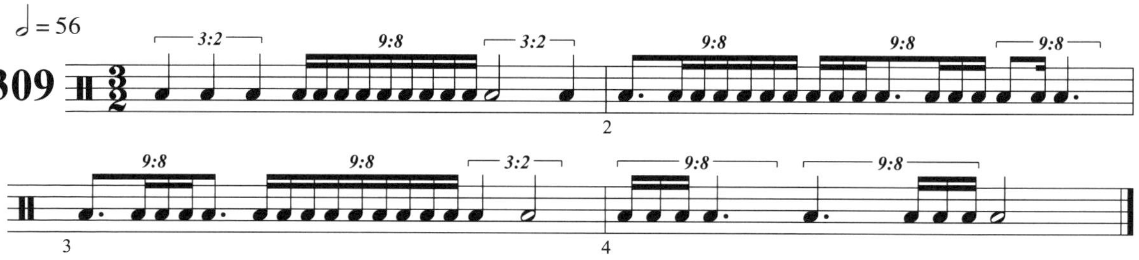

310

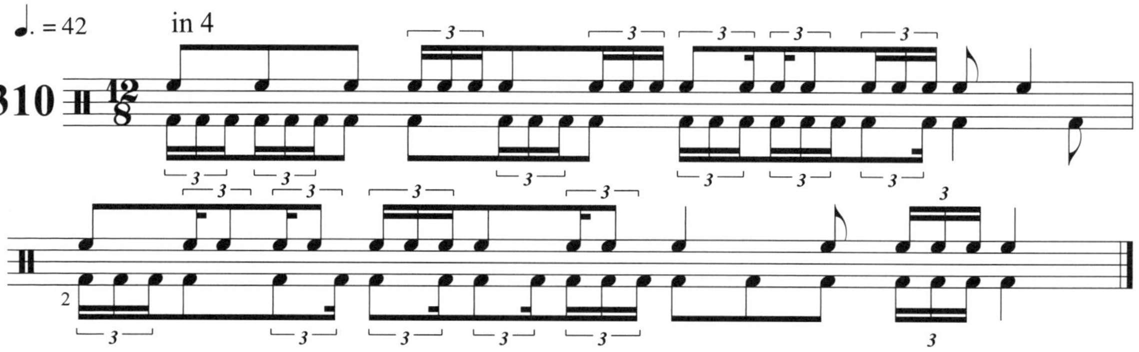

9.1.2. *Überbindungen und Synkopen*

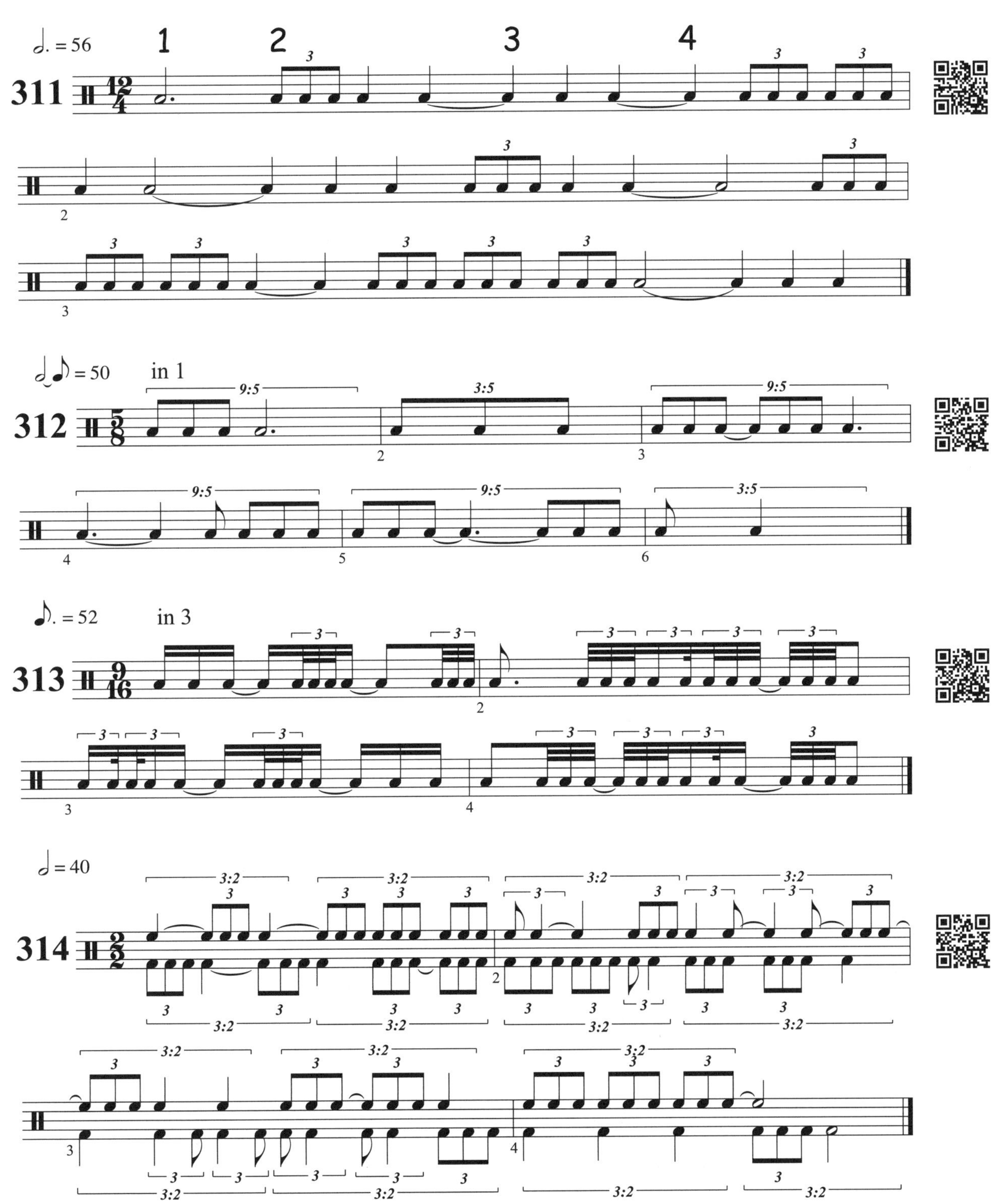

taataa!

9.1.3. *Überbindungen, Synkopen und Pausen*

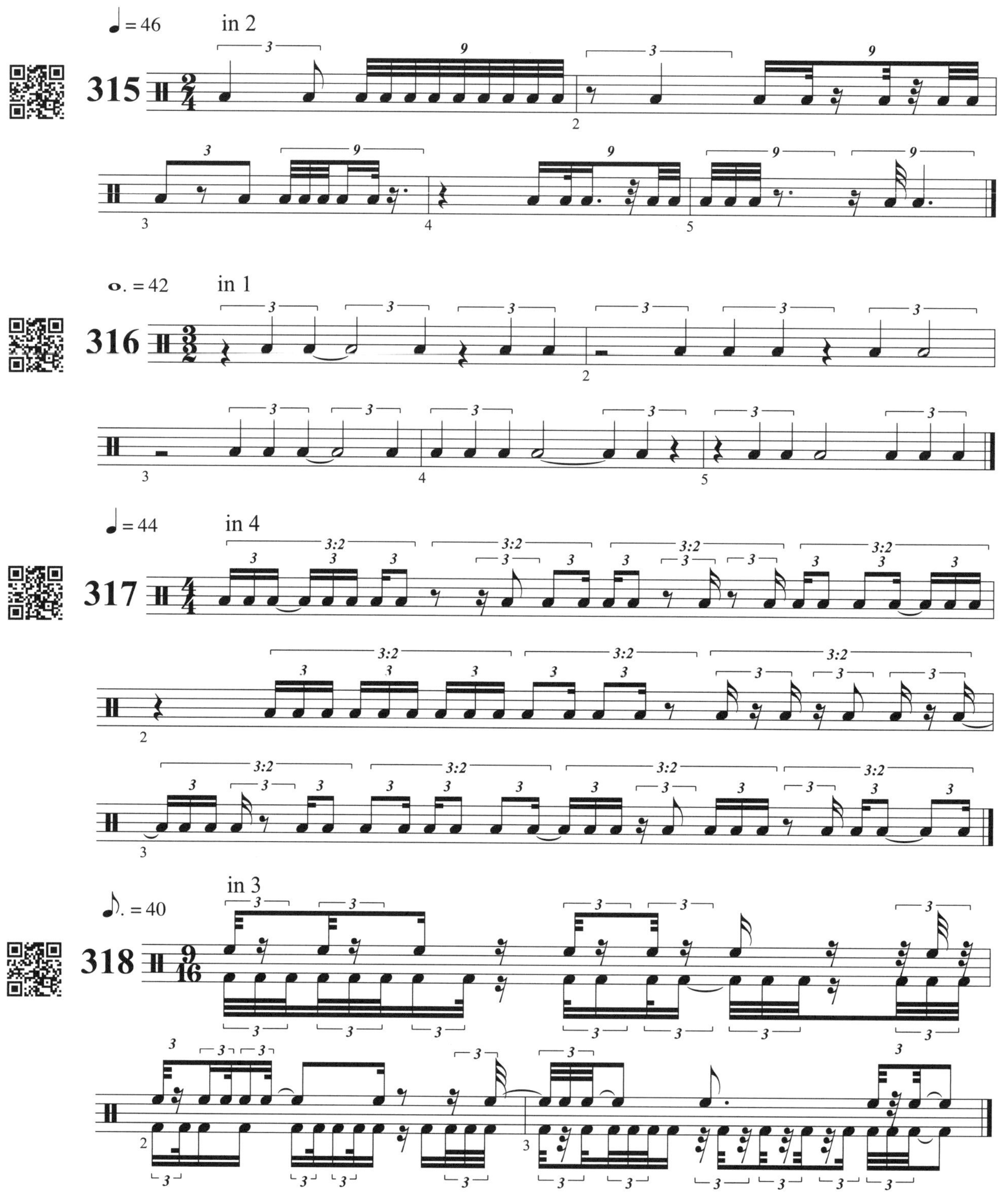

9.2. Ein- bis neunteilige Rhythmen

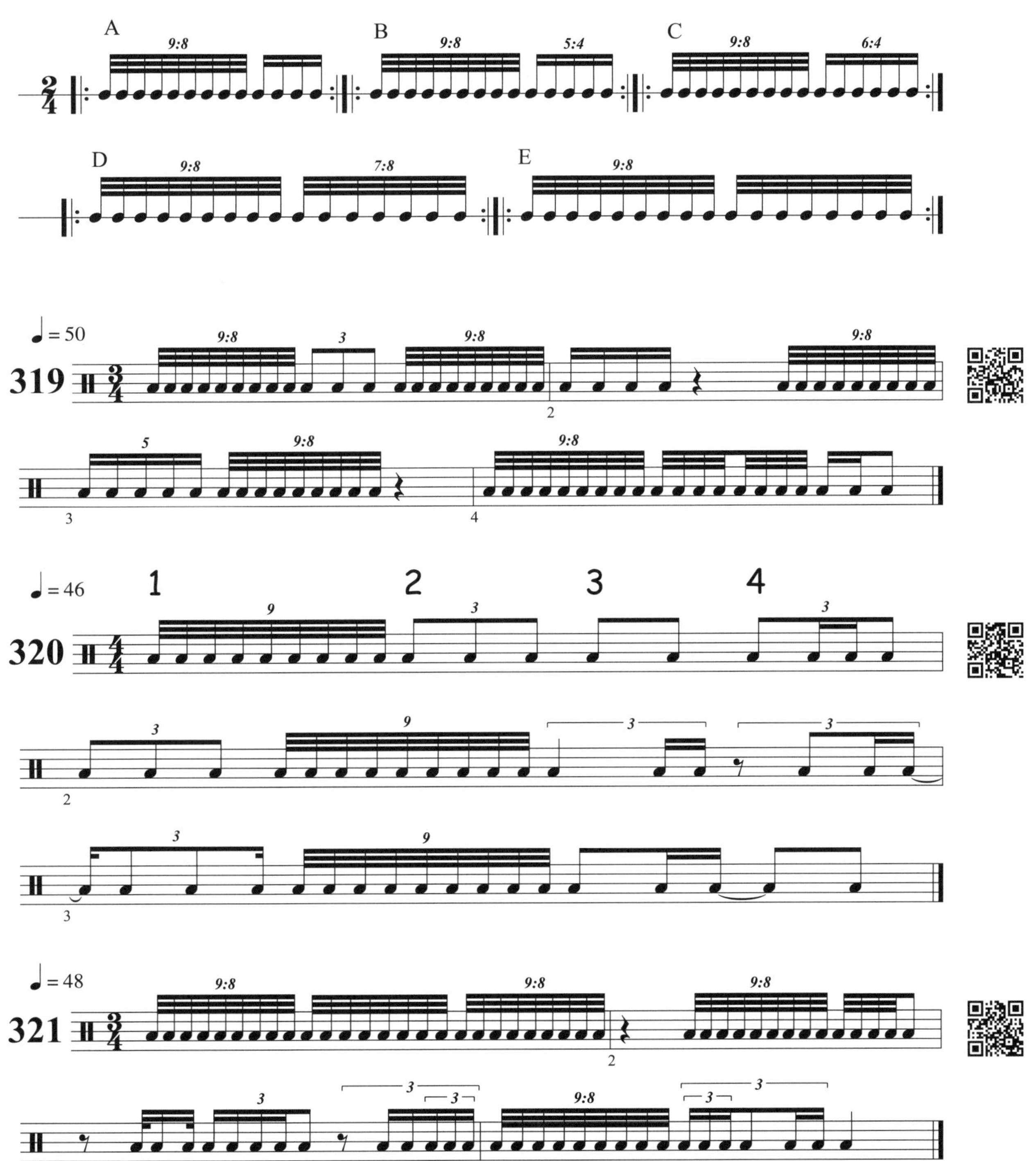

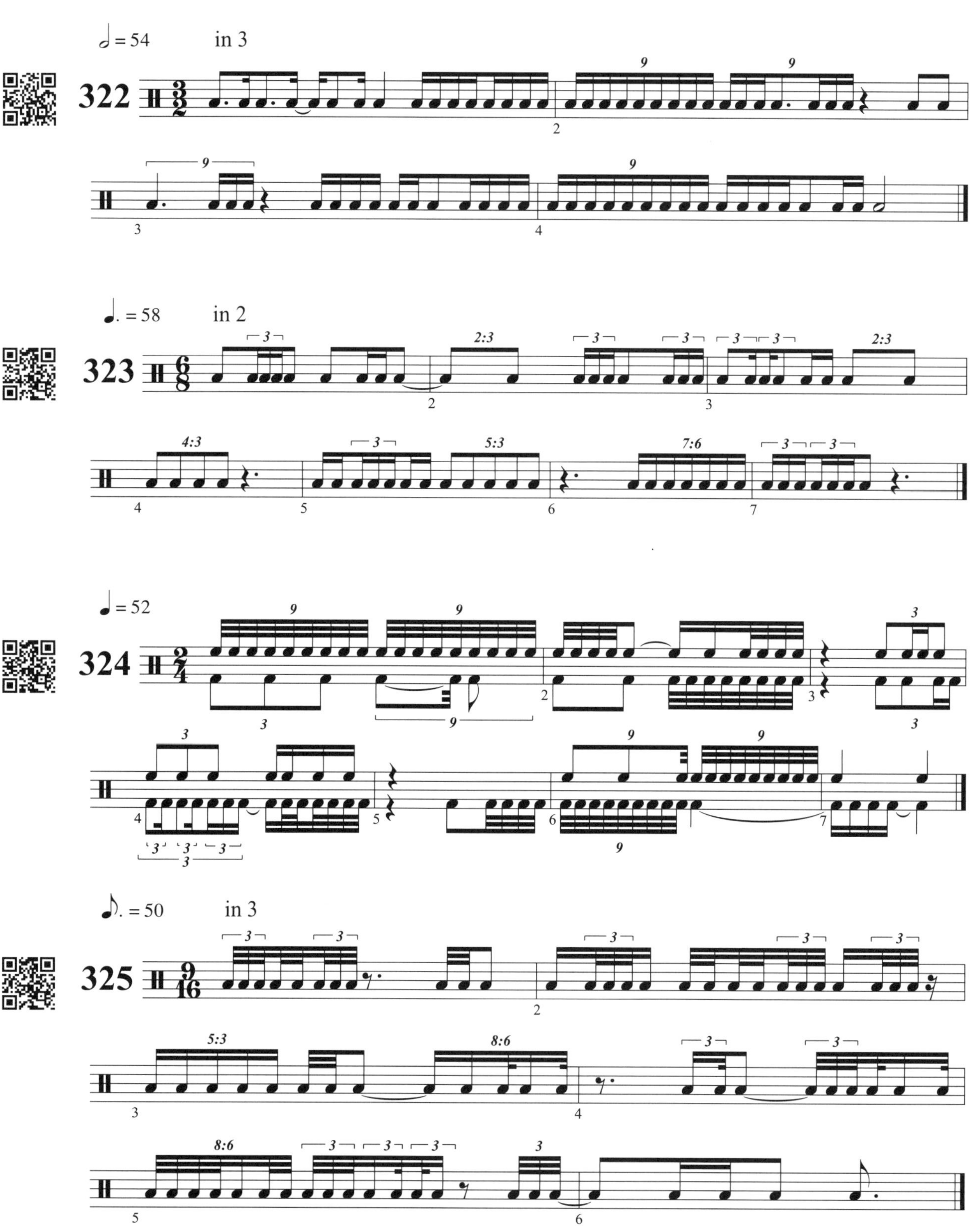

♩ = 54 in 3
322
♩. = 58 in 2
323
♩ = 52
324
♪. = 50 in 3
325

Teil B: Konfliktrhythmen

Die Kapitel in Teil B sind jeweils in drei Unterkapitel gegliedert. In den ersten beiden Unterkapiteln stehen sich Taktschlag und gesungener Gegenrhythmus / Gegenschlag als Konfliktrhythmen gegenüber.

► **Vorübungen für die einstimmigen Unterkapitel**: In Part 3 wird ein Rhythmus mit den Beinen „getanzt", um den Schlag (Tempo) zu stabilisieren (→ *Begriffsklärungen*, S. 10 ff.). In Part 2 wird in den ersten beiden Takten durch Händeklatschen der Basisrhythmus für den Gegenrhythmus / Gegenschlag gebildet. Im dritten Takt geht das Händeklatschen in den Schlag über. Part 1 wechselt taktweise zwischen den jeweiligen Rhythmen hin und her.

Im jeweils dritten Unterkapitel sind die Übungen zweistimmig gehalten. Die Konfliktrhythmen werden entweder **über mehrere Schläge** oder **innerhalb des Schlages** ausgeführt. Die Übungen werden mit beiden Händen und zwei verschiedenen Klangerzeugern, z. B. Fingerkuppe und Fingernagel, realisiert. Vertausche die Stimmen zwischen rechter und linker Hand. Damit die Konfliktrhythmen verinnerlicht werden können, sollten sie mehrmals täglich und an mehreren aufeinanderfolgenden Tagen geübt werden. Achte dabei darauf, dass bei Konfliktrhythmen innerhalb des Schlages der übergeordnete Schlagpuls präzise eingehalten wird.

► **Vorübungen für die zweistimmigen Unterkapitel:** Die Übungen sind für die Realisierung mit rechter und linker Hand angelegt. Das Kombinieren beider Hände wird so lange wiederholt, bis sich quasi zweistimmig das Gefühl für beide Konfliktrhythmen einstellt.

Inhalt Übungen Teil B

Seite

B1 2:3 und 3:2

Zu 1.1. 2:3 einstimmig

Zeichne zunächst das Rhythmusdiagramm nach (→ *Das Rhythmusdiagramm,* S. 21 ff.). Erkenne den 2-teiligen Basisrhythmus (→ *Basisrhythmus*, S. 13) für *2:3* aus dem gemeinsamen Vielfachen 6 und lies die Schlagverteilung der beiden Konfliktrhythmen heraus.

► **Vorübung**: Der 2-teilige Basisrhythmus (Part 2) wird in den ersten beiden Takten mit der Hand geschlagen und geht in Takt 3 in den Schlag über. Der 2er-Gegenrhythmus (Part 1) wird mit und ohne ausgeschlagenen Basisrhythmus gesungen. Durch mehrmaliges Wiederholen tritt der Basisrhythmus in den Hintergrund und es entsteht ein Gefühl der Zweistimmigkeit mit dem gesungen Zweier und dem geschlagenen Dreier (Part 3).

► **Übungen 326–331**: Das Schlagverhältnis *2:3* ist als Punktierung, als Anbindung oder als Duole notiert.

► **Übung 328**: In Takt 3 ist die Punktierte-Viertel-Duole als Ableitung von drei punktierten Vierteln zu verstehen (→ *Die Notation von X-tolen*, S. 18 ff.).

Zu 1.2. 3:2 einstimmig

Ein Dreier anstelle oder über einem Zweier wird auch als **Hemiole** bezeichnet. Die Hemiole hat von der Mensuralnotation bis heute in unterschiedlichster Notation Bestand, vorwiegend in 3-teiligen Taktarten, z.B. in einer Courante[1] (→ *Polyrhythmen*, S. 27).

► **Übungen 332–337**: Ein 2er-Schlag wird, wie das Rhythmusdiagramm zeigt, dreigeteilt, um den Dreier als Gegenrhythmus sauber zu platzieren. Dieser Dreier kann sowohl in Grundnotenwerten wie in Übung 332 als 6/8-Takt oder in Triolen eines 3/4-Taktes rhythmisiert sein (Übungen 333ff.).

► **Übung 336**: Eine Triole ist über den Taktstrich hinweg notiert (→ *Die Notation von X-tolen*, S. 18 ff.). Diese Form der X-tole lehnt sich insofern an das Verhältnis *3:2* an, als die Viertel-Triole hier als Konfliktrhythmus zu den Vierteln empfunden wird.

Zu 1.3. 2:3 und 3:2 zweistimmig

Bei einigen Instrumenten gehört die beidhändige Fertigkeit zur Ausführung der Schlagverhältnisse *2:3* und *3:2* zur Geläufigkeit am Instrument. Nimm in die rechte und die linke Hand zwei verschieden klingende Gegenstände und klopfe auf einen Tisch.

► **Übungen 338–339**: Der Konfliktrhythmus *2:3* bzw. *3:2* verläuft über mehrere Schläge. Übe die Schläge und Gegenschläge mit beiden Händen. Es entwickeln sich dabei die koordinierenden Fertigkeiten deiner Hände.

► **Vorübung**: Der Konfliktrhythmus *2:3* bzw. *3:2* bleibt innerhalb des Schlags. Entwickle den Übergang von drei Schlägen in der einen Hand zu zwei Schlägen in der anderen Hand. Vertausche die Stimmverteilung.

► **Übung 340**: Setze deine Fertigkeit, den Konfliktrhythmus in einem Schlag zu nehmen, beim Üben des 4/4-Taktes ein.

1 „Hemiole", in: *Riemann Musiklexikon. Sachteil*, hrsg. von Willibald Gurlitt / Hans Heinrich Eggebrecht, 12. Auflage Mainz (Schott) 1967, S. 370.

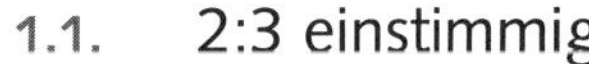

1.1. 2:3 einstimmig

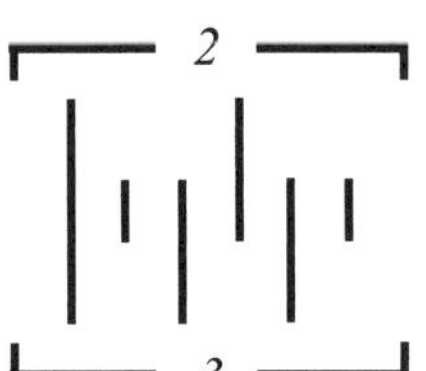

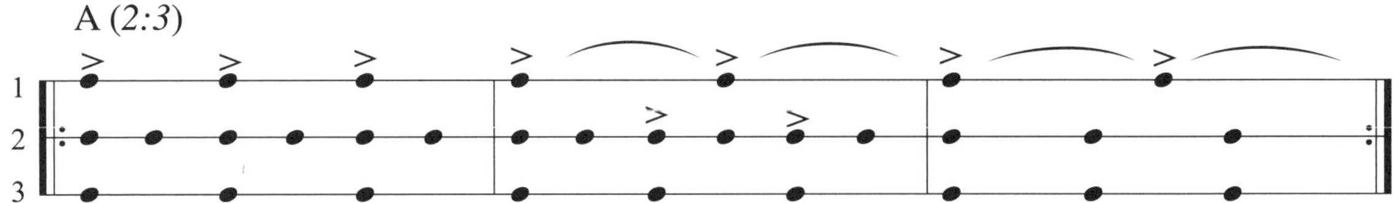

♩ = 88

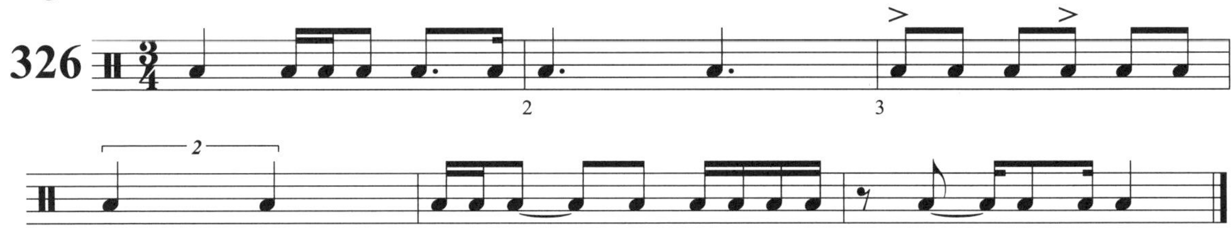

♩ = 100

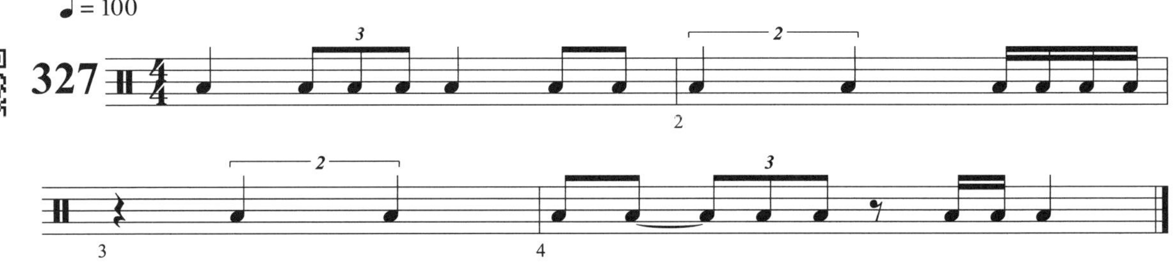

♩. = 66 in 3

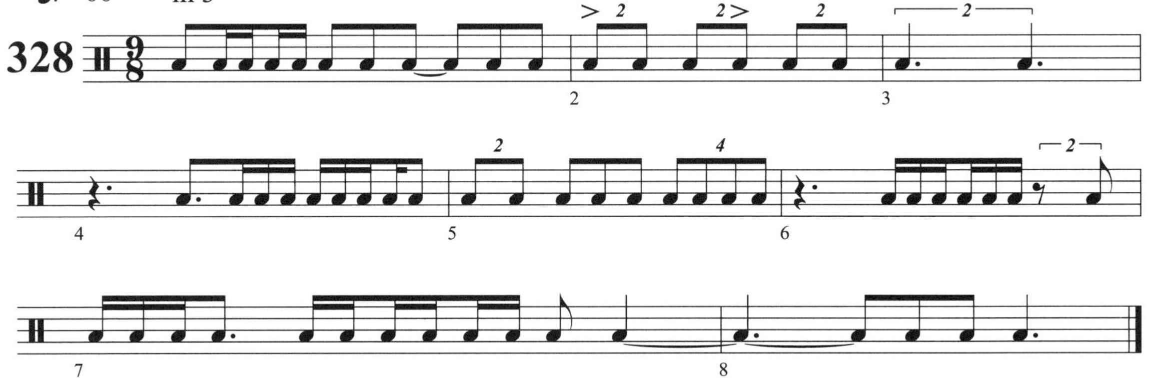

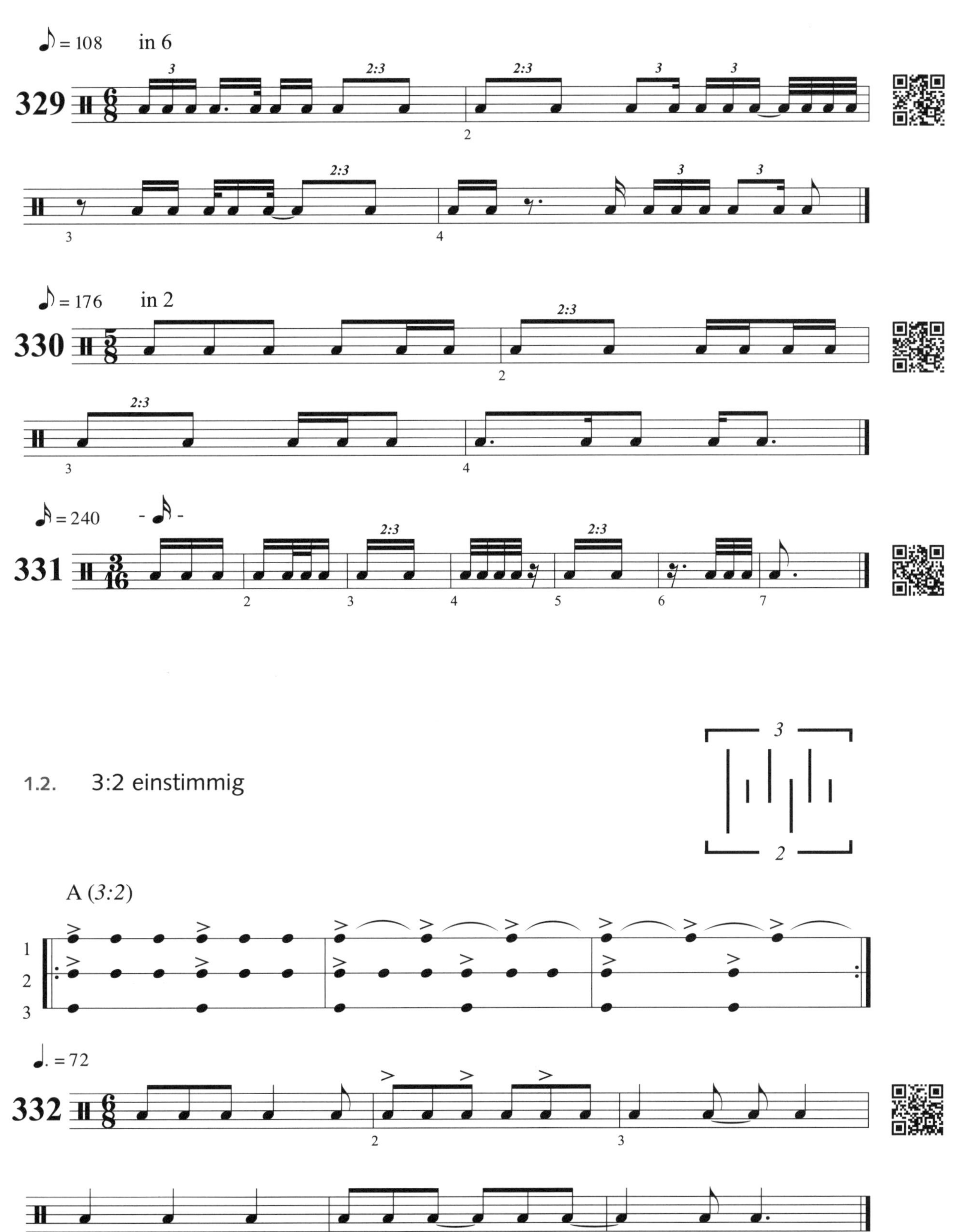

1.2. 3:2 einstimmig

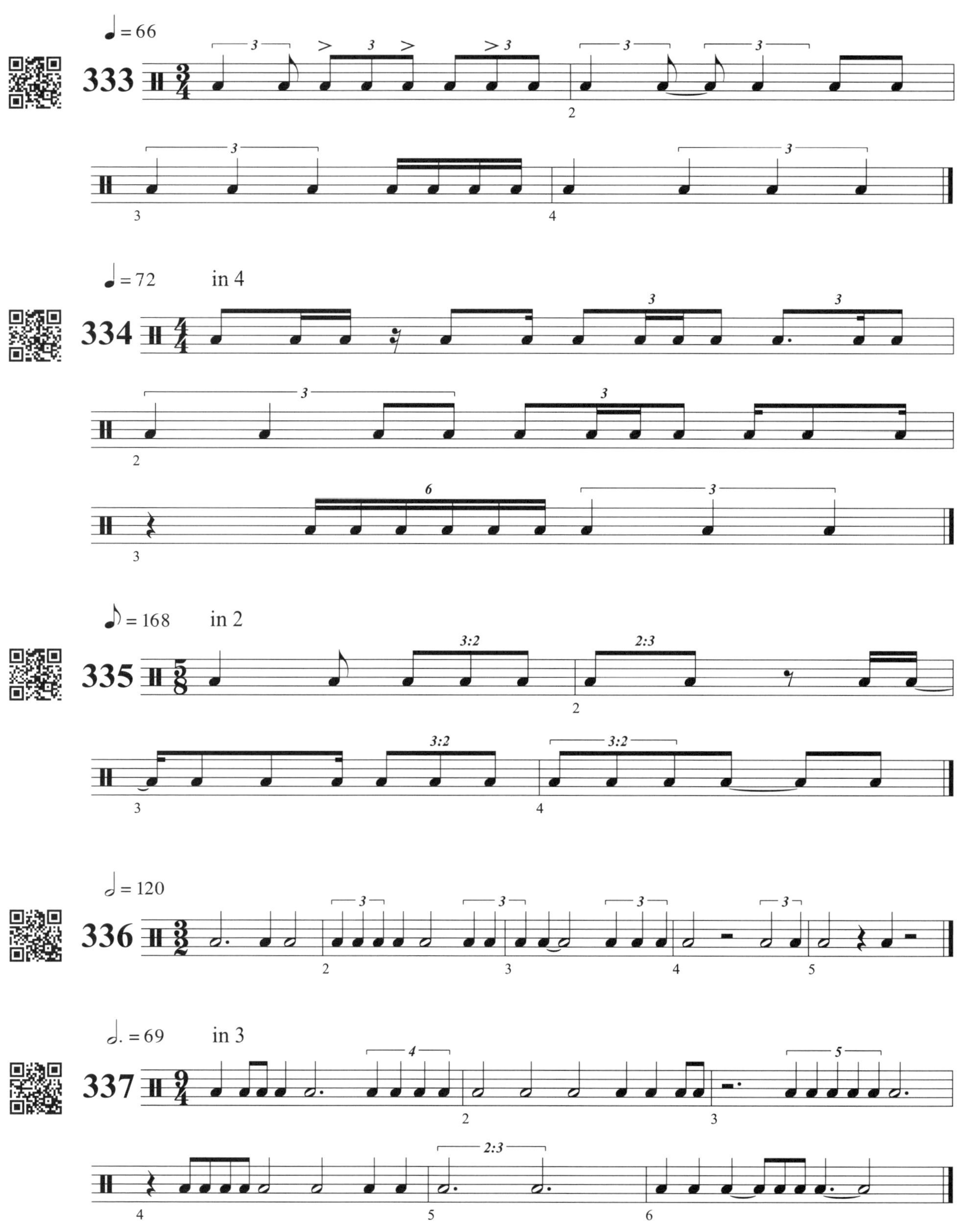
= 66
333
= 72 in 4
334
= 168 in 2
335
= 120
336
= 69 in 3
337

1.3. 2:3 und 3:2 zweistimmig

1.3.1. *Über mehrere Schläge*

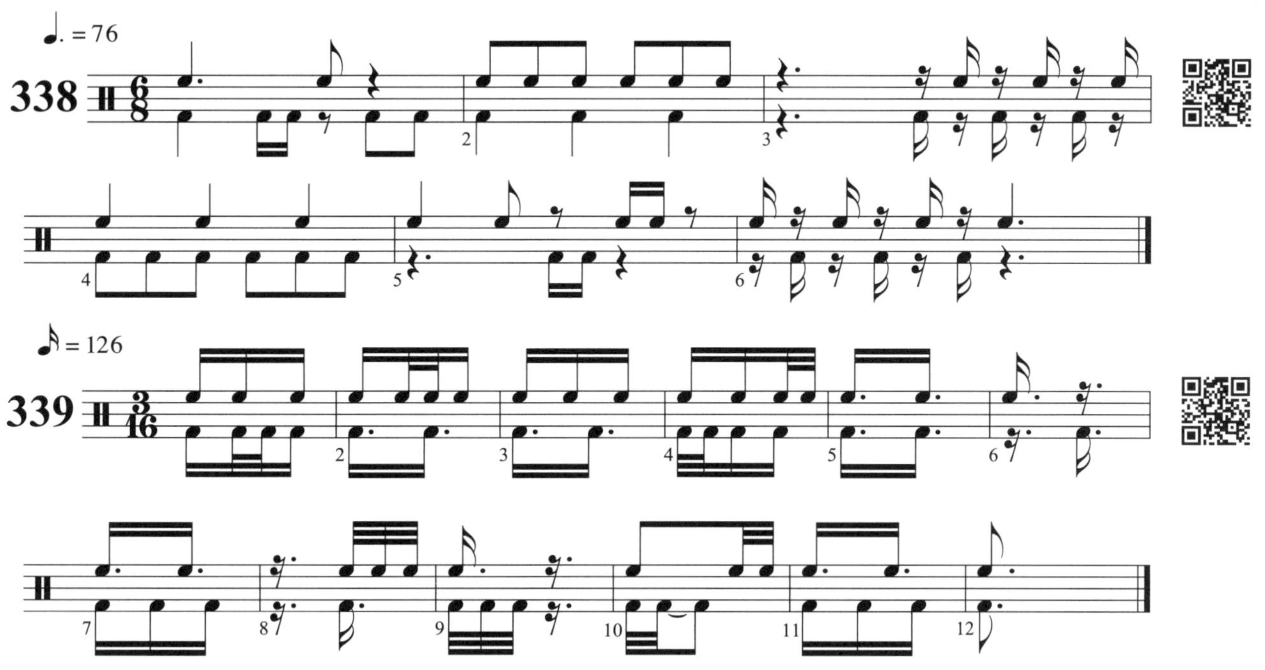

1.3.2. *In einem Schlag*

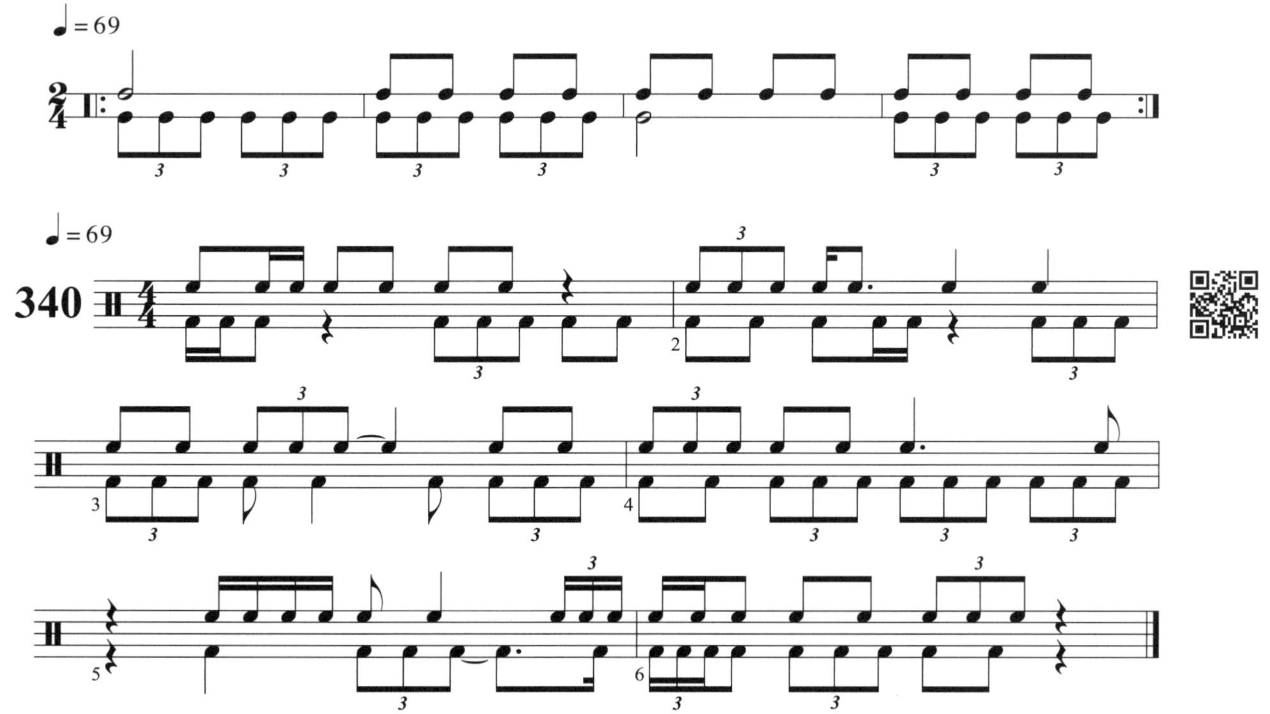

B2 3:4 und 4:3

Zeichne zunächst die Rhythmusdiagramme *3:4* und *4:3*, um dir über die Basisrhythmen (→ *Basisrhythmus*, S. 13) und die Schlagverteilungen Klarheit zu verschaffen.

Zu 2.1. 3:4 einstimmig

Das Schlagverhältnis *3:4* kann entweder in 3-teiligen Taktarten (z.B. 3/8-, 6/16-, 9/32-, 12/8-Takt), in Grundnotenwerten oder in allen Taktarten (z.B. 2/8-, 3/4-, 4/4-, 7/8-Takt) in X-tolen notiert sein.

► **Übung 341**: Der 12/8-Takt wird – in 4 – geschlagen. Der 3er-Gegenrhythmus ist durch Überbindungen (Takt 3) oder in Halben (Takt 5) notiert. Präge dir die Rhythmisierung in Takt 3 ein.

► **Übung 342**: Es liegt ein 4/4-Takt zugrunde, gegen den der 3er-Gegenrhythmus entweder durch übergebundene Viertel und Achtel-Triolen (Takt 2) oder durch Halbe-Triolen (Takt 3) notiert ist. Diese Rhythmisierung aus Takt 2 muss bei der Ausführung der Halbe-Triole in Takt 3 bekannt sein. Die Halbe-Triole (Takt 3) wird von zwei Halben des 4/4-Taktes abgeleitet. Der 4/4-Takt wird aber weiter – in 4 – geschlagen. Das Ableitungsverhältnis *3:2* muss nicht dem Schlagverhältnis entsprechen. (→ *Die Notation von X-tolen*, S. 18 ff.)

► **Übung 343**: Überführe den akzentuierten 3er-Gegenrhythmus aus Takt 2 nach Takt 3 und behalte die Sechzehntel-Triolen als Basisrhythmus mit dem inneren Puls bei.

► **Übung 344**: In Takt 1 und 2 ist die Viertel-Triole über den Taktstrich hinweg notiert. Erkenne die Verteilung des 4er-Schlags aus vier Vierteln über beide Takte. Trage die vier Gruppen aus Achtel-Triolen des Basisrhythmus sowohl auf die Viertel als auch entsprechend ihrer Verteilung auf den Konfliktrhythmus ein.

► **Übungen 342 und 344**: Bemerke in Übung 342 in Takt 3 die Halbe-Triole mit der Proportionsangabe *3:2* in Überzahl im Unterschied zu Übung 344 (Takt 1 und 2), wo der derselbe 3er-Gegenrhythmus als Viertel-Triole *3:4* in Unterzahl notiert ist. Beide Notationen sind möglich und werden mit dem gleichen Basisrhythmus (Achtel-Triolen) ausgeführt (→ *Die Notation von X-tolen*, S. 18 ff.).

Zu 2.2. 4:3 einstimmig

► **Übungen 347–353**: Das Schlagverhältnis *4:3* ist als Quartole bzw. mit Überbindungen oder in Punktierungen notiert. Präge dir in Übung 347, Takt 3, die Rhythmisierung der Viertel-Quartole ein.

► **Übung 350**: Welche Basisrhythmen liegen den Konfliktrhythmen zugrunde? *Lösung*: Takt 1 (*3:2*) Viertel-Triolen, Takt 2 (*3:4*) Viertel-Triolen, Takt 3 (*4:3*) Achtel, Takt 4 (*3:2*) Viertel-Triolen.

2.3. 3:4 und 4:3 zweistimmig

► **Übung 354**: Im 12/8-Takt wird der Konfliktrhythmus *3:4* in Grundnotenwerten notiert. In Takt 2 liegt der 3er-Gegenschlag in der Oberstimme und der 3-teilige Basisrhythmus aus Achteln in der Unterstimme. In Takt 3 sind beide Rhythmen vertauscht.

► **Übung 355**: Im 4/4-Takt (Takte 2 und 4) wird der 3-teilige Basisrhythmus aus Achteltriolen und der 3er-Gegenrhythmus aus Halbe-Triolen gebildet.

► **Übung 356**: Im 3/4-Takt wird unter bzw. über dem 4er-Gegenschlag (Takt 2 und 3) der Basisrhythmus aus Sechzehnteln gebildet.

► **Vorübung zu Übungen 357 – 359**: Entwickle die Fähigkeit, von drei Schlägen in der einen Hand zu vier Schlägen in der anderen Hand überzugehen. Vertausche anschließend die Stimmverteilung der Hände.

► **Übung 357**: Übernimm die Fertigkeit der *4:3*- und *3:4*-Konfliktrhythmen aus der Vorübung in den 3/2-Takt.

► **Übung 359**: Die Konfliktrhythmen *3:4*, *4:3*, *3:2* und *2:3* sind hier in einem 4/2-Takt zusammengefasst.

2.1. 3:4 einstimmig

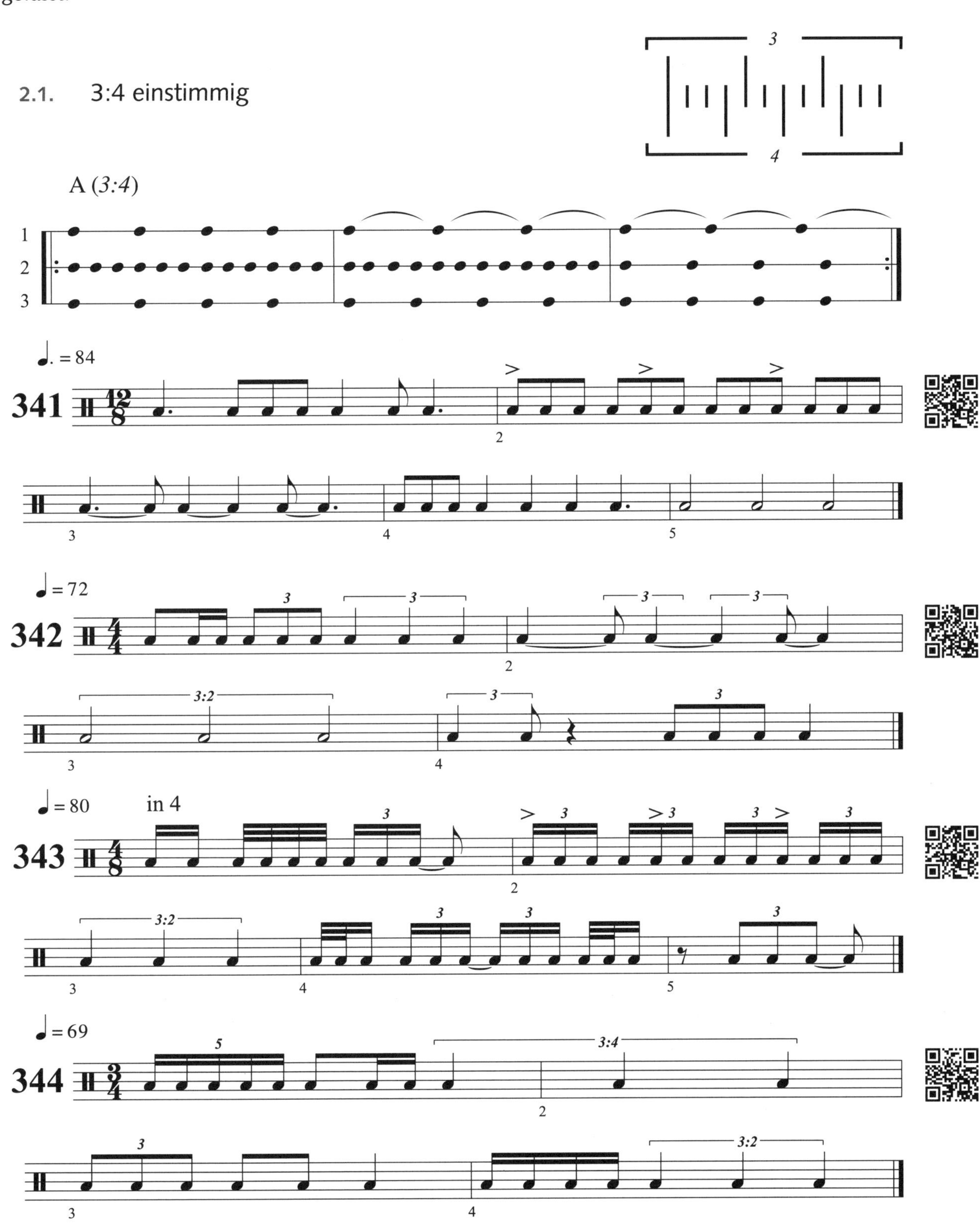

taataa!

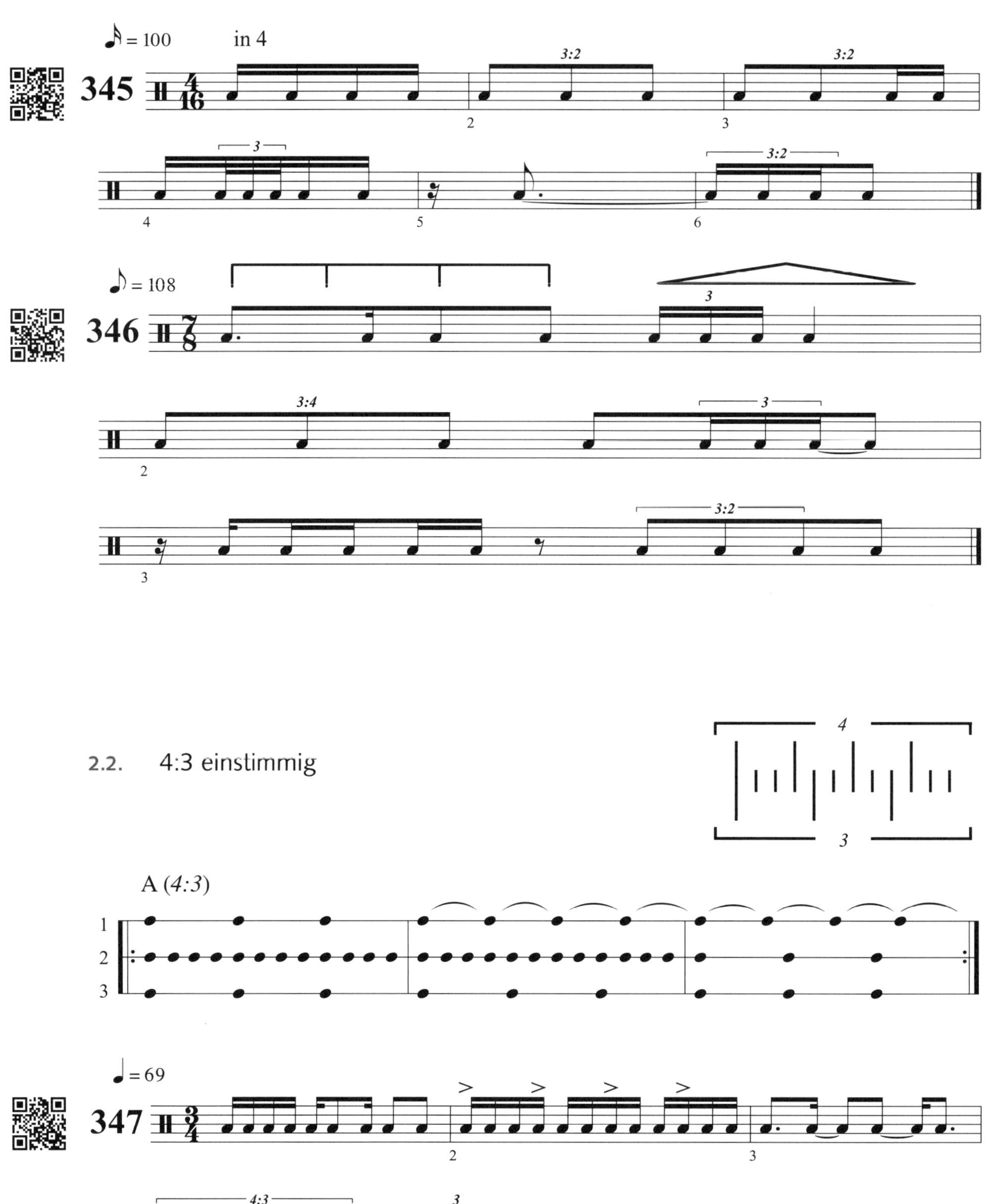

2.2. 4:3 einstimmig

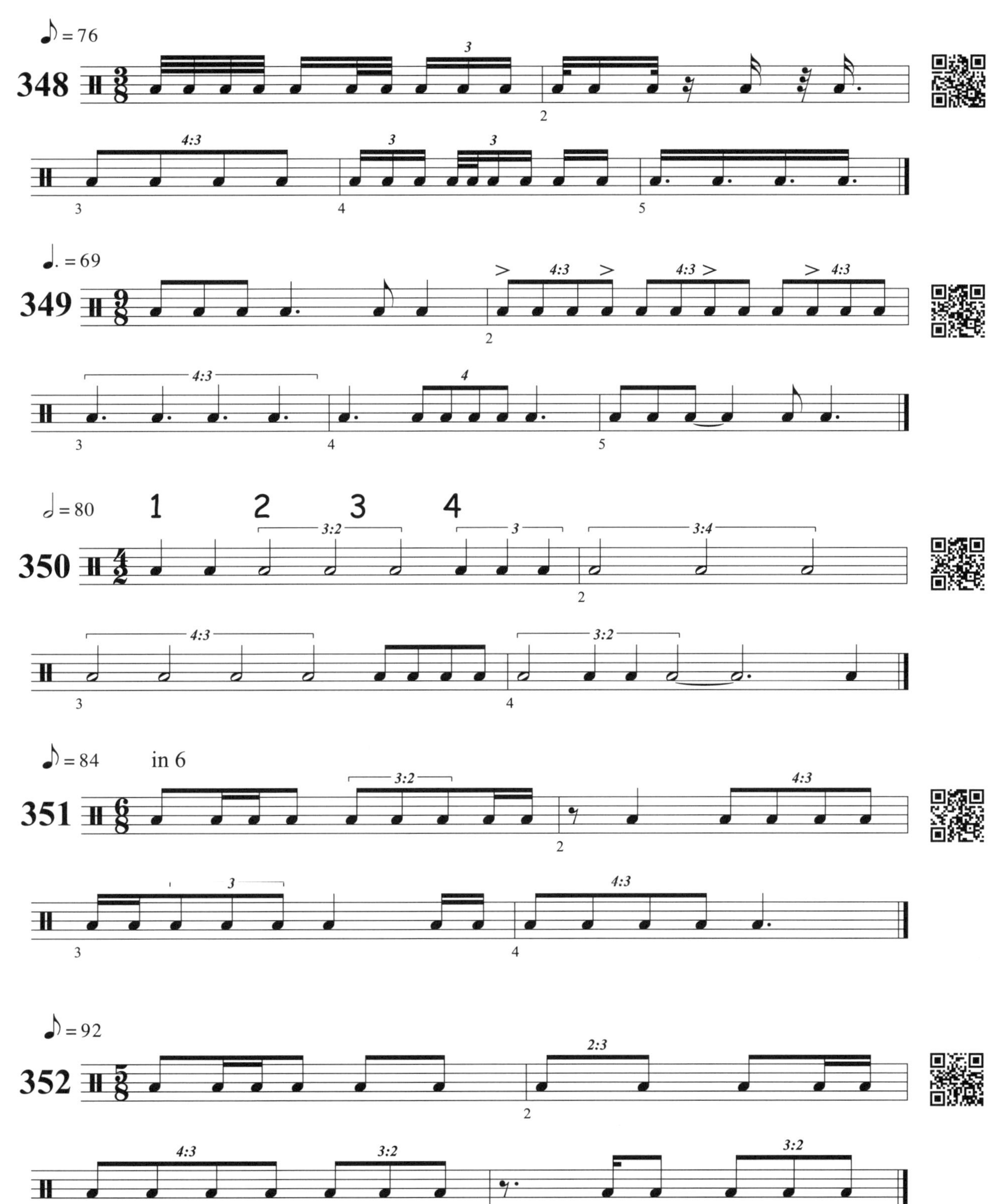
= 76
348
3:4
4:3
= 69
349
= 80
1 2 3 4
350
3:2
3:4
= 84
in 6
351
= 92
352
2:3

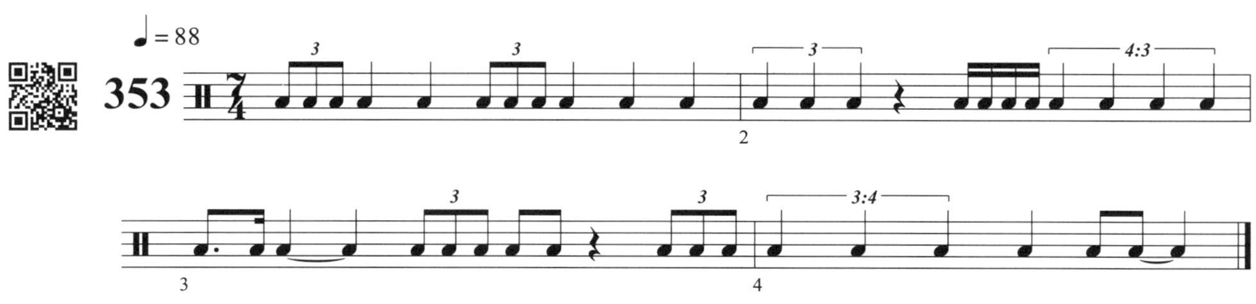

2.3. 3:4 und 4:3 zweistimmig

2.3.1. *Über mehrere Schläge*

♩. = 63

354

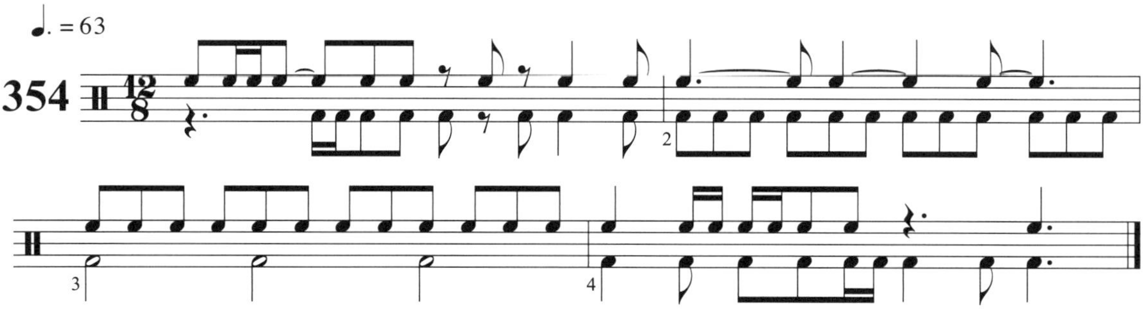

2 3 4

♩ = 69

355

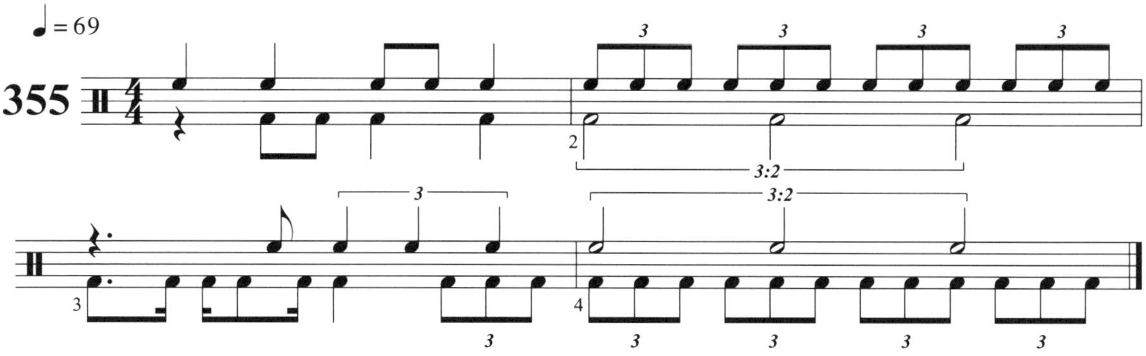

3 3 3 3

2

3:2

3

3:2

3 4

3 3 3 3 3

♩ = 60

356

2 3 4

4:3

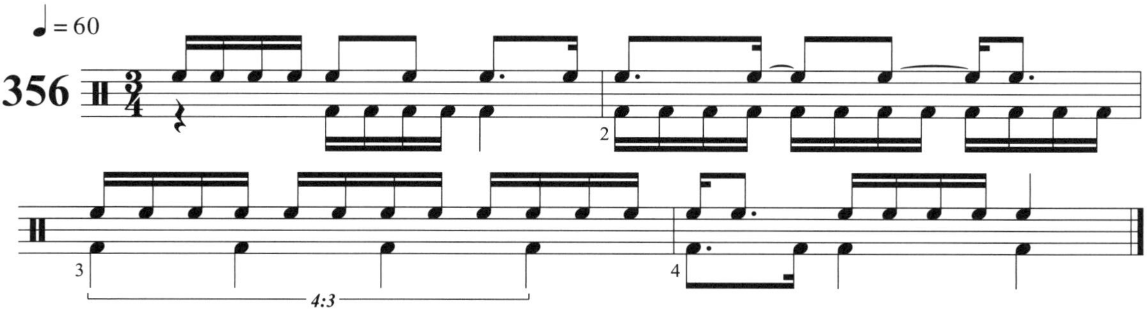

2.3.2. *In einem Schlag*

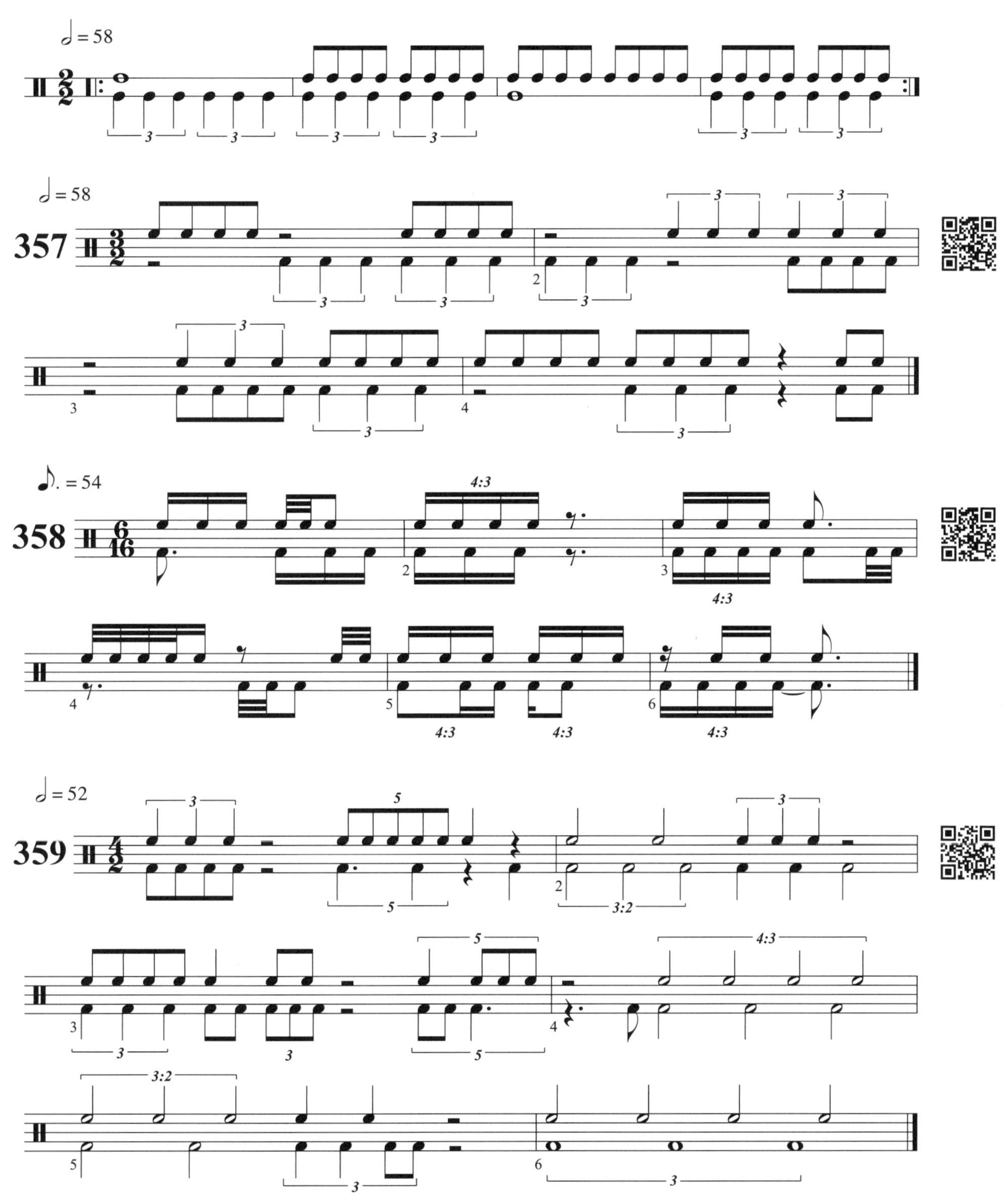

taataa!

B3 2:5 und 5:2

Zeichne zunächst die Rhythmusdiagramme *2:5* und *5:2*.

3.1. 2:5 einstimmig

► **Übungen 360–364**: Sowohl am Rhythmusdiagramm als auch an der Übung wird deutlich, dass der 2er-Gegenrhythmus auf die Eins und zwischen die dritte und vierte Zählzeit des dirigierten Fünfers fällt. Der 2er-Schlag ist entweder mit Halben und angebundenem Achtel (Takt 3) oder als Duole (Takt 5) notiert. Die Zweier haben im Verhältnis zu den Fünfern lange Dauern. Halte die Dauern gesungen aus und entwickle mit der langen Dauer ein Gefühl für den Zweier über dem dirigierten Fünfer.

► **Übung 362**: Die Duole ist über den Taktstrich hinweg notiert. Stelle fest, wo genau in Takt 2 der zweite Schlag der Duole rhythmisch platziert ist. *Lösung*: Der Fünfer setzt sich aus dem letzten Schlag von Takt 1 und den vier Schlägen von Takt 2 zusammen. Die zweite Halbe-Duole fällt zwischen die zweite und dritte Zählzeit im zweiten Takt.

Zu 3.2 5:2 einstimmig

► **Vorübung**: Es ist darauf zu achten, dass das Tempo der gesungenen 5er-Schläge (Part 1) in den Takten 2 und 3 so getroffen wird, dass die Zwei des geklatschten und getanzten (→ *Vorübungen*, S. 7) 2er-Schlags (Parts 2 und 3) zwischen die gesungene Drei und Vier fällt. Wiederhole die Vorübung so oft, bis ein Gefühl der Sicherheit für das Tempo des Fünfers entsteht.

► **Übungen 365–367**: Es soll sowohl über die Notenwertverdopplung von Zweiunddreißigstel-Quintolen (Takt 1) auf Sechzehntel-Quintolen (Takt 2) als auch über die Akzentuierung jeder zweiten Zweiunddreißigstel-Quintole (Takt 5) ein stabiles Gefühl für die Fünfer gegen die zwei dirigierten Achtel erreicht werden.

► **Übung 368**: Beide Konfliktrhythmen *2:5* und *5:2* sollten in langsamem Tempo und über die Basisrhythmen soweit beherrscht werden, dass deren Ausführung auch in schnellerem Tempo kontrolliert möglich ist. Das schnellere Tempo erleichtert das gleichzeitige Empfinden beider Konfliktrhythmen.

► **Übung 369**: Der Fünfer sollte so gegen den 2er-Schlag gesungen werden können, dass ein eigenständiges Tempogefühl für den Fünfer entsteht, mit dem dann die Anbindung von Takt 6 zu Takt 7 leicht ausgeführt werden kann.

Zu 3.3. 2:5 und 5:2 zweistimmig

► **Übung 370**: Während der Konfliktbildung bleibt der 5er-Schlag jeweils entweder in der Ober- oder in der Unterstimme erhalten. Der 2er-Schlag wird durch eine langsamere und größere Bewegung gegen den 5/8-Takt gesetzt. Beim Singen oder Schlagen beider Stimmen sollte trotz der Konzentration auf den 5er-Schlag ein Gefühl für die die ganze Dauer des Zweiers entstehen.

► **Übung 371**: Die Achtel-Quintole als fünf gegen zwei Schläge wird über die Sechzehntel-Quintole als Basisrhythmus (→ *Basisrhythmus*, S. 13) erreicht. Der Puls bleibt dabei stabil im Tempo des 2er-Schlags.

Vorübung zu Übung 372: Die Übung soll so oft mit beiden Händen wiederholt werden, bis der Übergang von zwei Schlägen zu fünf Schlägen sicher erreicht wird. Das Tempo des 2/4-Takts ist dabei unbedingt stabil zu halten.

► **Übung 372**: Der Konfliktrhythmus *5:2* soll wie alle anderen Rhythmen im Schlag unterkommen.

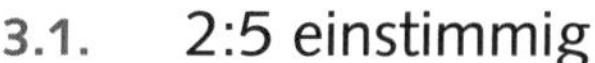

3.1. 2:5 einstimmig

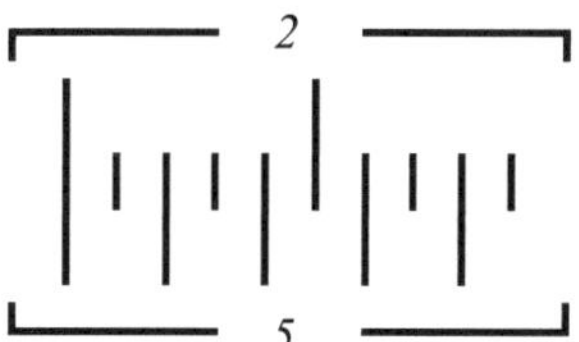

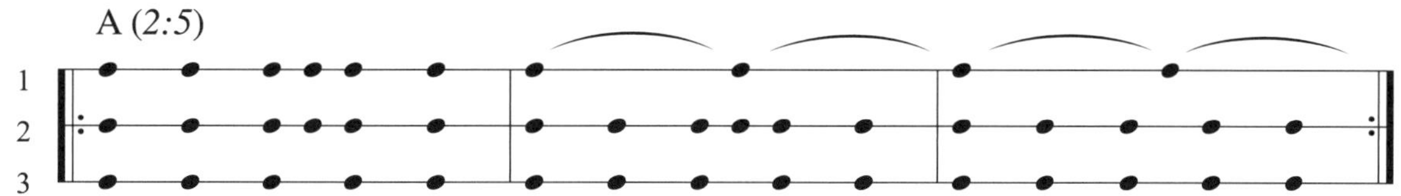

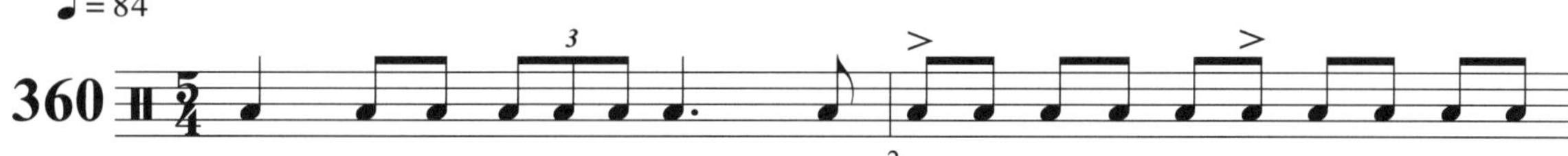

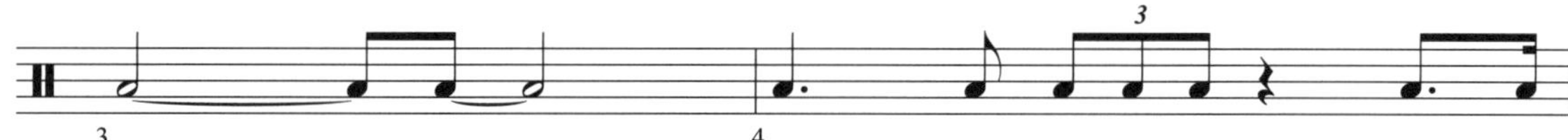

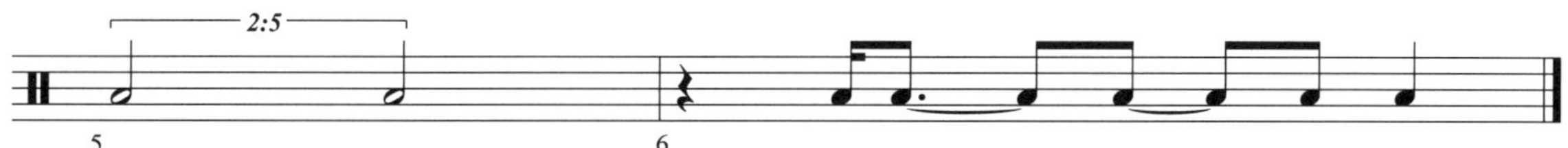

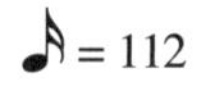

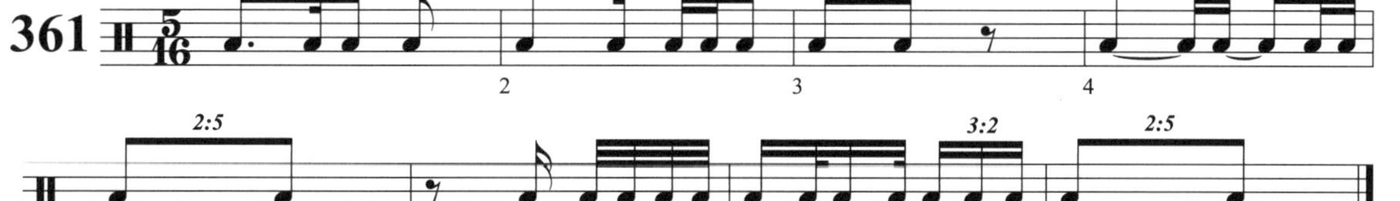

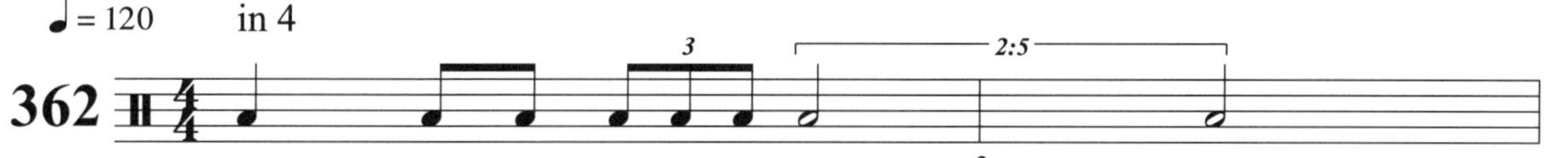

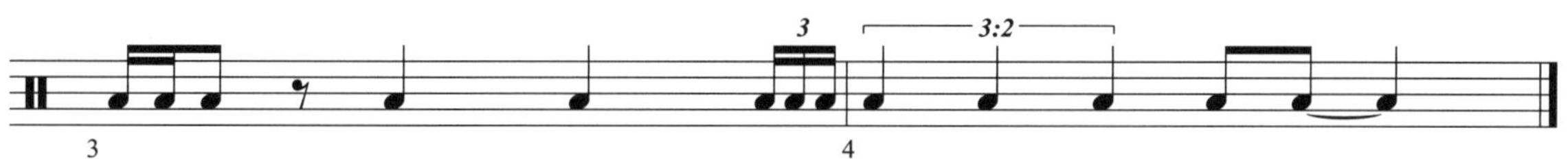

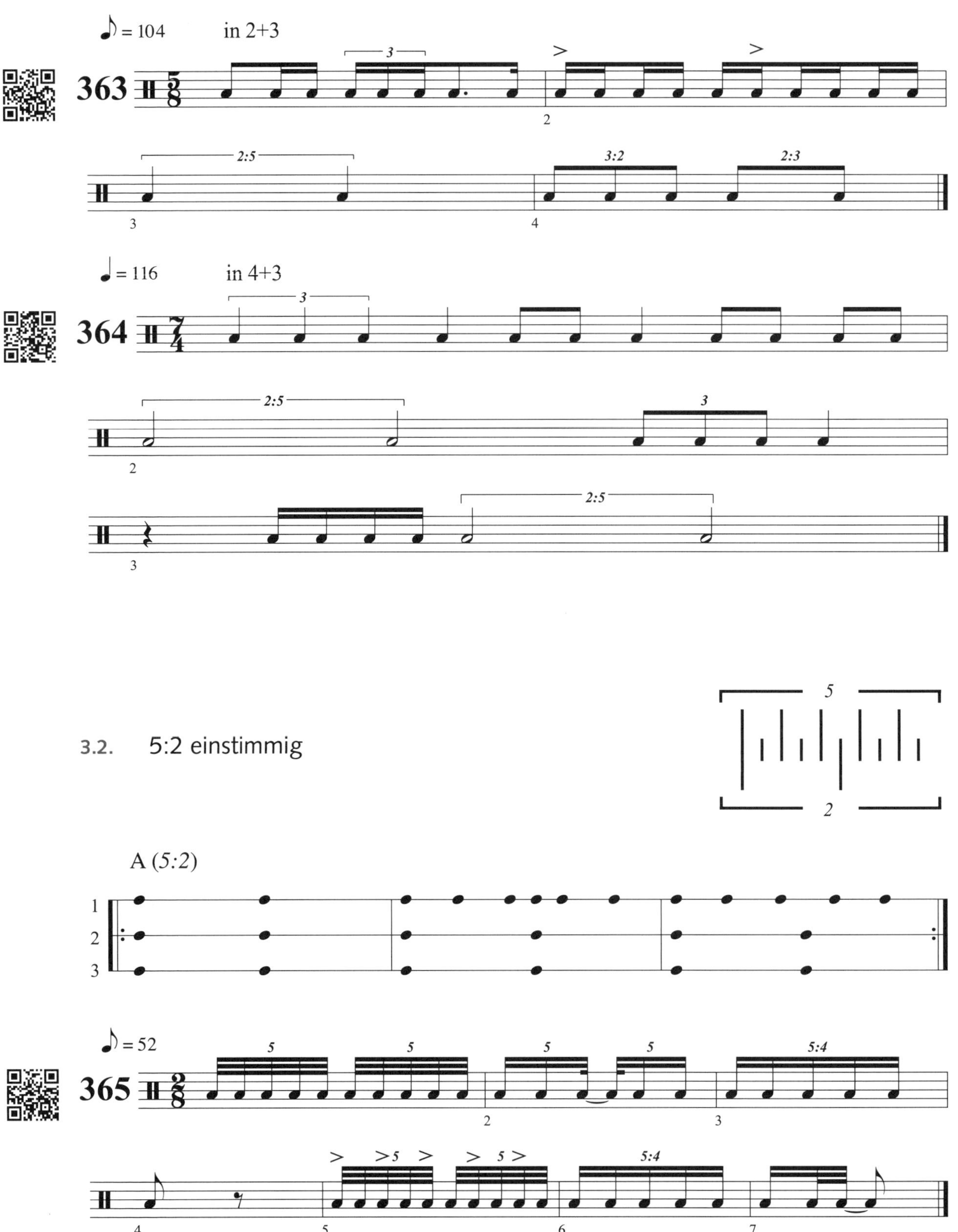

3.2. 5:2 einstimmig

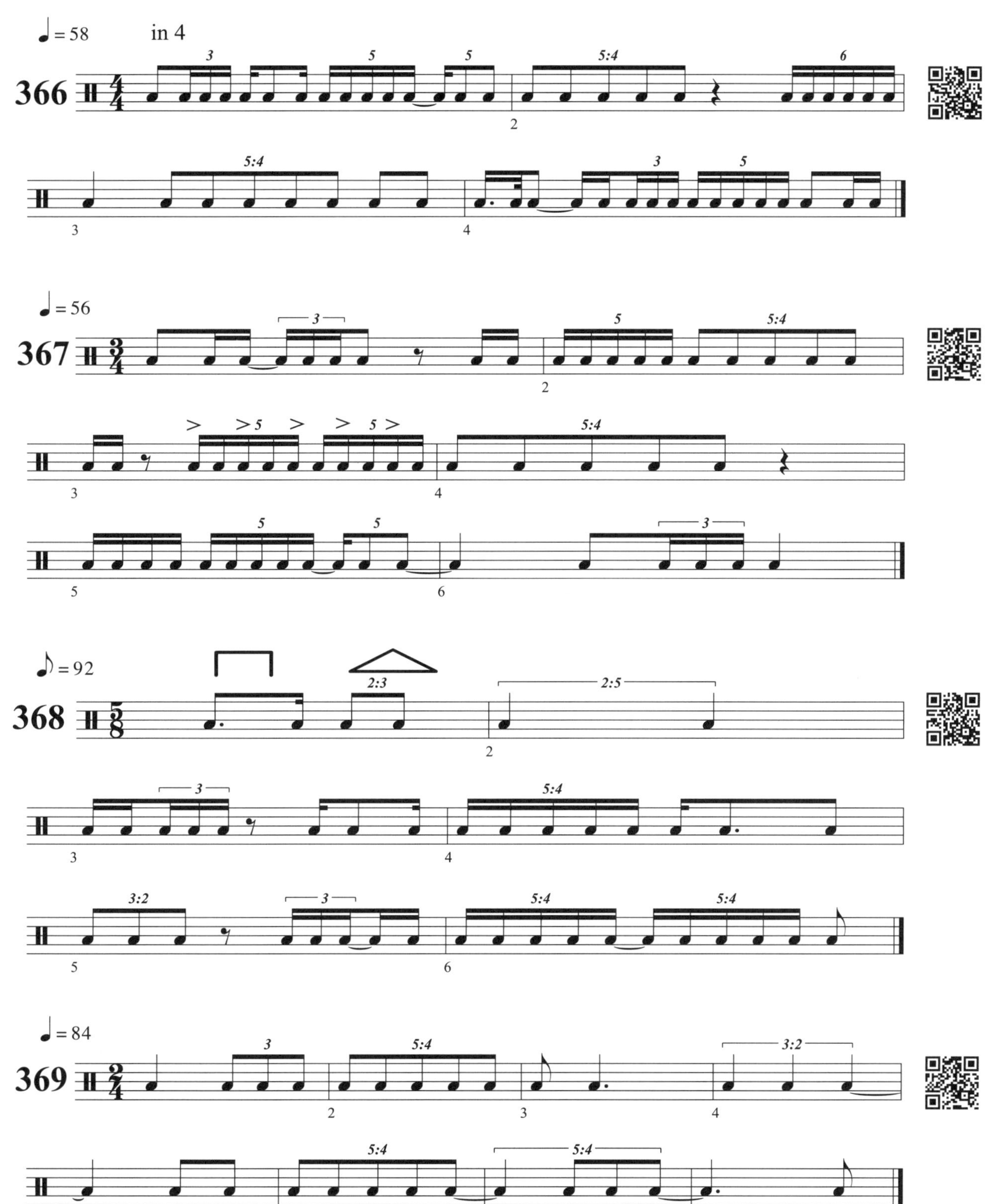
♩= 58
in 4
366
♩= 56
367
♪= 92
368
2:3
2:5
♩= 84
369
3:2
5:4

3.3. 2:5 und 5:2 zweistimmig

3.3.1. *Über mehrere Schläge*

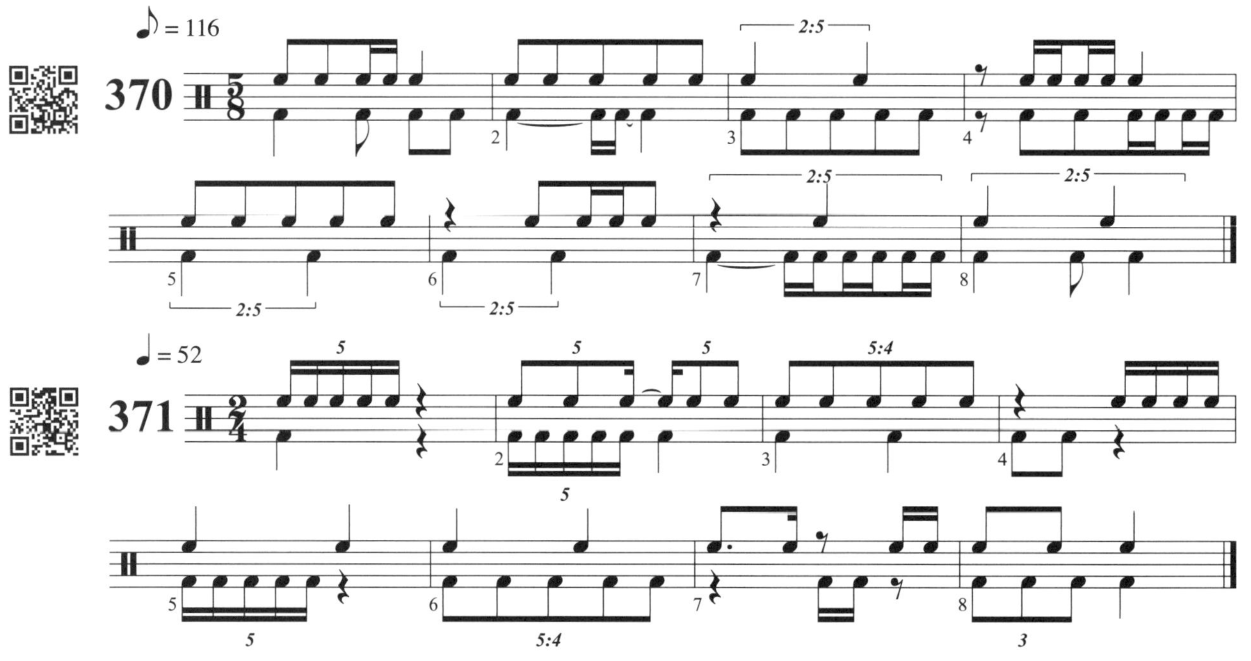

3.3.2. *In einem Schlag*

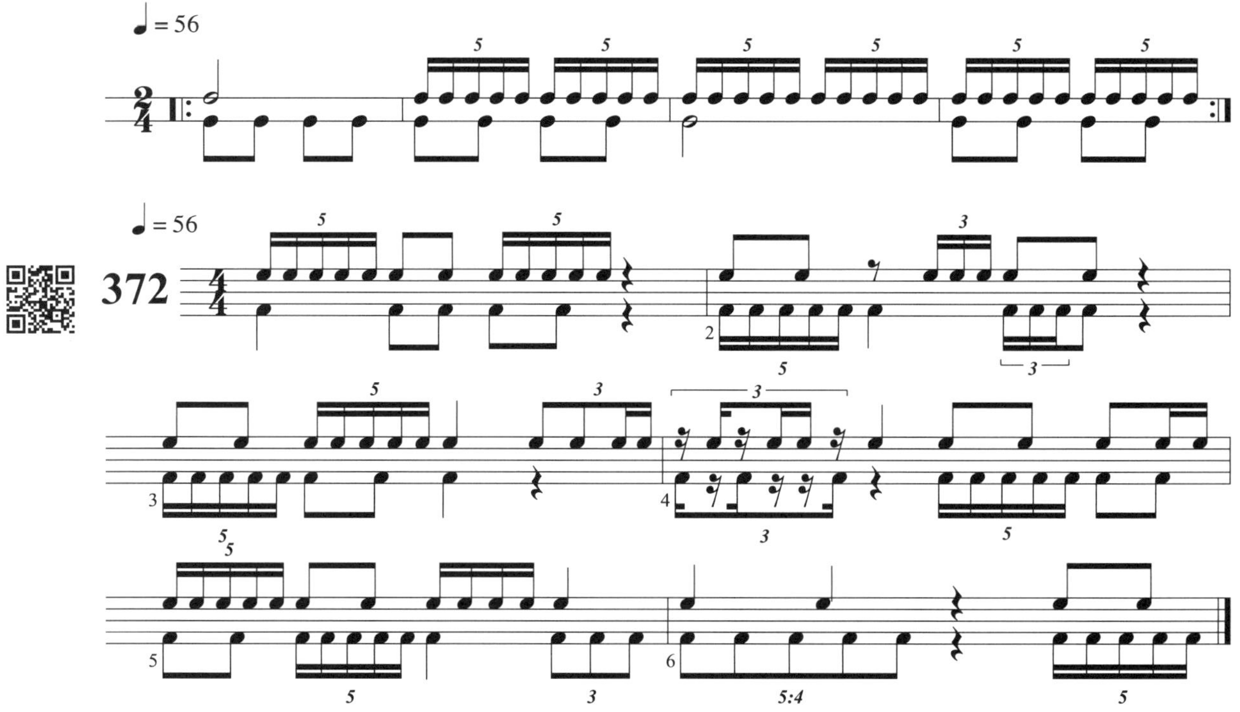

B4 3:5 und 5:3

▶ **Vorübung**: Der 3-teilige Basisrhythmus (Part 2) (→ *Basisrhythmus*, S. 13) wird in den ersten beiden Takten mit der Hand geschlagen und geht in Takt 3 in den 5er-Schlag über. Der 3er-Gegenrhythmus wird in Takt 2 mit und in Takt 3 ohne ausgeschlagenen Basisrhythmus gesungen. Durch mehrmaliges Wiederholen entsteht ein Gefühl der Loslösung des Dreiers vom Basisrhythmus über dem geschlagenen Fünfer.

Zu 4.1. 3:5 einstimmig

▶ **Übungen 373–374**: Mache dir in den Takten mit akzentuierten und ausgeschriebenen Basisrhythmen klar, wie die Viertel-Triole in Übung 373, Takt 5, rhythmisiert wird. Präge dir diesen Rhythmus aus Triolen im Schlagverhältnis *3:5* ein.

▶ **Übung 375**: Die Viertel-Triole geht über den Taktstrich hinaus. Der Fünfer, über den die Viertel-Triole notiert ist, setzt sich aus drei Vierteln in Takt 2 und aus zwei Vierteln in Takt 3 zusammen. Auf welche Achtel-Triole fallen die Viertel-Triolen? *Lösung*: auf die gemeinsame Eins, auf die dritte Achtel-Triole nach der Zwei und auf die zweite Achtel-Triole nach der Eins von Takt 3.

▶ **Übungen 376–377**: Trage die Ziffern in die folgenden Takte so ein, dass die Verteilung der Schläge im Verhältnis zur Achtel-Triole in Takt 2 grafisch sichtbar wird.

Zu 4.2. 5:3 einstimmig

▶ **Vorübung:** Das Tempo soll nur so schnell gewählt werden, dass die Platzierung des Fünfers auf dem 5-teiligen Basisrhythmus präzise kontrolliert werden kann. Wiederhole so oft, bis der Fünfer in Takt 3 in einem Bogen über dem 3er-Schlag empfunden werden kann.

▶ **Übungen 378–379**: Der Konfliktrhythmus der Fünfer über die Dreier wird durch Rhythmisierungen in den vorangehenden Takten vorbereitet. Präge dir die Rhythmisierung ein. Beim Ausführen der Quintolen über dem 3er-Schlag muss der Rhythmus bekannt sein. Verschaffe dir mit der Zeichnung eines Rhythmusdiagramms Klarheit.

▶ **Übungen 380–382**: Der gesungene Fünfer über dem dirigierten Dreier muss so sicher beherrscht werden, dass auch ein schnelles Tempo möglich ist. Der 5-teilige Basisrhythmus ist in diesem Tempo nicht mehr fühlbar.

▶ **Übung 381**: Der Fünfer muss stabil und eigenständig über einem 3er-Schlag gesungen werden können, damit die Überbindung von Takt 5 zu Takt 6 gelingt.

▶ **Übung 382**: Der erlernte Konfliktrhythmus *5:3* sowie die Erinnerung an die Sechzehntel-Quintole in Takt 2 legen die Grundlage für die Sechzehntel-Quintole über den Taktstrich von Takt 3 nach Takt 4.

Zu 4.3. 3:5 und 5:3 zweistimmig

▶ **Übung 383**: Der 3er-Gegenschlag wird über den 5er-Schlag mithilfe der durchgehaltenen Triolen als rhythmischer Basis synchronisiert. Der 5/4-Takt wird stets stabil im Tempo gehalten.

▶ **Übung 384**: Die in den 3/2-Takt eingebetteten Achtel-Quintolen bilden den Basisrhythmus für den 5er-Gegenschlag. Der Fünfer, der entweder als Halbe-Quintole oder als übergebundene Achtel-Quintole notiert ist, soll präzise auf die durchlaufenden Achtel-Quintolen gesetzt werden.

▶ **Vorübung zu Übung 385**: Übe so lange, bis der Übergang vom 3er-Schlag in der einen Hand zum 5er-Schlag in der anderen Hand mühelos gelingt. Das Tempo der punktierten Viertel muss stets stabil bleiben. Vertausche anschließend die Stimmverteilung der Hände.

► **Übung 385**: Der 3/4-Takt liefert das rhythmische Gerüst für den Konfliktrhythmus *5:3*, der auf beiden Seiten sowohl in der rechten als auch in der linken Hand in einer Viertel unterzubringen ist.

4.1. 3:5 einstimmig

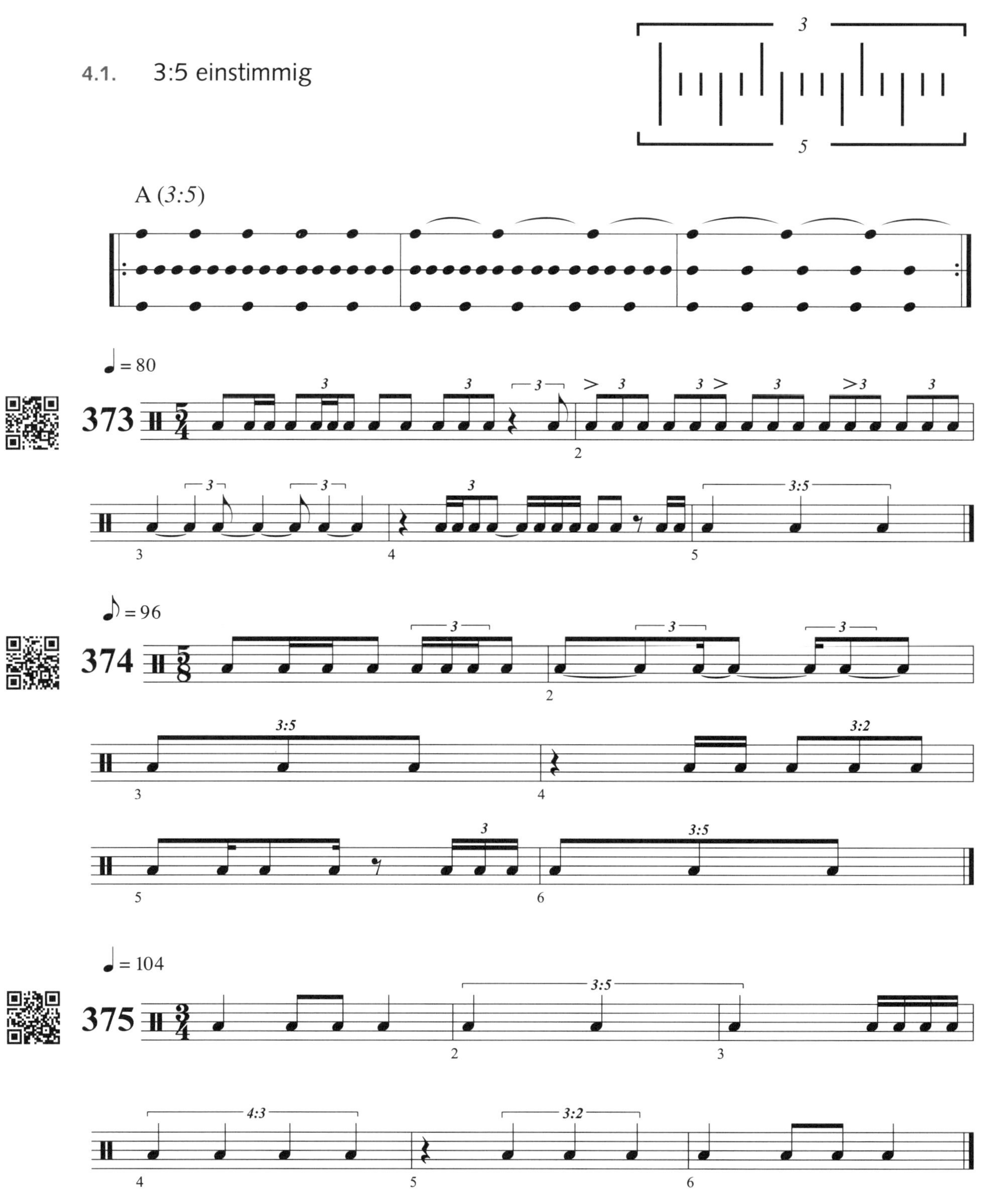

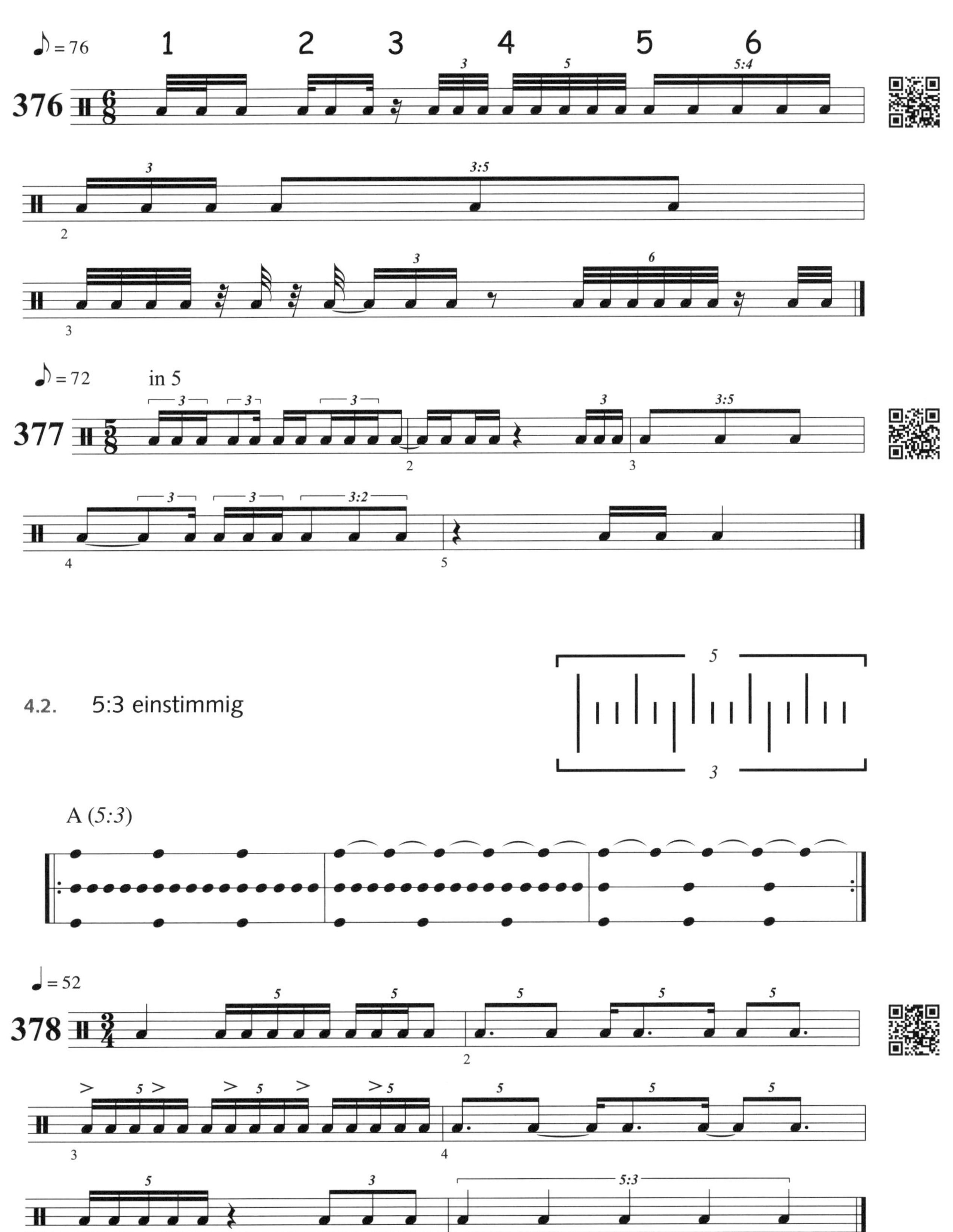

taataa!

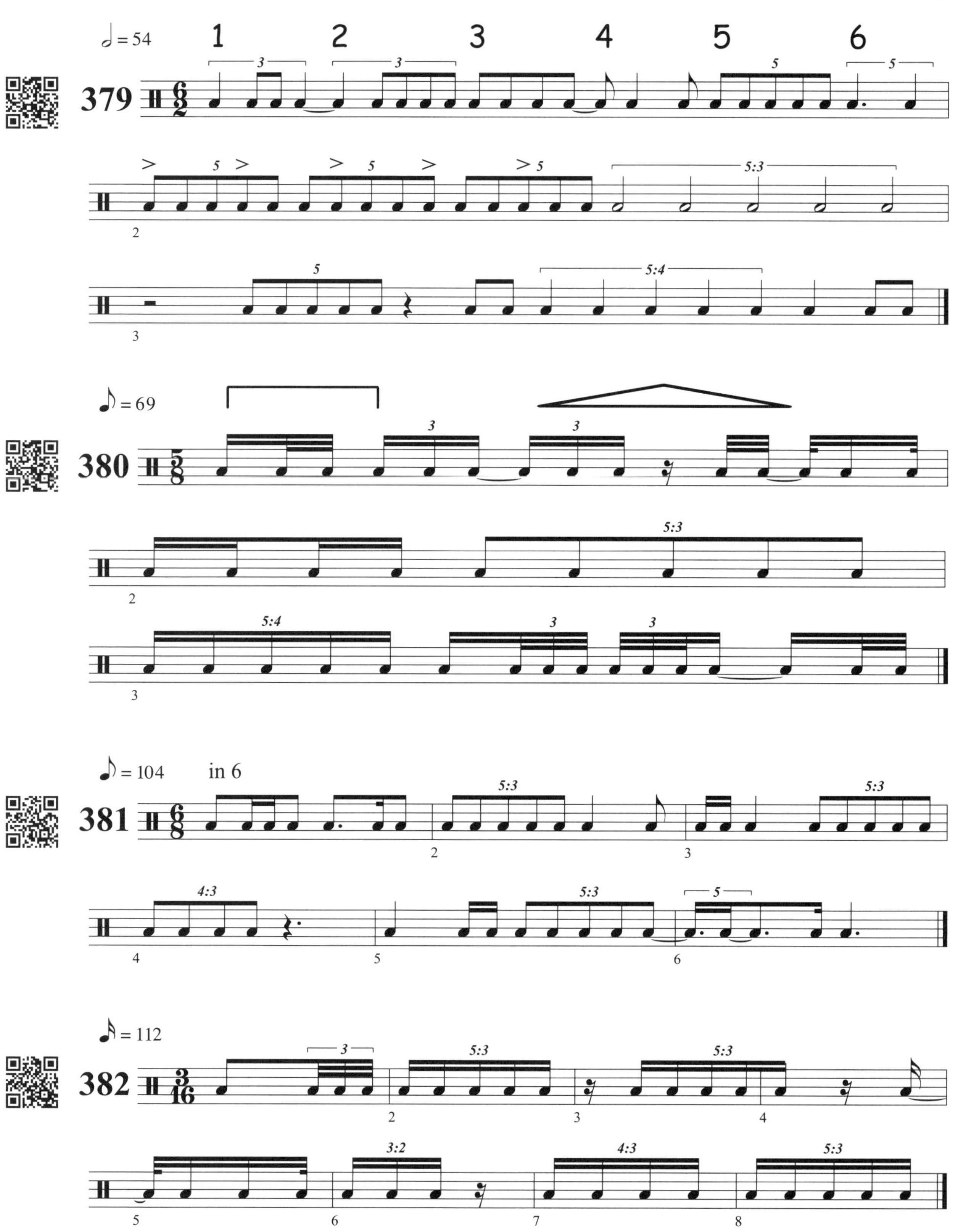

♩ = 54
1 2 3 4 5 6
379
♪ = 69
380
♪ = 104 in 6
381
♬ = 112
382

4.3. 3:5 und 5:3 zweistimmig

4.3.1. *Über mehrere Schläge*

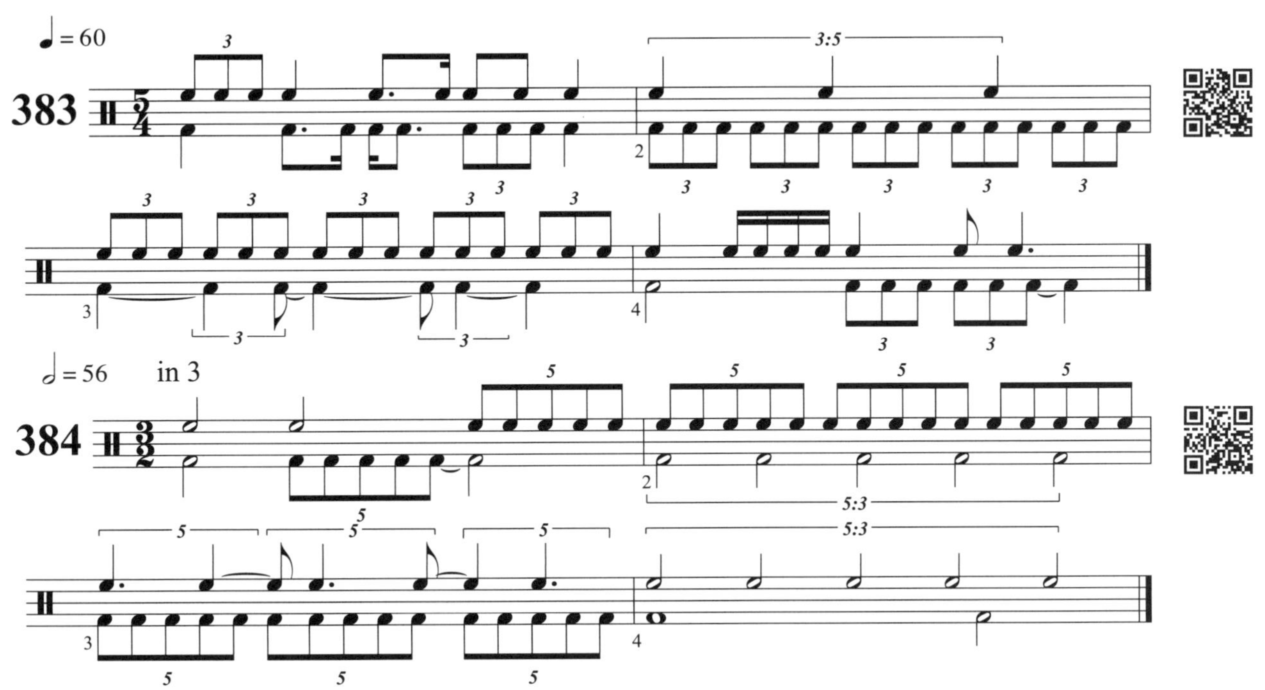

4.3.2. *In einem Schlag*

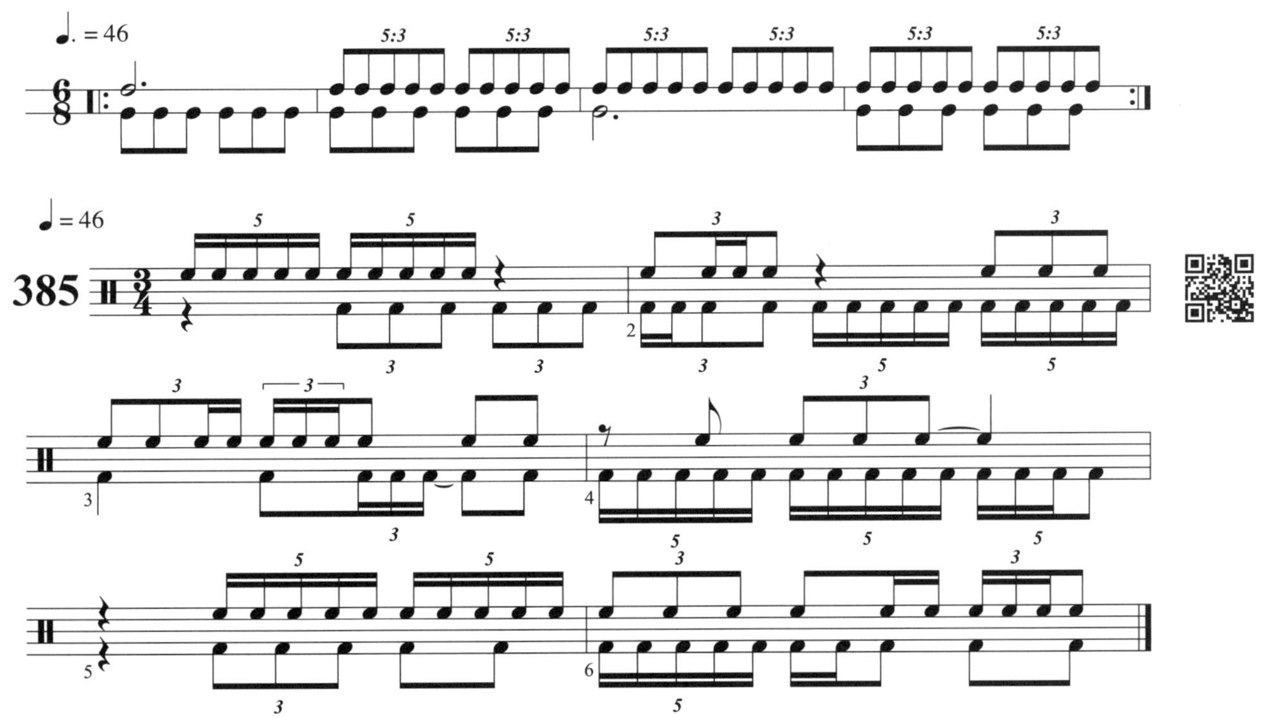

B5 4:5 und 5:4

Zu 5.1. 4:5 einstimmig

Vorübung: Der Fünfer wird in Part 3 durch „Tanzen" von einem auf das andere Bein stabil gehalten (→ *Vorübungen*, S. 7). Der 4-teilige Basisrhythmus (→ *Basisrhythmus*, S. 13) wird in Takt 1 und 2 nur so laut in die Hände geschlagen (Part 2), dass der gesungene 4er-Gegenrhythmus (Part 1) ab Takt 2 deutlich darüber platziert werden kann. Wiederhole so oft, bis der Vierer in einem Bogen regelmäßig fließt.

► **Übung 386**: Sowohl in Takt 2 durch Akzente als auch in Takt 3 durch Anbindungen wird der Rhythmus der Achtel-Quartole gegen den 5er-Schlag in Takt 5 vorbereitet. In Takt 5 muss die Verteilung der Achtel-Quartole über dem Basisrhythmus aus Zweiunddreißigsteln bekannt sein. Zeichne dazu ein Rhythmusdiagramm.

► **Übung 387**: Der Rhythmus der Halbe-Quartole in Takt 2 darf durch die Phrasierung des 6er-Schlages in 3+3 nicht durcheinanderkommen. Es muss klar sein, welcher Achtel-Rhythmus der Halbe-Quartole zugrunde liegt. Setze die Ziffern wie in Takt 1 fort und achte auf die grafischen Proportionen, damit in den Takten 2 und 3 die Eintragungen der Basisrhythmen aus Achteln und Achtel-Quintolen zur Halbe-Quartole (Takt 2) sowie zur Halbe-Quintole (Takt 3) passen.

► **Übung 388**: Die Viertel-Quartole über den Takten 3 und 4 steht gegen fünf Schläge der 3/4-Takte: drei Viertel aus Takt 3 und zwei Viertel aus Takt 4. Notiere den Basisrhythmus aus Sechzehnteln präzise in den 3/4-Takt und über die Quartole, damit die Verteilung der Schläge deutlich wird.

Zu 5.2. 5:4 einstimmig

Vorübung: Der Vierer wird „getanzt" (→ *Vorübungen*, S. 7) und der Basisrhythmus als 5er-Teilung mit den Händen geschlagen. Der Fünfer soll nach einigen Wiederholungen fließend über dem Vierer erklingen.

► **Übung 390**: Entweder wird die Rhythmisierung der gesungenen Viertel-Quintole Takt 4 gegen den dirigierten 4/4-Takt durch Akzente über den Sechzehntel-Quintolen (Takt 2) oder durch Anbindungen (Takt 3) eingeprägt. In Takt 4 soll die Rhythmisierung des Fünfers über den Vierern aus den Takten davor auswendig bekannt sein.

► **Übung 391**: Setze die Markierung aus Zahlen in Takt 2 fort. Achte auf eine dem Konfliktrhythmus entsprechende grafische Darstellung.

► **Übung 392**: Die Viertel-Quintole über Takt 2 und 3 steht gegen vier Viertel des 3/4-Taktes: drei Viertel aus Takt 2 und ein Viertel aus Takt 3.

► **Übung 393**: Alle Konfliktrhythmen aus Quintolen sind hier zusammengefasst. In Takt 1 steht die Halbe-Quintole gegen vier Halbe des 6/2-Taktes (*5:4*). In Takt 2 ist die Viertel-Quintole gegen den dritten und vierten Halbe-Schlag (zusammen vier Viertel) notiert (*5:4*). In Takt 3 steht die Halbe-Quintole gegen die ersten drei Halben des 6/2-Taktes (*5:3*).

Zu 5.3. 5:4 und 4:5 zweistimmig

► **Übung 395**: Der 5er-Schlag wird durch den 5/4-Takt gezählt. Der Vierer als Gegenschlag wird über die Sechzehntel als Basisrhythmus synchronisiert.

► **Übung 396**: Der 4er-Schlag ist durch Sechzehntel-Quintolen unterteilt, die den Basisrhythmus für die dagegen liegende Viertel-Quintole bilden.

► **Vorübung zu Übung 397**: In Tempo 𝅗𝅥 = 52 ist es nicht möglich, Basisrhythmen für die Konfliktrhythmen *5:4* und *4:5* zu empfinden. Trotzdem sollen der Vierer und der Fünfer präzise gegeneinander gestellt werden, auch wenn sich deren Tempi nicht stark voneinander absetzen.

► **Übung 397**: Erst wenn die Vorübung auch mit vertauschen Stimmen gelingt, wird es möglich sein, die Konstellationen der Konfliktrhythmen *4:5* und *5:4* auf Anhieb zu treffen.

5.1. 4:5 einstimmig

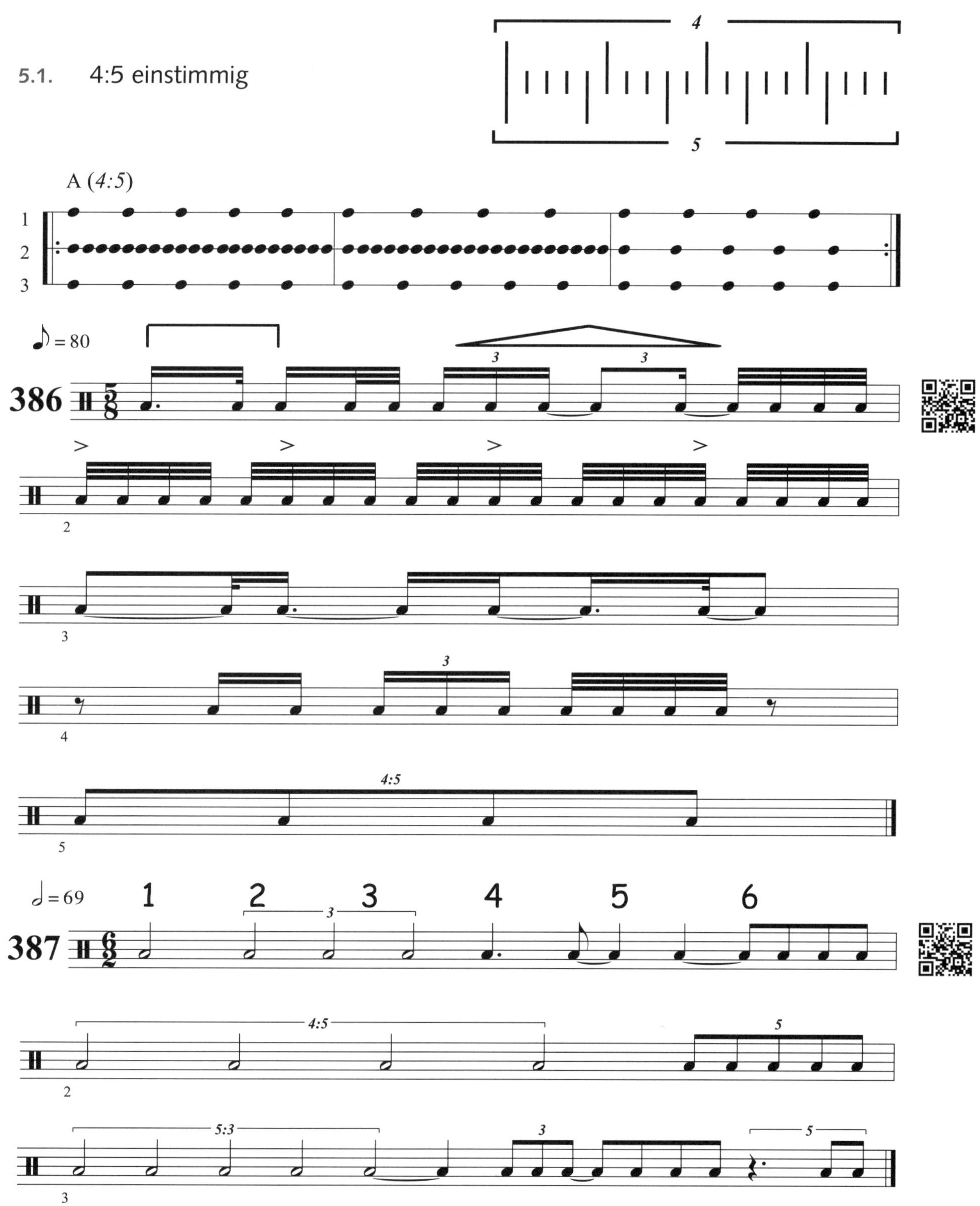

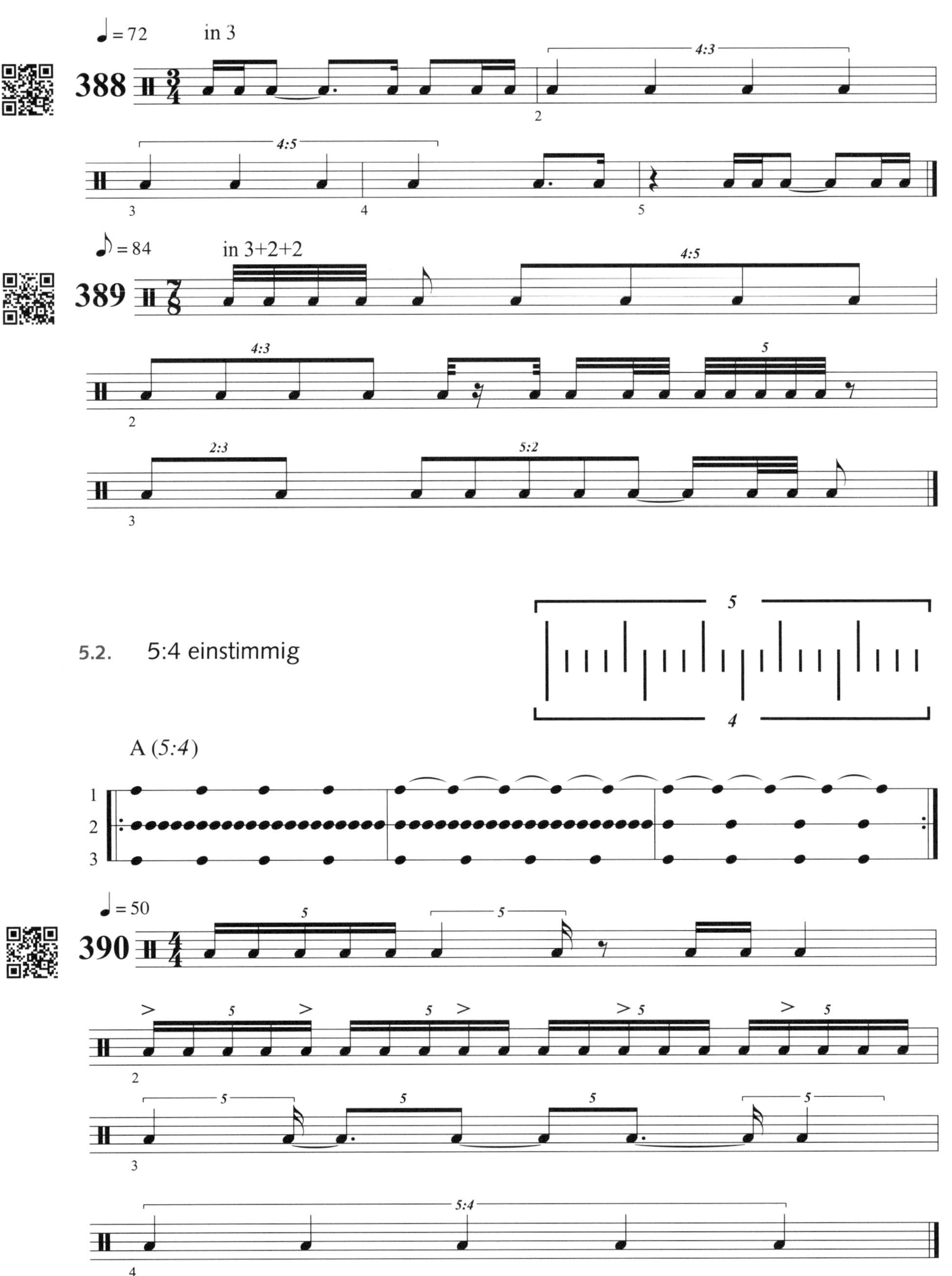

5.2. 5:4 einstimmig

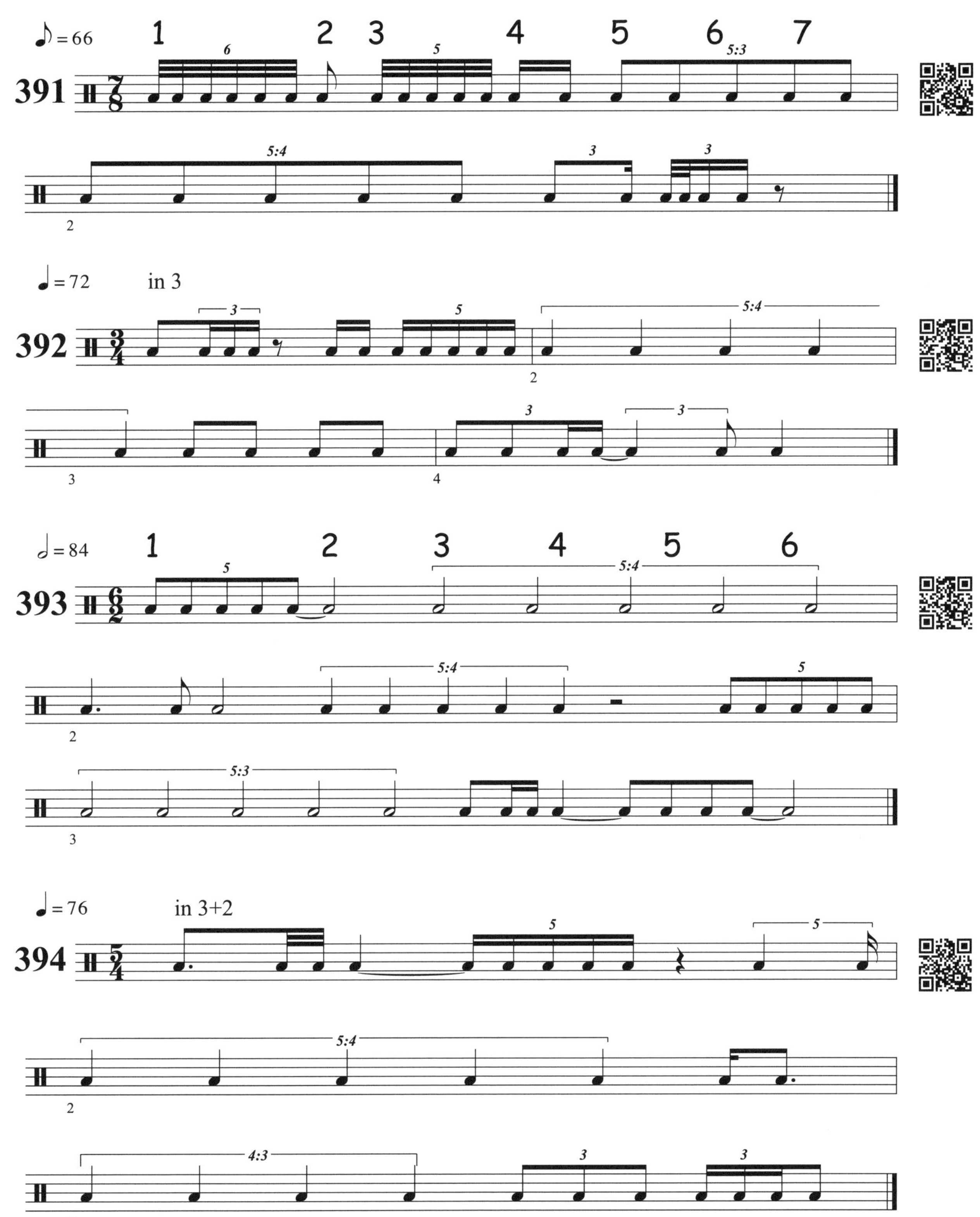

♪ = 66
1 2 3 4 5 6 7
391
♩ = 72 in 3
392
𝅗𝅥 = 84
1 2 3 4 5 6
393
♩ = 76 in 3+2
394

5.3. 5:4 und 4:5 zweistimmig

5.3.1. *Über mehrere Schläge*

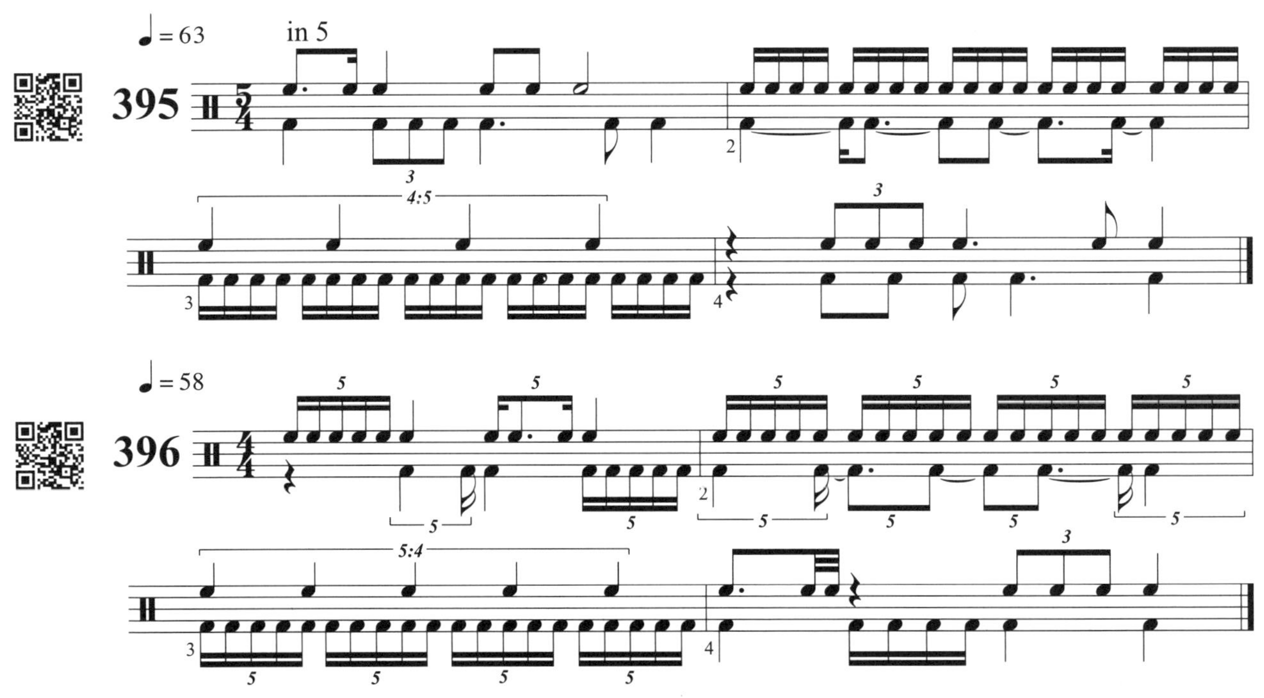

5.3.2. *In einem Schlag*

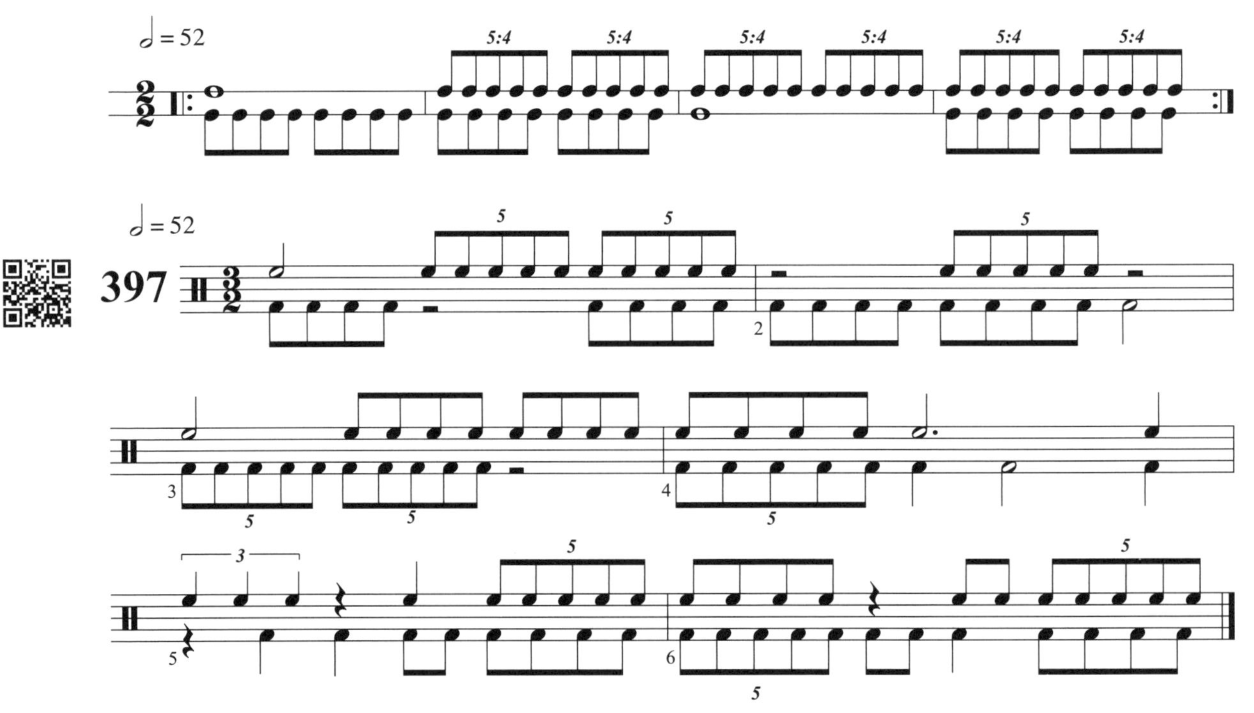

Teil C: Takt- und Tempowechsel

Die rhythmischen Beziehungen der Takt- und Tempowechsel bauen auf die Übungen aus Teil A und B auf. Die Schlagfiguren müssen soweit verinnerlicht sein, dass sie intuitiv entsprechend der Takt- und Tempowechsel eingesetzt werden können.

Beginnend mit C2 *Taktwechsel mit halben und doppelten Tempi*, werden die Schlagtempi und die Tempi von Notenwerten auf unterschiedlichen Ebenen mit Hilfe von Puls und Pulsunterteilungen gewechselt und ineinander überführt. Dies gelingt über die Fähigkeiten, Puls und Rhythmusgefühl auf verschiedenen Unterteilungsebenen zu generieren (→ *Begriffsklärungen*, S. 10 f.).

Takt- und Tempowechsel gehen u. a. mit der Veränderung der Taktangabe einher.
Die Taktangabe besteht aus einem Taktnenner und einem Taktzähler:
Taktnenner = Notenwert/untere Zahl
Taktzähler = Anzahl der entsprechenden Notenwerte im Takt/obere Zahl

Inhalt Übungen Teil C — Seite

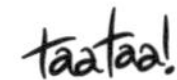

C1 Wechsel des Taktzählers

Zu 1.1. Taktwechsel bei gleichmäßigem Schlag

► **Übungen 398, 399, 401, 403, 404**: Die Schlagfiguren entsprechen den Taktzählern. Mit dem Wechsel des Taktzählers geht zugleich auch ein Wechsel der Schlagfiguren einher.

► **Übungen 400 und 402**: Aus der Phrasierung der 6/8- und 9/8-Takte wird auf die Schlagfiguren – in 2 – bzw. – in 3 – geschlossen.

Zu 1.2. Taktwechsel bei additiven Rhythmen und Unterteilungen

► **Übungen 405–411**: Die verschiedenen Taktarten sind aus additiven Rhythmen in 2er- und 3er-Metren gebildet. In den Übungen ist die Phrasierung der 2-er und 3er-Metren an der Balkierung oder an grafischen Zeichen wie Dreiecken und Haken zu erkennen.

Die Schlagfiguren (→ *Schlagfiguren*, S. 15 ff.) können entweder in den üblichen 1er-, 2er-, 3er-, etc. Schlagfiguren ausgeführt werden oder die Schläge werden nur nach unten schlagend dirigiert, bis der jeweils letzte Schlag, nach oben ausholend, die Eins andeutet.

Es empfiehlt sich, vor dem Üben Dreiecke und Haken einzutragen, damit beim Lesen die Taktphrasierungen mit einem Blick erkannt werden können.

► **Übung 406**: Die Schlaganweisung z.B. – in 4 – (Takt 1 und 2) bedeutet, dass der 9/32-Takt nicht – in 3 –, wie man bei einem 9er-Takt vermuten könnte, sondern in der Phrasierung 2+2+2+3, also – in 4 –, geschlagen wird. Dies ist auch an der Balkierung ersichtlich. Takt 4 wird – in 3 – dirigiert.

1.1. Taktwechsel bei gleichmäßigem Schlag

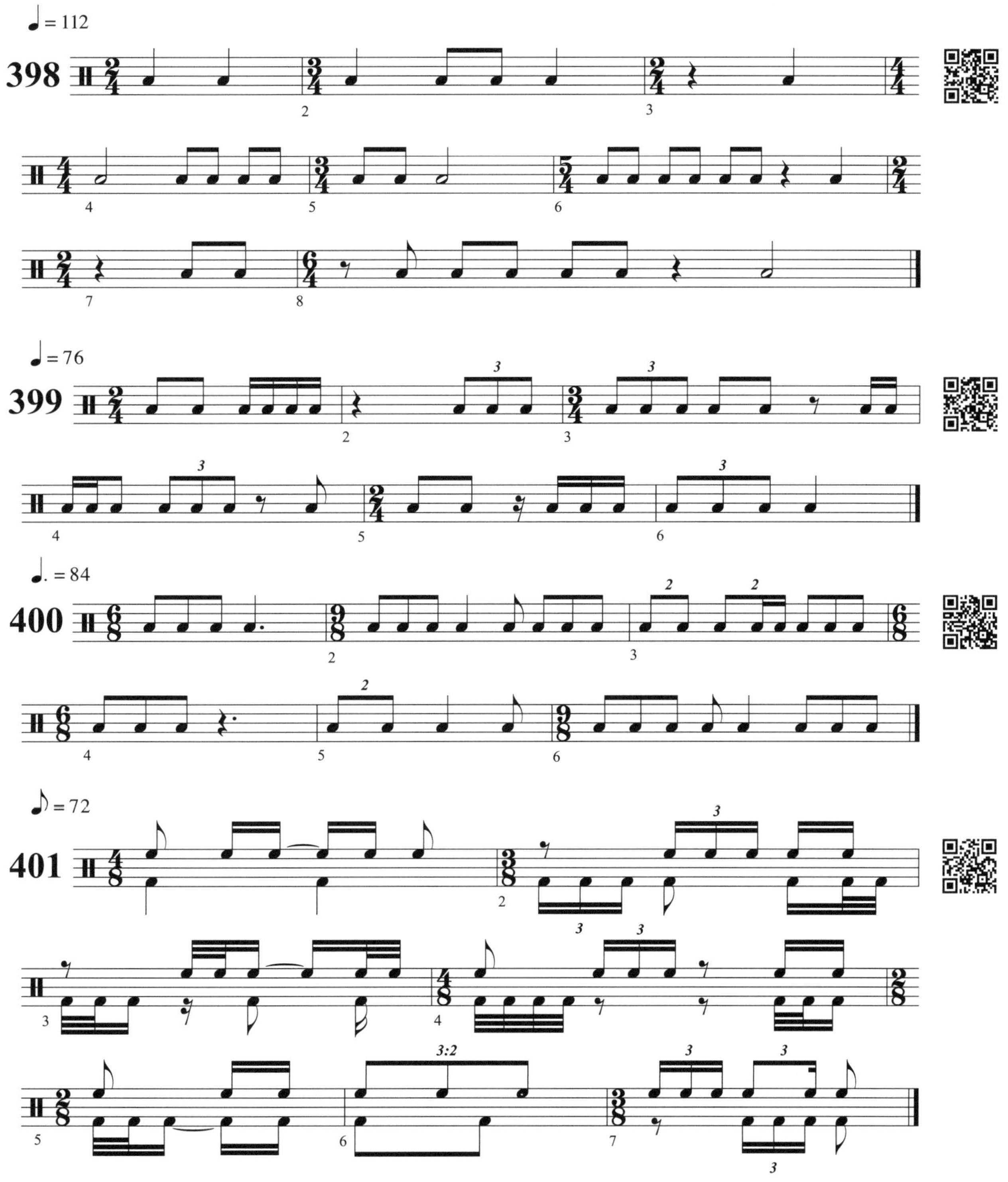

taataa!

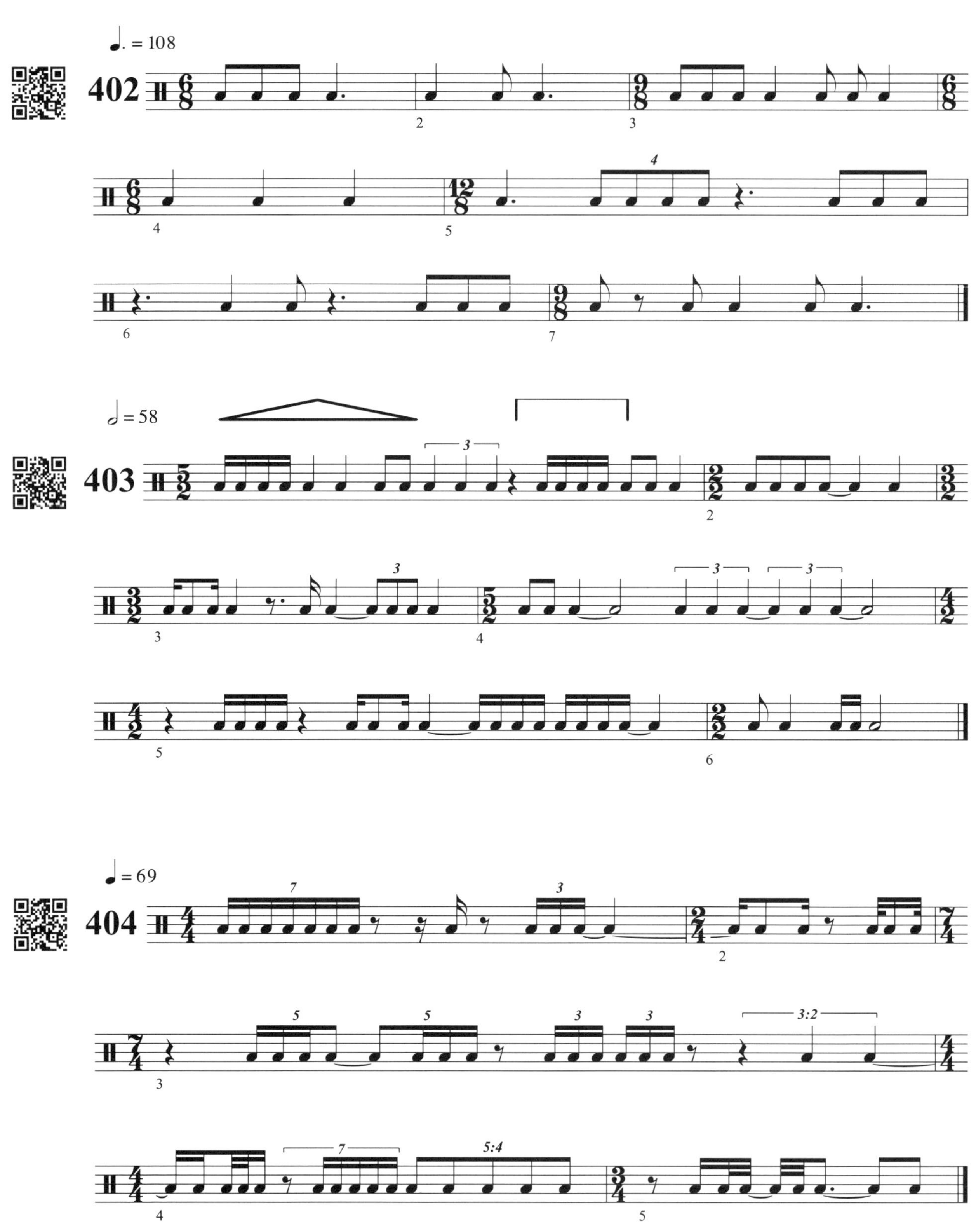
♩. = 108
402
4
𝅗𝅥 = 58
403
3
5
3:2
♩ = 69
404
7
5:4

1.2. Taktwechsel bei additiven Rhythmen und Unterteilungen

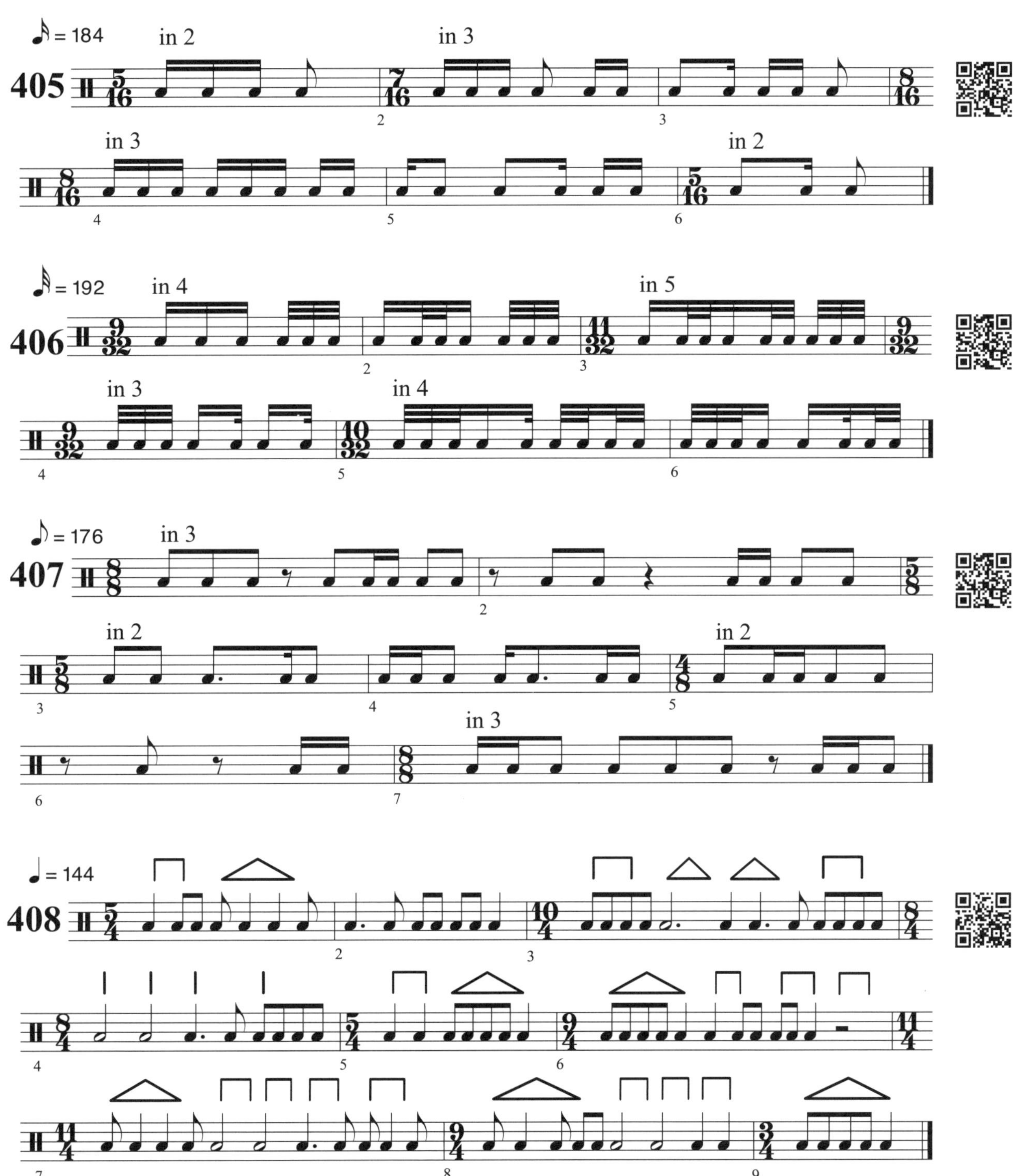

taataa!

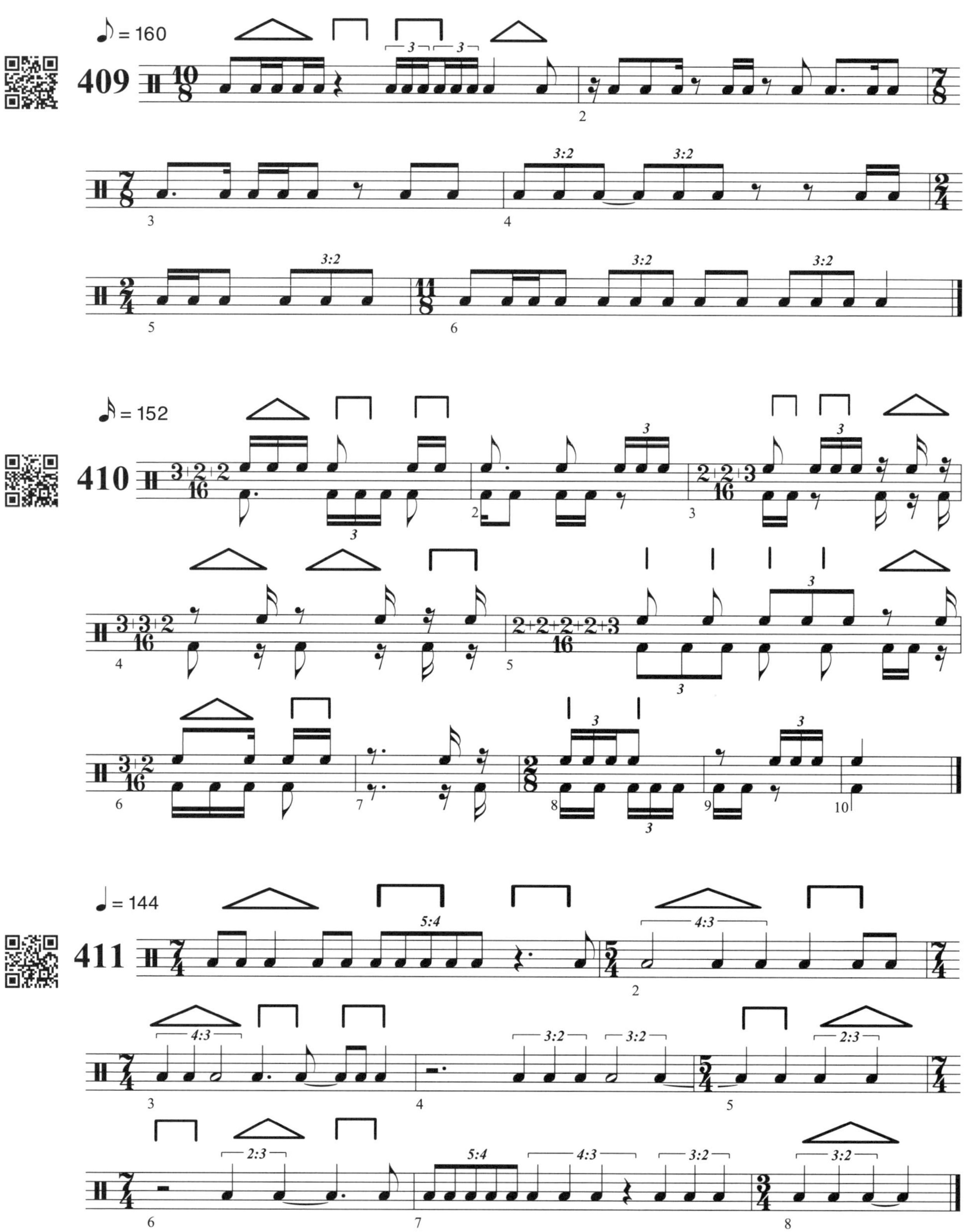

409
410
411

C2 Taktwechsel mit halben und doppelten Tempi

Tempoverdopplungen und -halbierungen werden auf vier mögliche Arten angezeigt:

1. Wechsel des Taktnenners und Notenwertgleichsetzung, z.B. ♪ = ♪, ♩ = ♩

▶ **Übungen 412 und 413**: Die Tempoverdopplungen oder -halbierungen werden anhand der Taktnenner erkannt. Die Schlagtempi (→ *Begriffsklärungen*, S. 10 ff.) in Übung 412 wechseln von 3/4- zu 3/8-Takten und zurück, während das Achtel-Tempo mit ♪ = ♪ unverändert bleibt. Die Schlagtempi verdoppeln und halbieren sich. In Übung 413 wechseln die Schlagtempi der 4/4-, 2/4-, 4/2- und 2/2-Takte, indem die Viertel mit ♩ = ♩ unverändert bleiben.

2. Notenwertumwandlung bei unverändertem Taktnenner, z. B. 𝅘𝅥𝅯 = ♪ (Tempoverdopplung) oder ♪ = 𝅘𝅥𝅯 (Tempohalbierung).

▶ **Übungen 414 und 419**: Übung 414 ist durchgehend im 4/8-Takt notiert. Im Übergang von Takt 1 zu Takt 2 wird mit der Notenwertumwandlung 𝅘𝅥𝅯 = ♪ das Sechzehntel-Tempo (4. Schlag) als Achtel-Tempo in Takt 2 weitergeführt. Das Schlagtempo verdoppelt sich. Die umgekehrte Anweisung ♪ = 𝅘𝅥𝅯 halbiert das Schlagtempo wieder. Bei Übung 419 wird die Halbierung des Schlagtempos beim Wechsel von Takt 1 zu Takt 2 über die Notenwertumwandlung von Achtel-Triolen auf Sechzehntel-Triolen erzielt.

3. Wechsel der Tempoangabe, z.B. 𝅗𝅥 = 58 nach 𝅗𝅥 = 116 und zurück 𝅗𝅥 = 58.

▶ **Übung 416**: Der Taktnenner der 4/2-, 2/2- und 3/2- Takte bleibt gleich. Die Tempoverdopplung und -halbierung wird über die Tempoangaben für die Halben 𝅗𝅥 = 58, 𝅗𝅥 = 116 erreicht.

4. Kombination von Schlägen aus verdoppelnden und halbierenden Notenwerten innerhalb eines Taktes. Der Wechsel des Taktnenners ist als Sonderfall bereits in der Taktangabe angelegt.

▶ **Übung 417**: Die Tempoverdopplungen und -halbierungen werden innerhalb des Taktes durch 1/8 + 2/4 kombiniert.

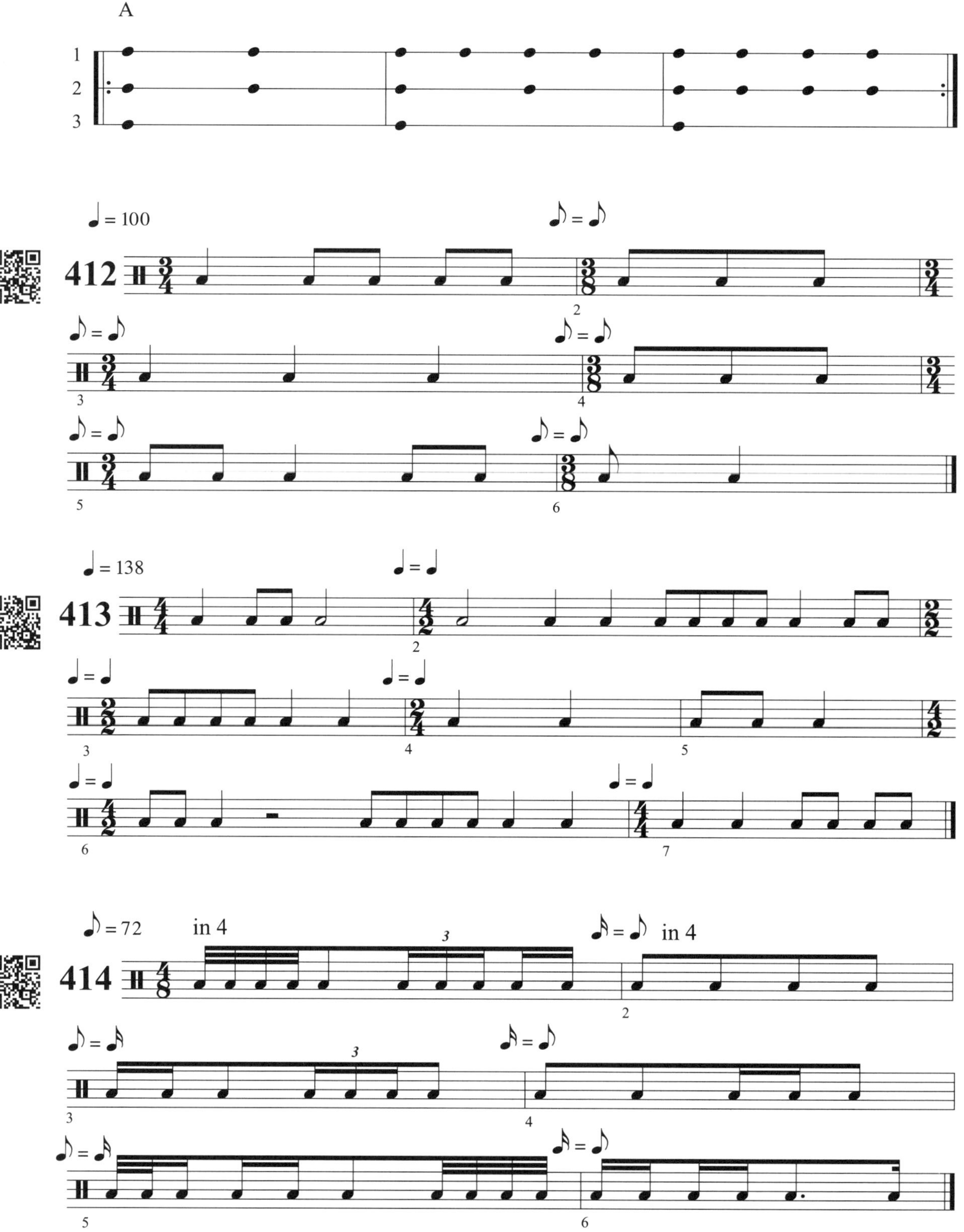
A
1
2
3
♩ = 100
♪ = ♪
412
2
♪ = ♪
3
4
♪ = ♪
5
6
♩ = 138
♩ = ♩
413
2
3
4
5
6
7
♪ = 72
in 4
in 4
414
2
3
4
5
6

415

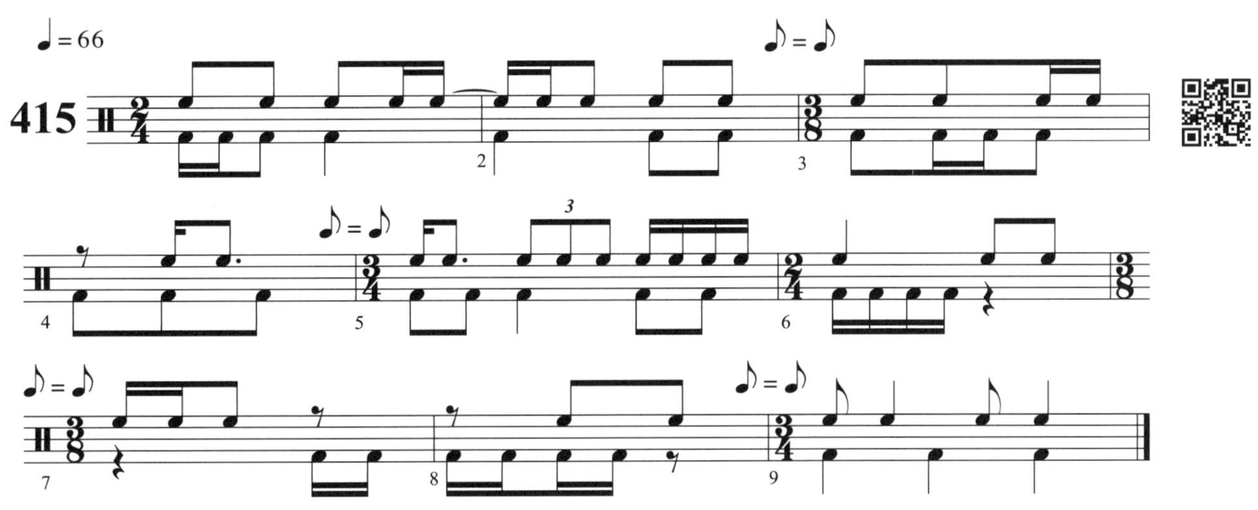

416

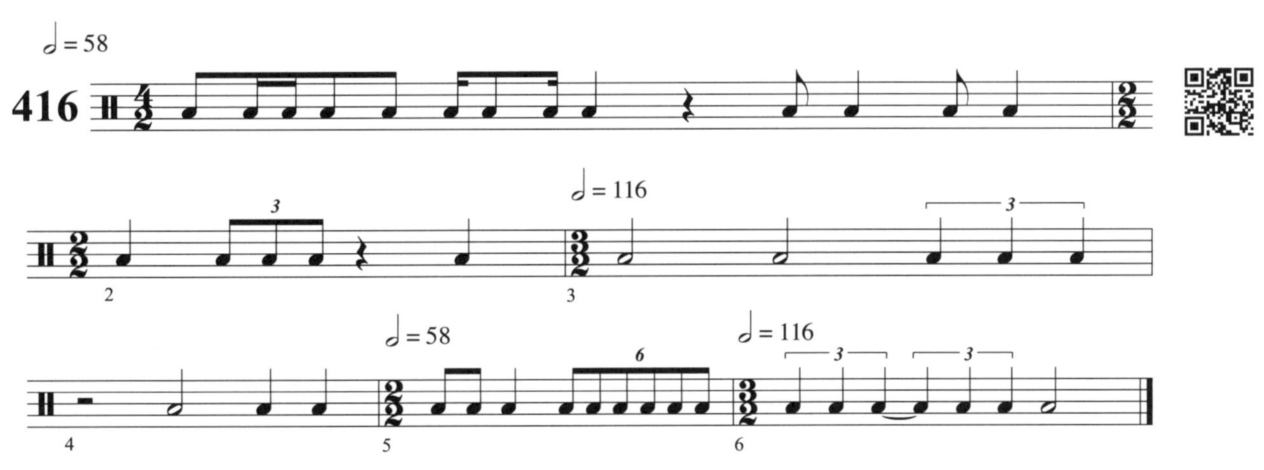

417

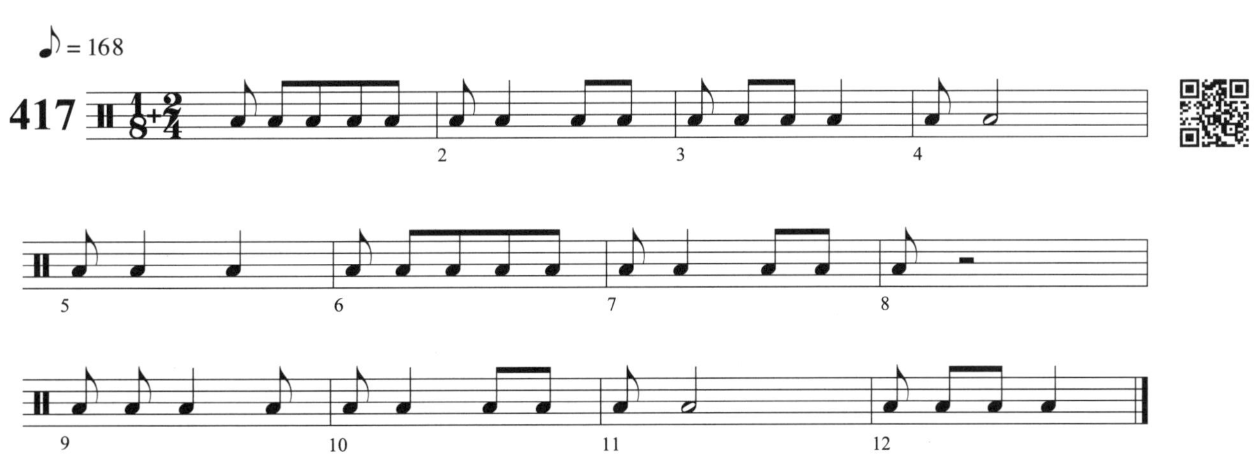

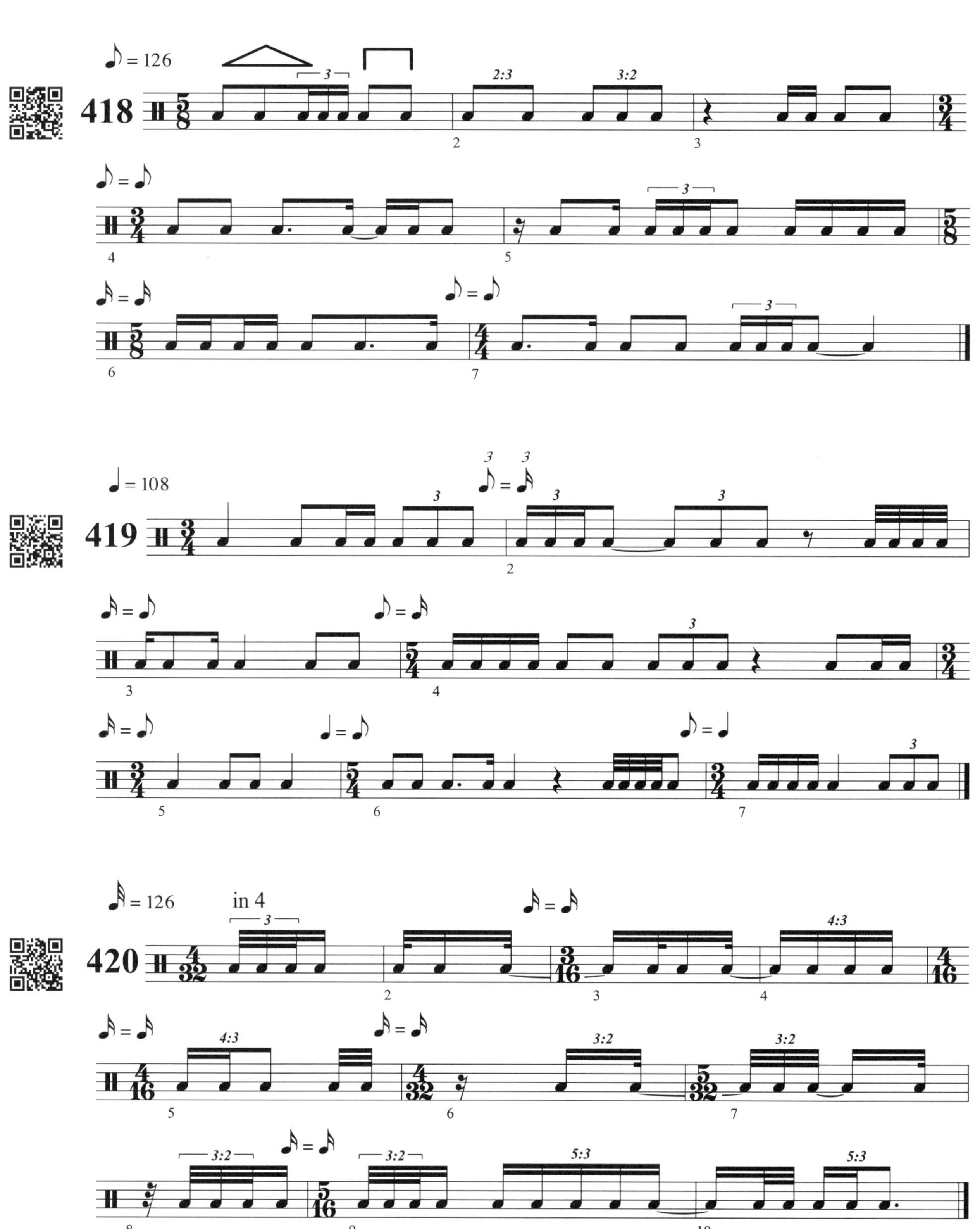
= 126
418
2:3
3:2
= 108
419
= 126
in 4
420
4:3
3:2
5:3

C3 Taktwechsel zwischen zwei- und dreiteiligen Rhythmen

Die Takt- und Tempowechsel zwischen 2- und 3-teiligen Rhythmen basieren darauf, dass zwischen den wechselnden Taktarten Notenwertumwandlungen wie ♩ = ♩., ♪ = ♪., 𝅗𝅥 = 𝅗𝅥. etc. gelten. Die Takt- und Tempowechsel erfolgen hier auf drei Arten:

1. Die Wechsel werden mit gleichbleibendem Schlagtempo ausgeführt.

► **Übungen 421, 422, 423, 424, 426, 427**: Die Taktarten wechseln mit Zähler und Nenner. Mit den Notenwertumwandlungen (z.B. ♩ = ♩. und ♩. = ♩) bleibt das Schlagtempo unverändert. Dies verlangt ein Umdenken beim Lesen ohne Veränderung des Schlagtempos.

2. Das Schlagtempo wechselt mit den Taktarten, so dass sich das Tempo um das Dreifache beschleunigt oder verlangsamt.

► **Übung 421**: Alternativ zu 1. oben, werden die 2/4-Takte – in 2 – und die 6/8-Takte – in 6 – geschlagen. Das Anfangstempo wird langsam genommen, damit die 6/8-Takte ausgeschlagen werden können.

► **Übung 422**: Die 9/16-, 12/16- und 6/16-Takte sind auszuschlagen, während die 3/8-, 4/8-, 2/8- und 3/8- Takte dreimal langsamer genommen werden. Das Tempo wird langsamer, einem machbaren Schlagtempo gemäß gewählt.

► **Übung 423**: Die 3/2- und 2/2- Takte werden in einem langsamen Tempo dirigiert. Der 6/4- und der 9/4- Takt werden ausgeschlagen. Die Quartolen im zweiten und vierten Takt bilden mit drei Taktschlägen den Konfliktrhythmus *4:3*.

► **Übungen 425, 428, 429**: Die Takt- und Tempowechsel werden den Schlaganweisungen entsprechend ausgeführt.

3. Die Schlagtempi wechseln zwischen additiven Rhythmen (z.B. 7er- und 5er-Takte) und gleichmäßigen Schlägen (z.B. 4/8-Takt). Die 3er-Metren bestimmen dabei maßgebend die Tempowechsel. Sie korrespondieren mit den Triolentempi der vorigen oder der nachfolgenden gleichmäßigen Takte.

► **Übung 429**: Alternativ zu oben können die 5/8-Takte auch in 2er- und 3er-Metren geschlagen werden.

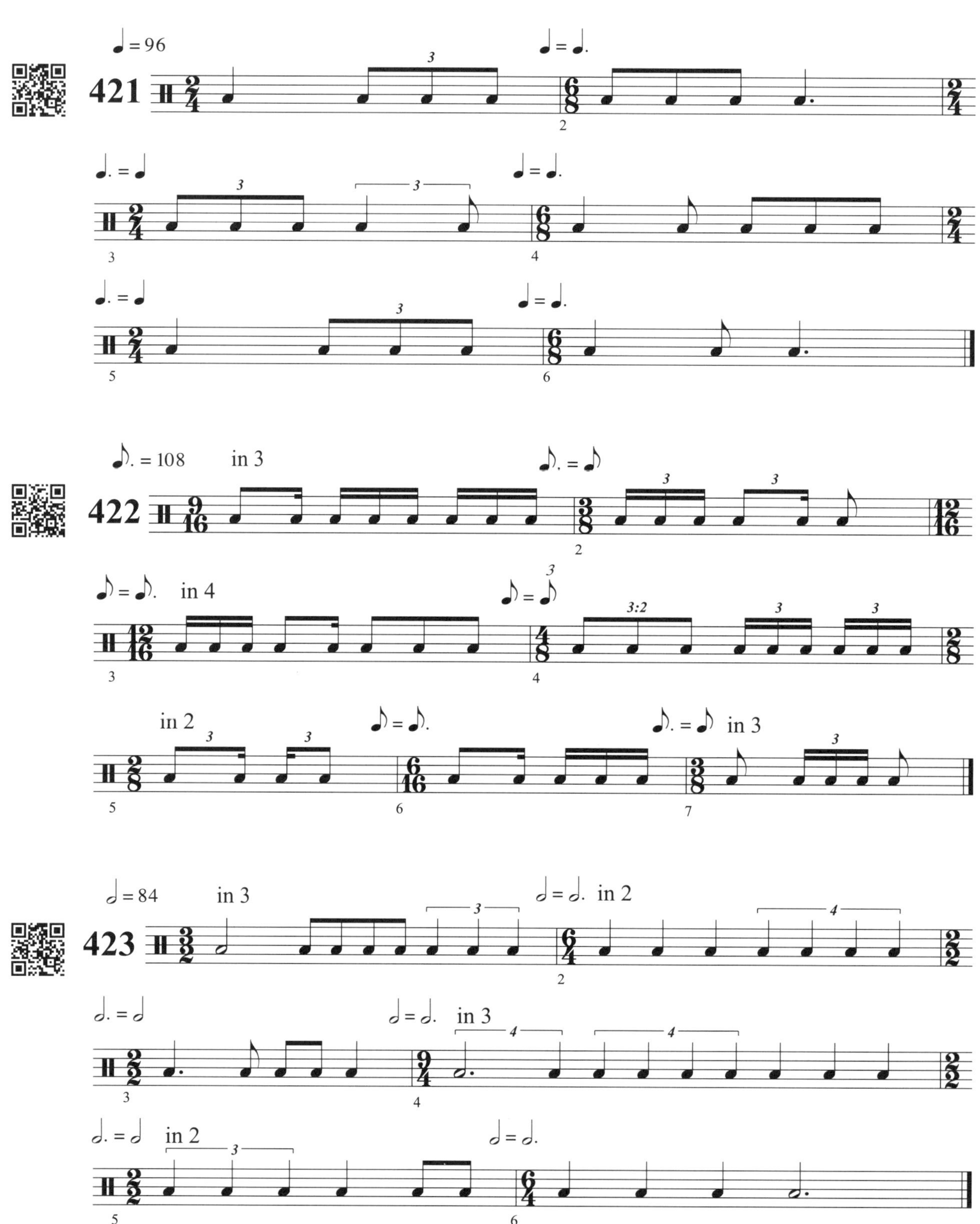
= 96
421
= 108
in 3
422
in 4
in 2
= 84
423
in 3
in 2

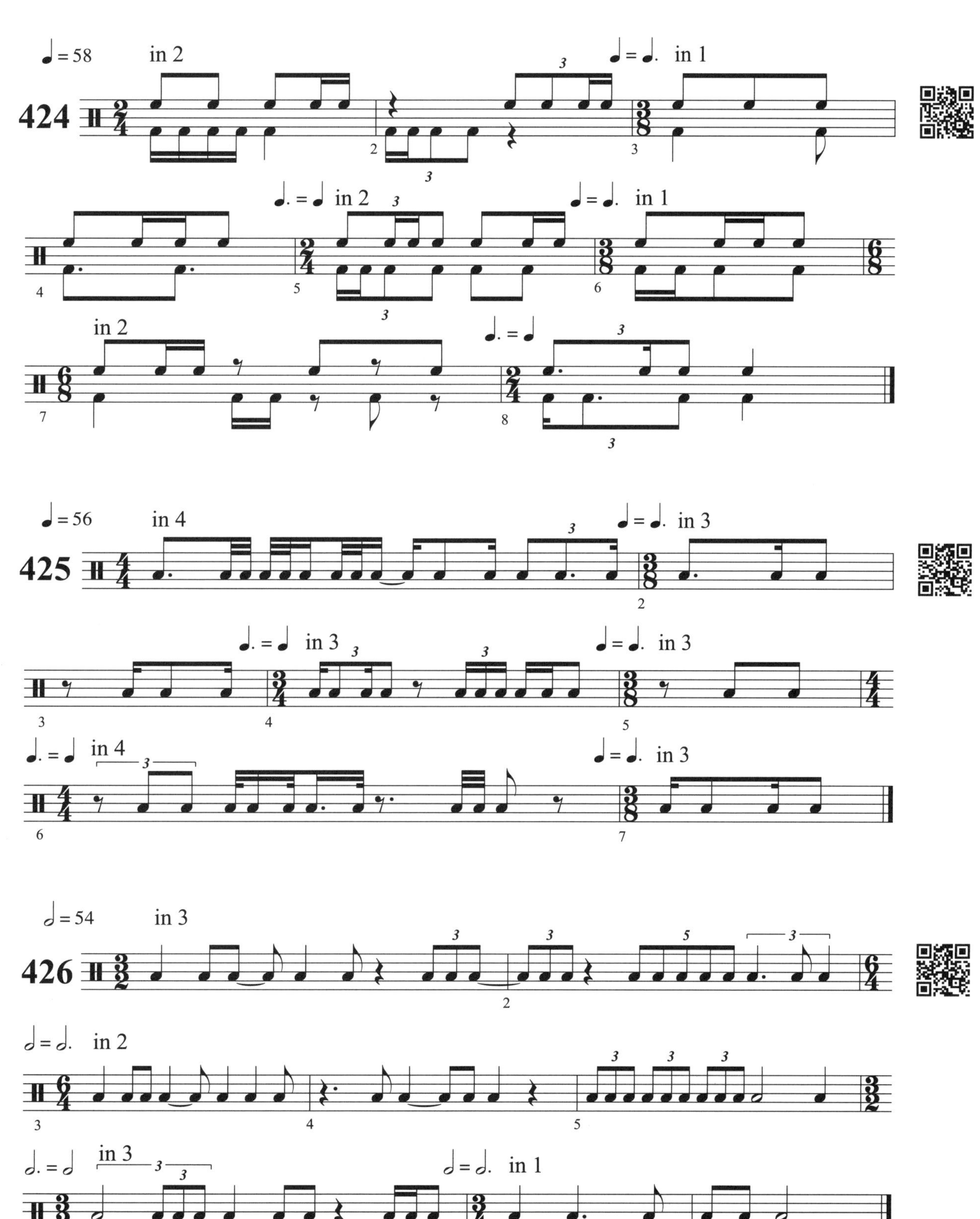
♩ = 58
in 2
424
♩ = ♩. in 1
♩. = ♩ in 2
♩ = ♩. in 1
in 2
♩. = ♩
♩ = 56
in 4
425
♩ = ♩. in 3
♩. = ♩ in 3
♩ = ♩. in 3
♩. = ♩ in 4
♩ = ♩. in 3
𝅗𝅥 = 54
in 3
426
𝅗𝅥 = 𝅗𝅥. in 2
𝅗𝅥. = 𝅗𝅥 in 3
𝅗𝅥 = 𝅗𝅥. in 1

taataa!

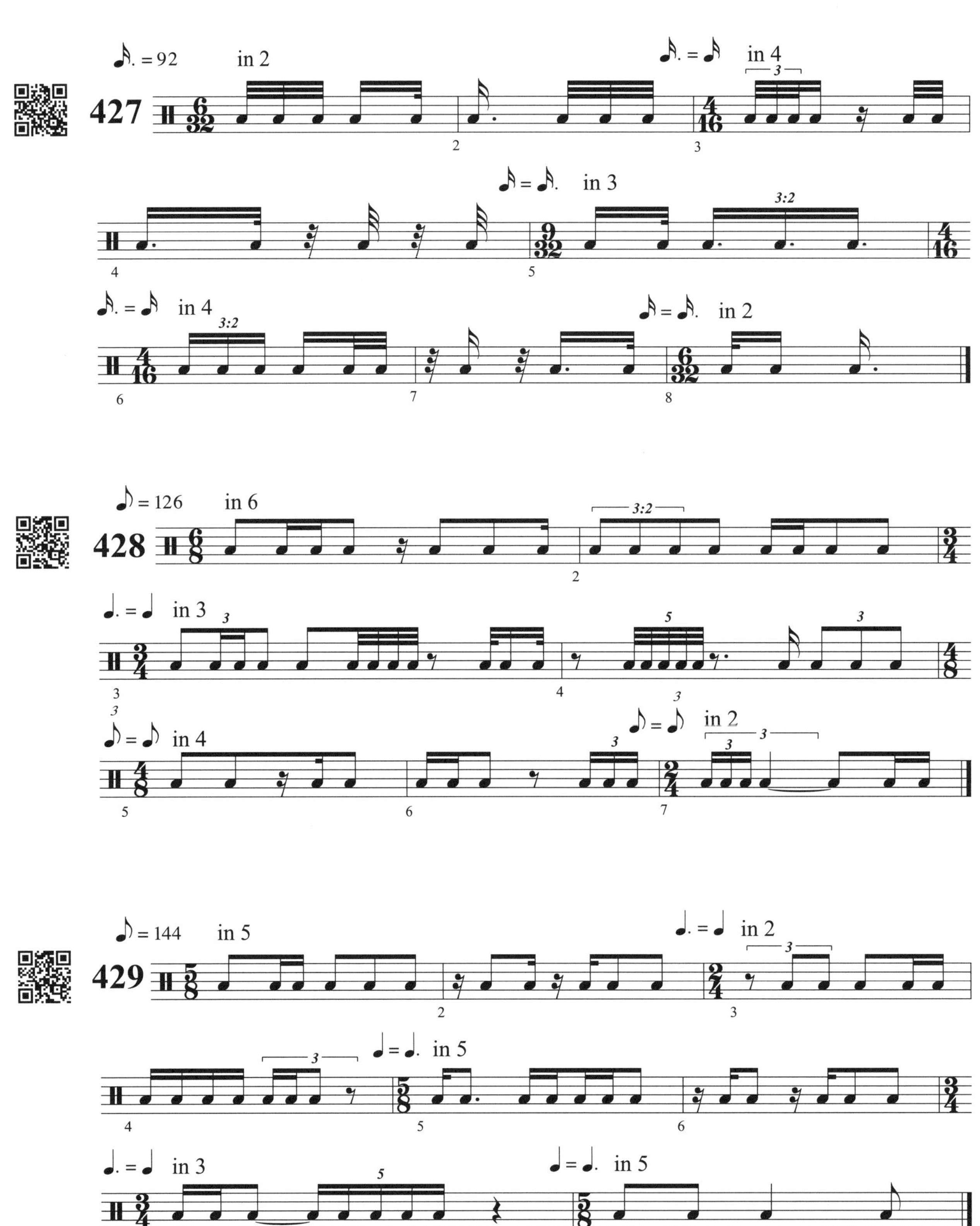
= 92 in 2
= in 4
427
= in 3
3:2
= in 4
3:2
= in 2
= 126 in 6
428
3:2
= in 3
= in 4
= in 2
= 144 in 5
429
= in 2
= in 5
= in 3
= in 5

C4 Takt- und Tempowechsel über Konfliktrhythmen und Tempomodulationen

In diesem Kapitel werden die Takt- und Tempowechsel durch Tempomodulationen verknüpft. Es wird vorausgesetzt, dass die Konfliktrhythmen aus Teil B mit ihren Basisrhythmen verstanden und weitgehend selbstverständlich beherrscht werden. Bei den Takt- und Tempowechseln über einen Konfliktrhythmus wird verlangt, dass ein altes Tempo im Schlag beibehalten wird, während ein neues Tempo mit gesungenem Gegenrhythmus in das Pulsgefühl übergeht. Der Wechsel zum neuen Tempo und der neue Schlag werden somit über das innere Hören vorbereitet.

Prüfe regelmäßig anhand der Hörbeispiele und Videosequenzen auf *www.taataa.net*, ob die Tempoübergänge richtig gelungen sind.

4.1. Takt- und Tempowechsel über 2:3 und 3:2

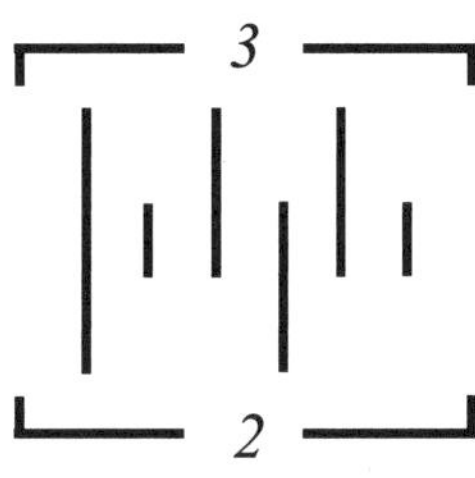

Rhythmusdiagramm *3:2*

Die Takt- und Tempowechsel (Tempomodulationen) über *2:3* und *3:2* können nur gelingen, wenn die große Triole und die Duole bereits problemlos beherrscht werden. Vergleichbar mit dem zweistimmigen Hören, wird einerseits der Takt geschlagen und andererseits ein gesungener Gegenrhythmus in ein neues Schlagtempo verwandelt.

► **Übung 430**: Die Tempomodulation von Takt 2 nach Takt 3 geschieht durch die Notenwertumwandlung ♩(3) = ♩, indem das Tempo der gesungenen Viertel-Triole ♩ = 156 (→ *Tempoberechnungen*, S. 32 ff.) in das Schlagtempo des 3/4-Takts überführt wird. Die Viertel-Duole führt mit ♩(2) = ♩ zurück in das Anfangstempo ♩ = 104. Es kommt also darauf an, über die Viertel-Triole in Takt 2 und die Notenwertumwandlung ♩(3) = ♩ das neue Schlagtempo im 3/4-Takt (Takt 3) zu finden. Über die Viertel-Duole in Takt 5 wird mit ♩(2) = ♩ in das Anfangstempo zurückmoduliert. Es sollte versucht werden, den Wechsel von Takt 5 zu Takt 6 auch über die Erinnerung an das Anfangstempo zu erreichen. Die Takte 1 und 8 haben den gleichen Rhythmus. Hebe beide Takte hervor und versuche in der Erinnerung zu prüfen, ob Takt 1 und 8 im gleichen Tempo klangen.

► **Übung 431**: In dieser zweistimmigen Übung wird das Tempo der Halbe-Duole 𝅗𝅥(2) = 96 (→ *Tempoberechnungen*, S. 32 ff.) mit 𝅗𝅥(2) = 𝅗𝅥 in die Halben des 2/2-Taktes umgewandelt. In Takt 4 wird über das Viertel-Tempo ♩ = 192 und die Vermehrung der Viertel-Gruppen von zwei auf drei Viertel in das neue Schlagtempo 𝅗𝅥. = 64 des 6/4-Taktes (Takt 5) und des 3/4-Taktes (Koordinationstakt 6) moduliert. Mit dem Tempo der Viertel-Duole (Takt 6), das mit ♩(2) = ♩ in die Viertel des 2/4-Taktes (Takte 7 und 8) übergeht, wird schließlich Tempo ♩ = 128 erreicht.

► **Übung 432**: Das Schlagtempo von Takt 1 und 2 ist mit ♩ = 90 angegeben. Das Tempo der Viertel-Duole ♩(2) = 60 geht in Takt 2 durch die Notenwertumwandlung ♩(2) = 𝅗𝅥 in das Schlagtempo der folgenden Halbe-Takte (Takt 3 und 4) über. Mit der Halbe-Triole in Takt 4, die im Tempo 𝅗𝅥(3) = 90 gesungen wird, moduliert das Schlagtempo wieder zum Anfangstempo im 3/4-Takt zurück. Versuche in der Erinnerung, die Takte 1 und 5–6 in Bezug auf das Tempo zu vergleichen. Durch den anschließenden Taktwechsel von 3/4 nach 6/8 (Takte 6 und 7) mit der Notenwertgleichsetzung ♪ = ♪ moduliert das Schlagtempo nach ♩. = 60, indem die Achtel-Gruppen von zwei auf drei vermehrt werden. Das Achtel-Tempo muss strikt beibehalten werden. Mit der Verdopplung des Notenwertes von punktierten Vierteln auf punktierte Achtel (Takt 9) wird mit ♪. = ♪ das Schlagtempo des 4/8-Takts (Takt 10) erreicht.

Übersicht über die Tempi und deren Berechnung in Übung 432 (→ *Tempoberechnungen*, S. 32 ff.).

Takt 1	♩			=	90
T. 2 →	3 ♩(2)	= 90	x 2 : 3	=	60
T. 4 →	5 𝅗𝅥(3)	= 60	x 3 : 2	=	90
T. 6 →	7 ♩.	= 90	x 2 : 3	=	60
T. 9 →	10 ♪.	= 60	x 2	=	120

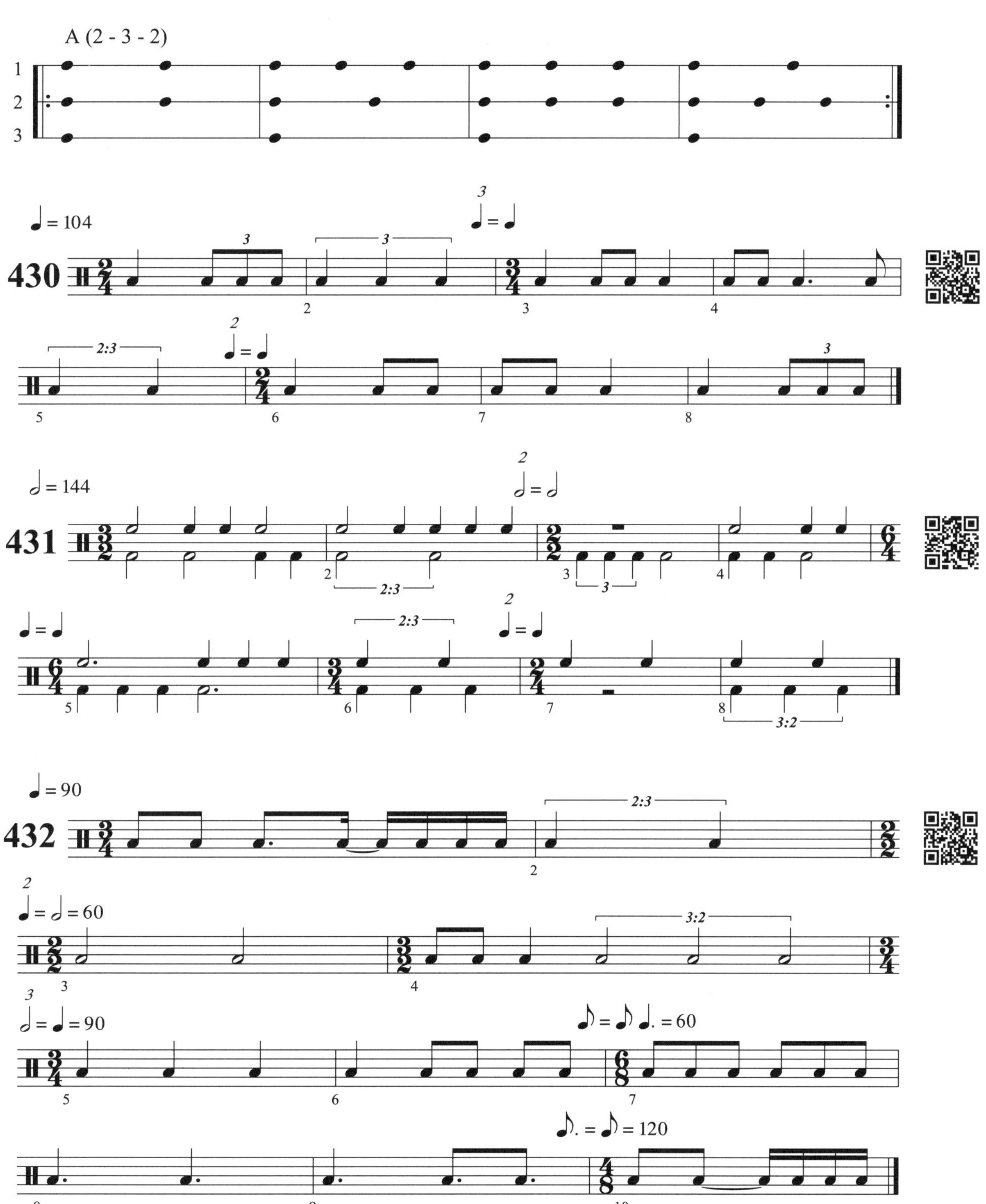
A (2 - 3 - 2)
1
2
3
430
431
432
2:3
3:2

4.2. Takt- und Tempowechsel über 3:4 und 4:3

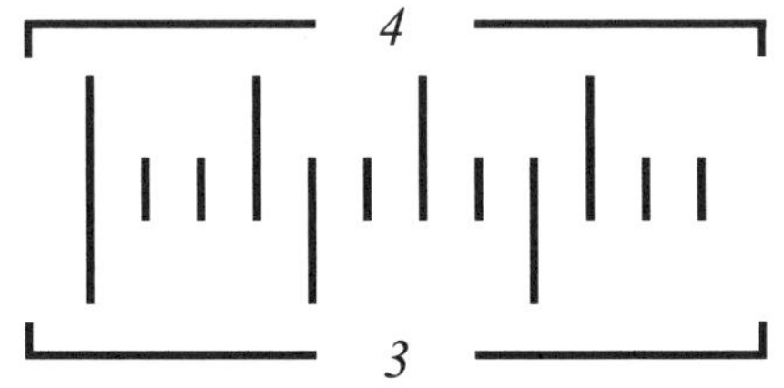

Rhythmusdiagramm 4:3

► **Übung 433**: Mit der Tempomodulation über die Viertel-Triole (Takt 2) in den 3/4-Takt (Takt 3) mit der Notenwertumwandlung ♩(3) = ♩ verlangsamt sich das Schlagtempo auf ♩ = 81 (→ *Tempoberechnungen*, S. 32 ff.). Zum Anfangstempo im 4/4-Takt (Takt 5) wird über die Viertel-Quartole mit der Notenwertumwandlung ♩(4) = ♩ zurückgefunden. Das Tempo der Achtel-Triolen ♪(3) = 324 auf dem dritten und vierten Schlag geht mit ♪(3) = 𝅘𝅥𝅯(3) in die Triolen-Sechzehntel von Takt 6 über. In diesem Falle bilden die Triolen-Sechzehntel den Basisrhythmus für den Konfliktrhythmus *3:4*. Das Tempo der Triolen-Sechzehntel 𝅘𝅥𝅯(3) = 324 wird strikt beibehalten. Mit der Notenwertumwandlung ♩(3) = ♩ und rhythmischer Vermehrung der Gruppen von drei auf vier Sechzehntel-Triolen wird das neue Schlagtempo ♩ = 81 (Takt 6, 7) erreicht. Mit dem 5/8-Takt am Schluss verdoppelt sich das Tempo durch die Gleichsetzung der Achtel.

► **Übung 434**: Das Tempo der Achtel-Triole in Takt 2 geht mit ♪(3) = ♪ in die Achtel des 3/8-Taktes (Takt 3) über. Der Taktwechsel in den 5/8-Takt bringt keine Tempoänderung mit sich. Erst durch die Achtel-Quartole in der Unterstimme (Takt 4) moduliert das Tempo mit ♪(4) = ♪ in den 4/8-Takt (Takt 5). Mit dem 5/16-Takt (Takt 6) verdoppelt sich das Tempo.

► **Übung 435**: Im Wechsel von Takt 3 zu Takt 4 wird das Tempo verdoppelt. Mit ♪ = ♪ wird das Achtel-Tempo als Schlagtempo in den 4/8-Takt (Takt 4) übernommen. Der Wechsel von Takt 6 zu 7 wird durch die Achtel-Triole eingeleitet. Mit ♪(3) = ♪ moduliert das Tempo ♪ = 114 in den 3/8-Takt (Takt 7). Durch die Beibehaltung des Sechzehntel-Tempos 𝅘𝅥𝅯 = 228 (Takt 8) und der rhythmischen Vermehrung der Sechzehntel-Gruppe von zwei auf drei Sechzehntel wird in das Anfangstempo ♪. = 76 zurückmoduliert. Durch die rhythmische Verringerung von drei auf zwei Sechzehntel wird über den 5/16-Takt mit der Phrasierung 3+2 (Koordinationstakt 10) das Tempo der Achtel in Takt 11 und 12 erreicht. Beim Wechsel vom 4/8-Takt (Takt 12) zum 2/4-Takt (Takt 13) wird das Schlagtempo der Viertel mit ♪ = ♪ halbiert.

Übersicht über die Tempi und deren Berechnung in Übung **435** (→ *Tempoberechnungen*, S. 32 ff.).

Takt 1	♩			=	76
T. 3 → 4	♪	= 76	x 2	=	152
T. 6 → 7	♪(3)	= 152	x 3 : 4	=	114
T. 8 → 9	♪.	= 114	x 2 : 3	=	76
T. 10 → 11	♪	= 76	x 3 : 2	=	114
T. 12 → 13	♪	= 114	: 2	=	57

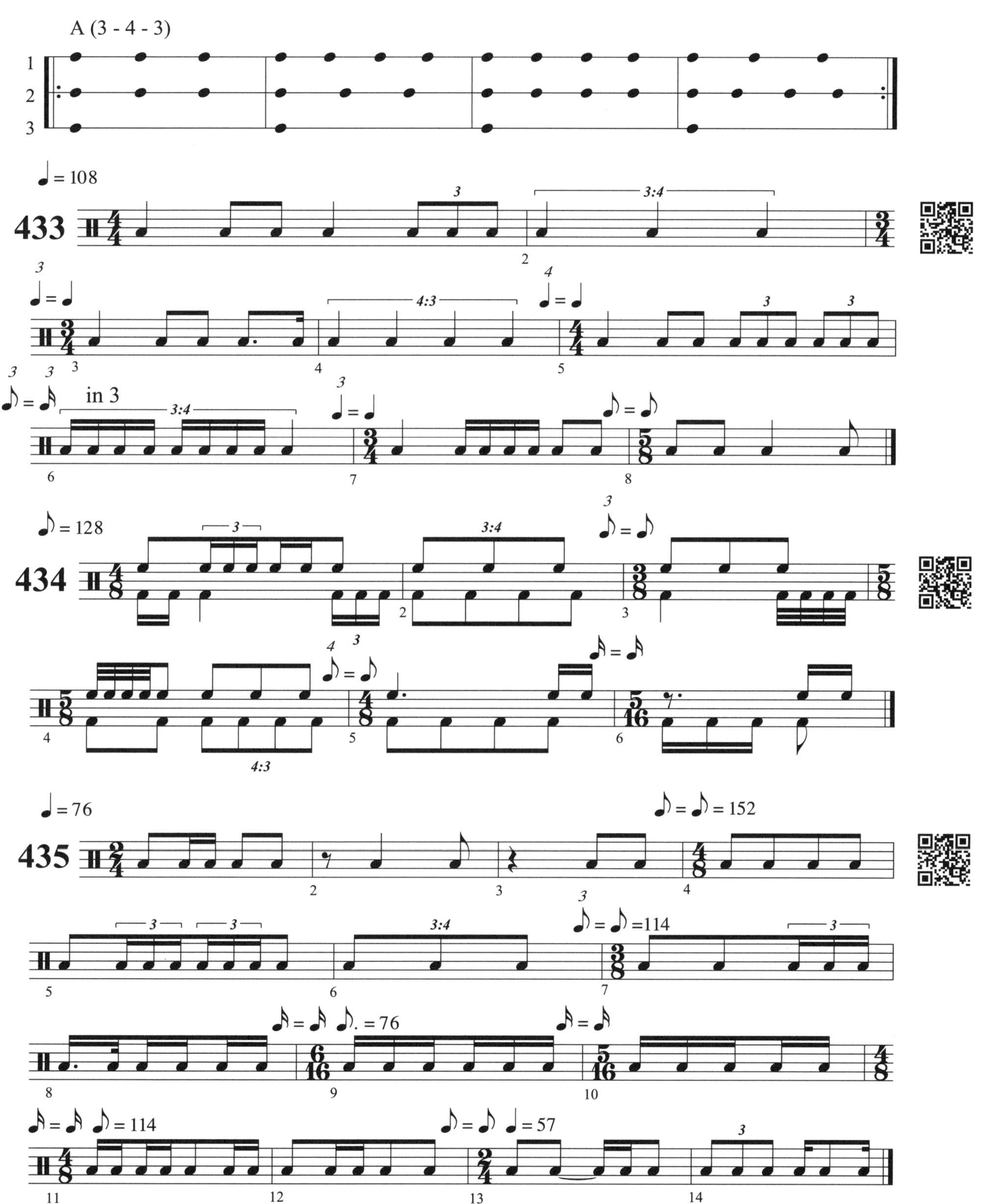
A (3 - 4 - 3)
1
2
3
♩ = 108
433
3
3:4
2
4:3
3
4
5
in 3
6
7
8
♪ = 128
434
3:4
4:3
4
5
6
♩ = 76
♪ = ♪ = 152
435
3:4
♪ = ♪ =114
5
6
7
♪. = 76
8
9
10
♪ = 114
♩ = 57
11
12
13
14

4.3. Takt- und Tempowechsel über 2:5 und 5:2

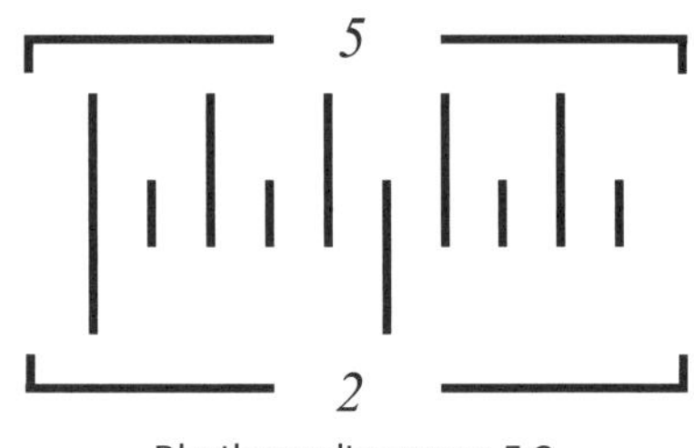

Rhythmusdiagramm 5:2

▶ **Übung 436**: Das Tempo der Achtel-Quintolen in Takt 2 ergibt sich aus der Halbierung der Sechzehntel-Quintolen in Takt 1. Mit der Notenwertumwandlung ♪(5) = ♪ geht das Tempo der Achtel-Quintolen in das Achtel-Tempo der ausgeschlagenen 5/8-Takte (Takte 3 bis 5) über. Takt und Tempo modulieren über die Viertel-Duole (Takt 5) mit ♩(2) = ♩ in den 2/4-Takt (Takt 6) zurück. Wieder geht über die Notenwertumwandlung ♪(5) = ♪ das Tempo der Achtel-Quintole (Takt 7) auf das Achtel-Tempo diesmal des 3/8-Taktes (Takt 8) und des 4/8-Taktes (Takt 9) über. Prüfe in der Erinnerung, ob das Tempo der Takte 1 und 2 mit den Takten 6 und 7 identisch war. Prüfe auch, ob die Tempi der Sechzehntel- und Achtel-Quintolen identisch waren.

▶ **Übung 437**: Über die Achtel-Duole (Takt 2) moduliert mit der Notenwertumwandlung ♪(2) = ♪ das Anfangstempo in den 2/8-Takt (Takt 3). In Takt 3 wird auf dem zweiten Schlag mit den Sechzehntel-Triolen die rhythmische Basis für die Achtel-Triole in Takt 4 gelegt. Der 2er-Schlag bleibt unverändert, so dass das Tempo der Sechzehntel-Quintolen in Takt 6 sowohl als Temposprung als auch über die Erinnerung an die Sechzehntel der Takte 1 und 2 erreicht werden kann.

▶ **Übung 438**: Die Takte 1 und 2 werden – in 2 – geschlagen. Der Quintolen-Rhythmus auf dem zweiten Schlag von Takt 2 wird mit der Notenwertumwandlung ♪(5) = ♪ als neues Schlagtempo des 5/8-Taktes (– in 1 –) (Takt 3) übernommen. Durch den Taktwechsel in den 2/4-Takt (Takt 5) und die Notenwertgleichsetzung ♪ = ♪ mit dem Achtel-Tempo ♪ = 210 entsteht das Schlagtempo ♩ = 105. Im Wechsel zum 3/8-Takt (Koordinationstakt 6) werden die Achtel-Gruppen von vier auf drei Achtel verringert und über die Notenwertumwandlung ♩. = ♩ wird das Schlagtempo von ♩. = 70 im 4/4-Takt (Takt 7) erreicht. Diese Tempowechsel können nur gelingen, wenn das Achtel-Tempo mit ♪ = 210 strikt beibehalten wird. Über das Tempo der Achtel-Quintole (Takt 7) wird mit ♪(5) = ♪ das Schlagtempo ♪ = 175 des 5/8-Taktes (Takt 8) erreicht. Über die Viertel-Duole in Takt 9 wird mit ♩(2) = ♩ zurück nach Tempo ♩ = 70 im 2/4-Takt (Takte 10 und 11) moduliert. Prüfe in der Erinnerung, ob die Takte 6, 7, 10 und 11 das gleiche Tempo hatten.

Übersicht über die Tempi und deren Berechnung in Übung 438 (→ *Tempoberechnungen*, S. 32 ff.).

Takt 1	𝅗𝅥		=	42
T. 2 → 3	♪(5) = 42	x 5	=	210
T. 4 → 5	♩ = 210	: 2	=	105
T. 6, 7	♩. = 210	: 3	=	70
T. 7 → 8	♪(5) = 70	x 5 : 2	=	175 (*5:4* notiert, *5:2* berechnet)
T. 9 → 10, 11	𝅗𝅥(2) = 175	x 2 : 5	=	70

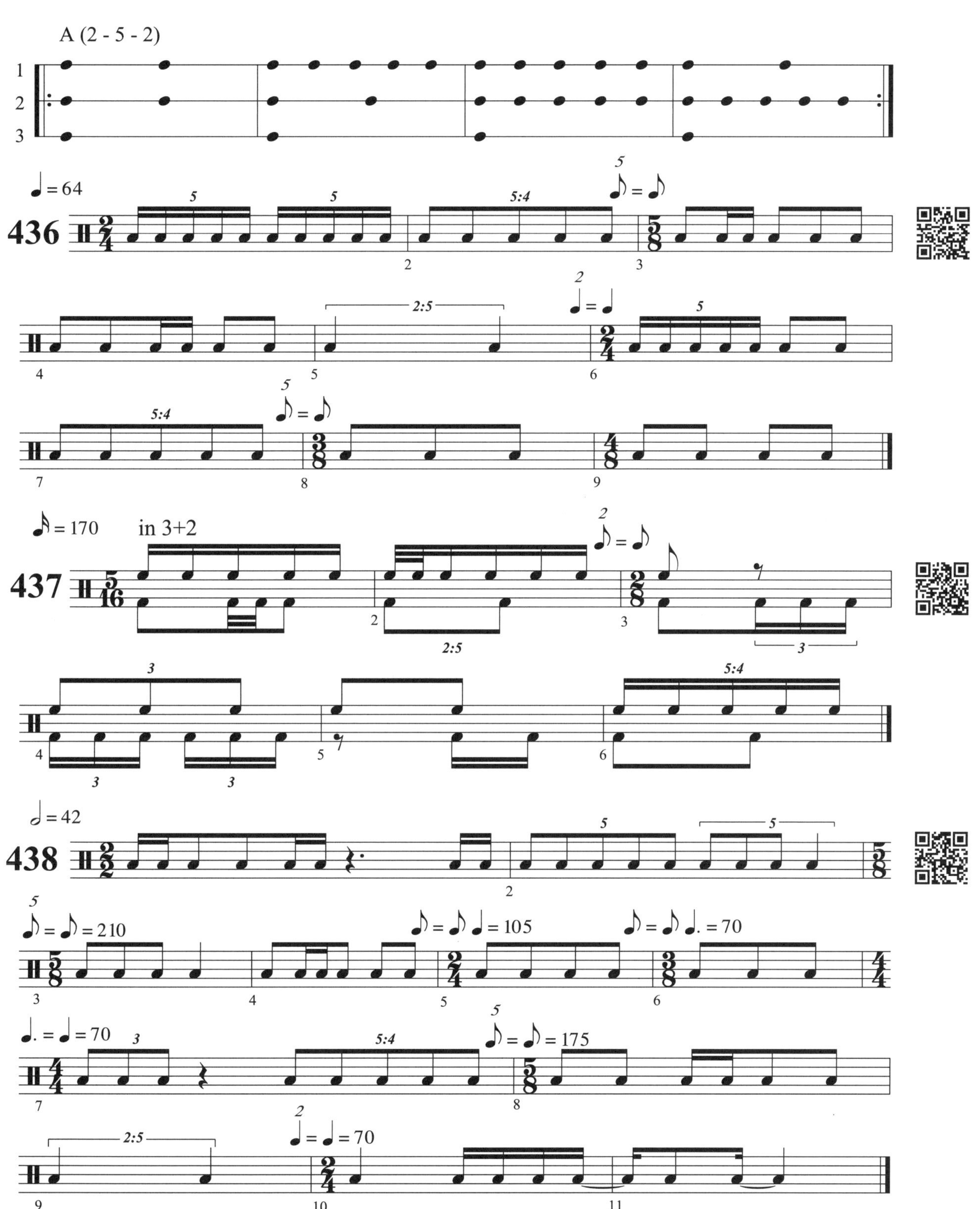
A (2 - 5 - 2)
1
2
3
= 64
436
5
5
5:4
in 3+2
= 170
437
2:5
3
5:4
= 42
438
= 210
= 105
= 70
= 175
2:5
2
= 70

taatáa!

4.4. Takt- und Tempowechsel über 3:5 und 5:3

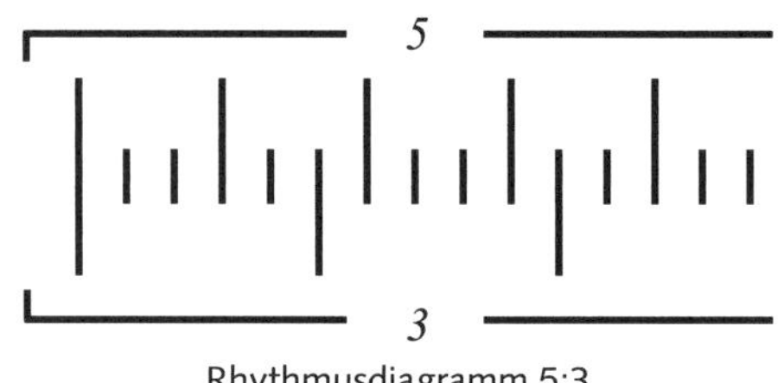

Rhythmusdiagramm 5:3

► **Übung 439**: Die Viertel-Quintole in Takt 2 muss aufgrund des schnellen Schlagtempos ♩ = 96 auf Anhieb ohne Sechzehntel-Quintolen als Basisrhythmus (→ *Basisrhythmus*, S. 13) gelingen. Das Tempo der Viertel-Quintole moduliert mithilfe der Notenwertumwandlung $\overset{5}{♩}$ = ♩ in das Schlagtempo des 5/4-Taktes (Takt 3). In Takt 4 wird über die Achtel-Triolen auf dem zweiten und vierten Schlag der Basisrhythmus für die Viertel-Triole in Takt 5 angedeutet. Das Tempo der Viertel-Triole moduliert mit $\overset{3}{♩}$ = ♩ in das Schlagtempo des 3/4-Taktes (Takt 6) zurück. Prüfe, ob das Tempo und der Rhythmus von Takt 1 und Takt 6 identisch waren. Konnte über die metrischen Modulationen (Takte 5 und 6) das Anfangstempo wieder gefunden werden?

► **Übung 440**: Durch die Viertel-Triolen in Takt 1 und Takt 2 wird der Basisrhythmus für die Halbe-Triole gegen den 5/2-Takt (Takt 3) vorbereitet. Mit der Halbe-Triole wird mit der Notenwertumwandlung $\overset{3}{𝅗𝅥}$ = 𝅗𝅥 in das Tempo des 3/2-Takts (Takt 4) moduliert. Die Achtel-Quintolen bereiten die rhythmische Basis für die Halbe-Quintole gegen den 3/2-Takt (Takt 5) vor. Aus der Halbe-Quintole wird mit der Notenwertumwandlung $\overset{5}{𝅗𝅥}$ = 𝅗𝅥 in das Tempo des 4/2-Taktes (Takt 6) zurückmoduliert.

► **Übung 441**: Die Zweiunddreißigstel-Triolen in Takt 3 deuten den Basisrhythmus der Sechzehntel-Triole (Takt 4) an. Über die Sechzehntel-Triole moduliert das Tempo mit $\overset{3}{𝅘𝅥𝅯}$ = ♪ nach ♪ = 72 in den 3/8-Takt (Takt 5). In Takt 7 wird über das Tempo der Sechzehntel-Triolen mit ♪ = ♪. in die Sechzehntel von Takt 8 übertragen. Durch die Verringerung der Sechzehntel-Gruppen von drei auf zwei Sechzehntel (Koordinationstakt 10) wird in das neue Schlagtempo ♪ = 108 moduliert. Über die Achtel-Quintole in Takt 13 moduliert das Tempo mit $\overset{5}{♪}$ = ♪ nach ♪ = 180 in den 5/8-Takt (letzter Takt).

Übersicht über die Tempi und deren Berechnung in Übung 441 (→ *Tempoberechnungen*, S. 32 ff.).

Takt 1	𝅘𝅥𝅯			= 120
T. 4 → 5	$\overset{3}{𝅘𝅥𝅯}$	= 120	x 3 : 5	= 72
T. 9 → 10	♪	= 72	x 3 : 2	= 108
T. 13 → 14	$\overset{5}{♪}$	= 108	x 5 : 3	= 180

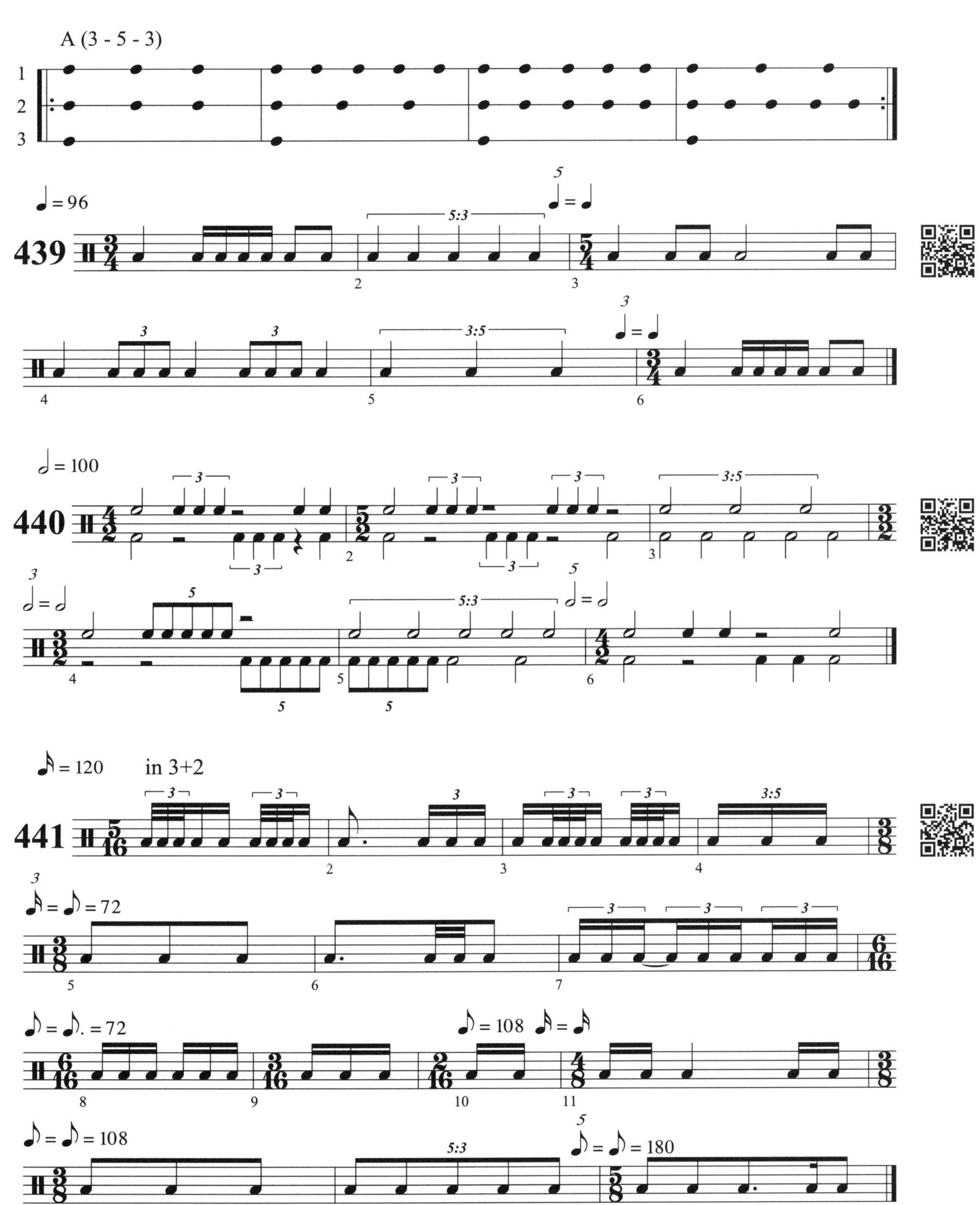
A (3 - 5 - 3)
1
2
3
439
♩ = 96
5:3
♩ = ♩
3:5
440
𝅗𝅥 = 100
3:5
5:3
441
𝅘𝅥𝅯 = 120 in 3+2
3:5
𝅘𝅥𝅮 = 𝅘𝅥𝅮 = 72
𝅘𝅥𝅮 = 𝅘𝅥𝅮. = 72
𝅘𝅥𝅮 = 108 𝅘𝅥𝅯 = 𝅘𝅥𝅯
𝅘𝅥𝅮 = 𝅘𝅥𝅮 = 108
5:3
𝅘𝅥𝅮 = 𝅘𝅥𝅮 = 180

4.5. Takt- und Tempowechsel über 4:5 und 5:4

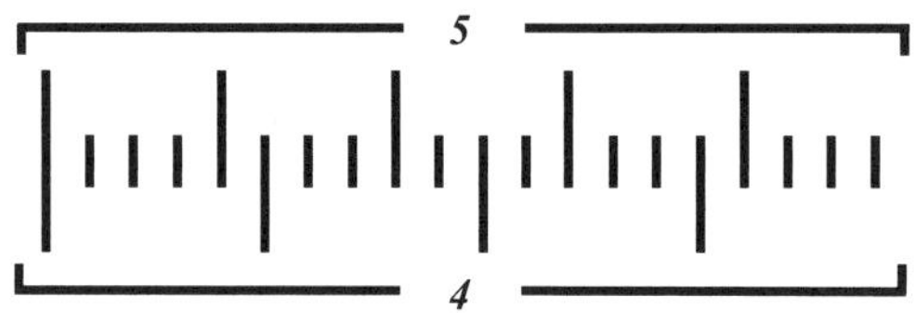

Rhythmusdiagramm 5:4

▶ **Übung 442**: Durch die Rhythmisierung des ersten Taktes wird der Basisrhythmus (→ *Basisrhythmus*, S. 13) für die Viertel-Quartole in Takt 2 angedeutet. Über die Viertel-Quartole moduliert das Tempo mit der Notenwertumwandlung ♩(4) = ♩ in den 4/4-Takt. Über die Sechzehntel-Quintolen (Takt 3) soll die Viertel-Quintole in Takt 4 gefunden werden, die die Tempomodulation mit ♩(5) = ♩ zum 5/4-Takt (Takt 5) einleitet. Die Sechzehntel in Takt 5 haben in dieser Notation dasselbe Tempo wie die Sechzehntel-Quintolen in Takt 6. Wenn dieses Tempo nicht schwankt, kann durch Weiterführen der Sechzehntel-Quintole als Sechzehntel der Basisrhythmus für die Viertel-Quartole entstehen. Der 5er-Taktschlag in Takt 6 muss beibehalten werden. Vergleiche diese rhythmischen Wendungen mit dem Rhythmusdiagramm.

▶ **Übung 443**: Aus den Halbe-Quartolen in der Oberstimme (Takt 3) soll mit 𝅗𝅥(4) = 𝅗𝅥 das Tempo des 4/2-Takts (Takt 4) hervorgehen. Das Tempo ist zu schnell, um einen Basisrhythmus zu unterlegen. Daher ist es wichtig, die Konfliktrhythmen *4:5* und *5:4* ausreichend anhand von Kapitel B5 vorzubereiten.

▶ **Übung 444**: Aus dem Sechzehntel-Tempo in Takt 1 und 2 entsteht durch die Vermehrung der Sechzehntel-Gruppen von vier auf fünf Sechzehntel das Schlagtempo ♩ = 64 des 5/16-Takts (– in 1 –) (Takt 3). Mit 𝅘𝅥𝅯 = 𝅘𝅥𝅯(5) wird das Sechzehntel-Tempo in das Tempo der Sechzehntel-Quintolen umgewandelt und das Schlagtempo ♩ = 64 im 1/4-Takt (Takte 4 und 5) erreicht. Das Sechzehntel-Tempo in Takt 5 wird mit der Notenwertgleichsetzung 𝅘𝅥𝅯 = 𝅘𝅥𝅯 nach Takt 6 übernommen. Durch die Verringerung um ein Sechzehntel beschleunigt sich das Schlagtempo auf ♪. = 85,3 (Koordinationstakt), welches mit ♪. = ♪ auf das Schlagtempo der 4/8-Takte (Takte 7 und 8) übergeht. Über die Achtel-Quintole (Takt 8) moduliert das Tempo ♪ = 106,6 zu den Achtel-Schlägen der folgenden 5/8-, 6/8- und 7/8-Takte.

Übersicht über die Tempi und deren Berechnung in Übung 444 (→ *Tempoberechnungen*, S. 32 ff.).

Takt 1	♩	=	80			
T. 3 – 4	♩	=	80	x 4 : 5	=	64
T. 5	♩	=	64	x 4	=	256
T. 6 – 7	♪.	=	256	: 3	=	85,3
T. 8 – 9	♪(5)	=	85,33	x 5 : 4	=	106,6

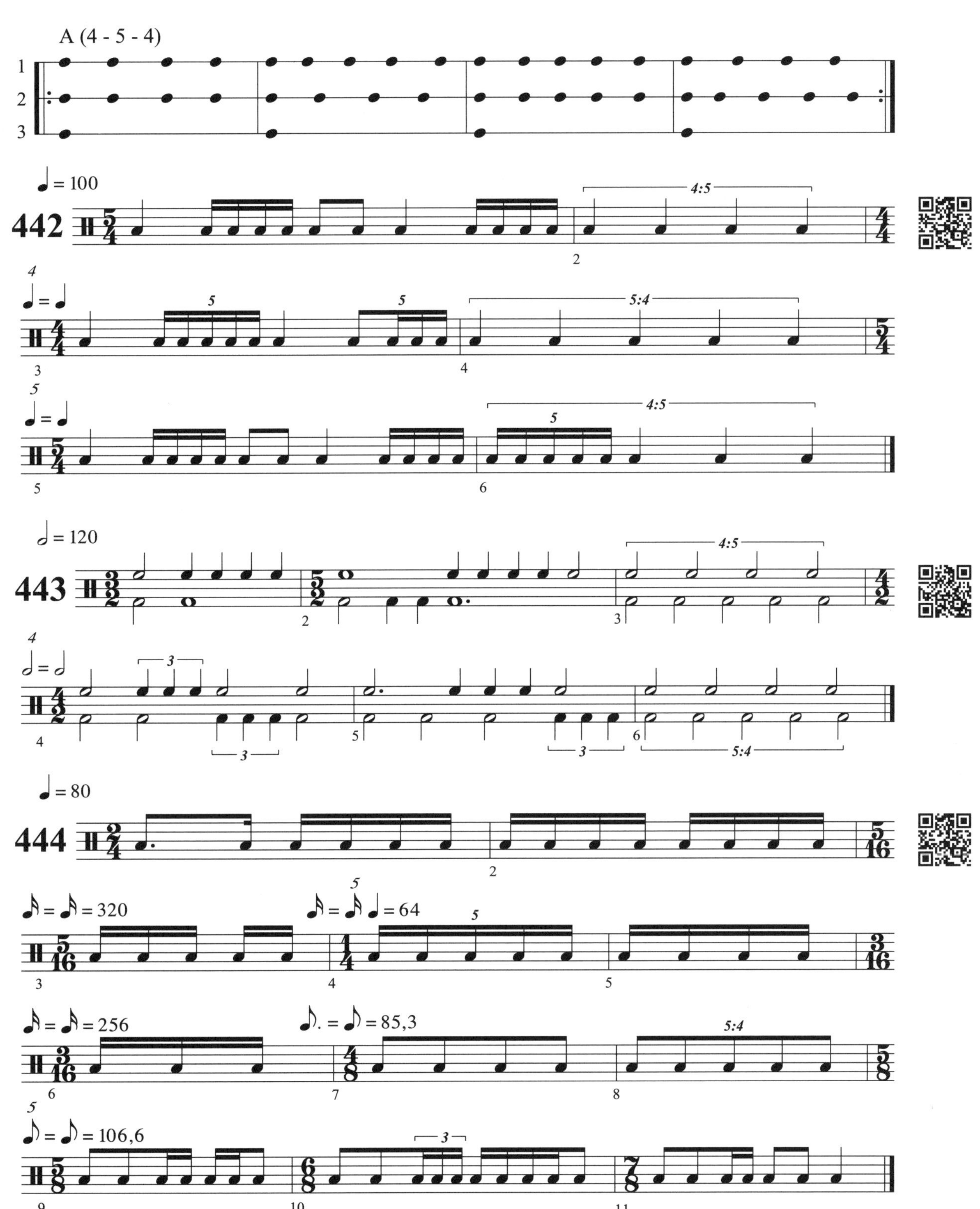
A (4 - 5 - 4)
1
2
3
♩ = 100
442
4:5
4
♩ = ♩
5
5
5:4
5
♩ = ♩
4:5
5
𝅗𝅥 = 120
443
4:5
4
𝅗𝅥 = 𝅗𝅥
3
3
3
5:4
♩ = 80
444
𝅘𝅥𝅯 = 𝅘𝅥𝅯 = 320
5
𝅘𝅥𝅯 = 𝅘𝅥𝅯 ♩ = 64
5
𝅘𝅥𝅯 = 𝅘𝅥𝅯 = 256
𝅘𝅥𝅮. = 𝅘𝅥𝅮 = 85,3
5:4
5
𝅘𝅥𝅮 = 𝅘𝅥𝅮 = 106,6
3

taataa!

Glossar

Ableitungsverhältnis
Ableitungsverhältnis zwischen X-tolen und Grundnotenwerten:
– Ableitung in **Überzahl**: mehr X-tolen als Grundnotenwerte notiert.
– Ableitung in **Unterzahl**: weniger X-tolen als Grundnotenwerte notiert.
Das Ableitungsverhältnis wird durch den Notenwert und die Proportionsangabe angezeigt.

Akzentstufentakt
Metrische Struktur / Betonungsordnung im Takt, z.B. im 4/4-Takt schwer – leicht – halbschwer – leicht. Verwendet v. a. in der Musik des 17. und 18. Jahrhunderts. Die Begriffe „Takt" und „Metrum" verschwimmen.

Basisrhythmus
Rhythmische Ebene zwischen Schlag und rhythmischer Unterteilung.

Gegenrhythmus / Gegenschlag
Rhythmisches Spannungsfeld gegen einen Schlagrhythmus.

Grundnotenwert
Alle Notenwerte aus dem verdoppelnden (multiplikativ) oder halbierenden (divisiv) Prinzip (Ganze, Halbe, Viertel, Achtel, Sechzehntel, etc.).

Gruppierung
Gliederung in Gruppen bei höhergradiger rhythmischer Unterteilung, z.B. 5-teilige Rhythmen (2+3) oder (3+2). Diese Gruppierungen werden im Buch als Lernhinweis in Klammern über den Noten angezeigt. In der Literatur ergibt sich die Gruppierung aus dem Tonhöhenverlauf, der Balkierung und der Artikulation.

Hemiole
„Unter einer Hemiole versteht man die Vertauschung der Gruppierung 3+3 mit 2+2+2, also der Zählung 123123 mit 121212."[1]

Komplementäre Rhythmen
Verzahnung mehrerer Stimmen in einem rhythmischen Raster aus demselben Notenwert oder aus aneinander gereihten Motiven. Die einzelnen Stimmen bilden dabei rhythmisch und melodisch eigene Bewegungen.

Konfliktrhythmus
Asynchrone Überlagerung verschiedener Rhythmen, (z.B. *5:3*).
Rhythmischer Konflikt zwischen Taktschlag und Gegenrhythmus / Gegenschlag.
Notierung je nach Taktart in X-tolen, Punktierungen und Grundnotenwerten.

Metrum
In der Geschichte hat der Begriff „Metrum" verschiedene Definitionen erfahren. Im vorliegenden Lehrbuch wird „Metrum" immer in der Bedeutung von akzentuierten kleinen Zeiteinheiten, den Kleinstpulsen, z. B. 2er- und 3er-Metren, verwendet.

Notenwertgleichsetzung,
z.B. „Achtel gleich Achtel"

Notenwertumwandlung,
z.B. „Viertel wird zu punktierter Viertel"

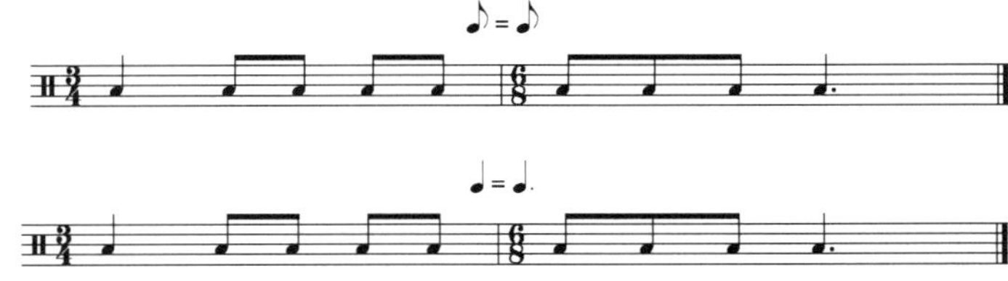

Phrasierung / Taktphrasierung
Gestalten von schweren und leichten Taktteilen als
– Akzentabstufung einzelner Taktteile oder
– dynamisch fließende Welle (d.h. Crescendo- und Decrescendo-Phrasierung von Motiven).
Phrasierung berücksichtigt immer auch den Tonhöhenverlauf und die Artikulation.

1 Carl Dahlhaus, „Was ist musikalischer Rhythmus?", in: *Probleme des musiktheoretischen Unterrichts*, Berlin (Merseburger) 1967, Bd. 7, S. 21.

Polyrhythmen
Überlagerung verschiedener musikalischer Bewegungen über einen kurzen oder längeren Zeitraum.

Polymetrik
Überlagerung metrisch betonter Motive oder Figuren, die in ständiger Wiederholung und unterschiedlicher Länge gegeneinander geschichtete Bewegungen erzeugen.

Proportionsangabe
Bei der Notation von X-tolen wird das Ableitungsverhältnis zu Grundnotenwerten durch den Notenwert und die Proportionsangabe angezeigt. Sie wird durch eine Ziffer, z. B. *7*, oder ein Zahlenverhältnis, z. B. *7:8*, dargestellt.

Puls
Der musikalische **Puls** ist die Grundlage, auf der Rhythmen ausgeführt und gehört werden.
In der **Pulsunterteilung** besteht der Puls aus ein- bzw. mehreren Teilen. Es handelt sich z. B. um einen 4-teiligen Puls oder einen „Sechzehntel-Puls".
Ein **Kleinstpuls** setzt sich aus kleinen Zeiteinheiten zusammen, aus denen additive Rhythmen gebildet werden.

Rhythmus
Rhythmus bildet sich u.a.
- als **rhythmische Unterteilung** des Schlages, rhythmisches Raster (**divisiv**) (ein- bis mehrteiliger Rhythmus, z. B. 4-teiliger Rhythmus oder Sechzehntel-Rhythmus)
- über mehrere Schläge (**multiplikativ**)
- in der Zusammensetzung aus kleinen Zeiteinheiten (**additiv**). z. B. 5/16-Takt 2+3

Schlag
Der Schlag ist der sichtbar oder hörbar gewordene Puls. Er kann sich in der Schlagbewegung des Dirigats äußern.

Schlagverhältnis
Ein Schlagverhältnis entsteht aus der musikalisch-praktischen Umsetzung von Konfliktrhythmen.
Wichtige Kriterien: Tempo, Konfliktrhythmus im Schlag oder gegen den Schlag. Das Schlagverhältnis kennzeichnet auch unabhängig von der Notationsweise das Verhältnis unterschiedlicher Schlagzahlen, z. B. *3:2*.

Synkope
Akzentverschiebung im Takt, bei der ein betonter Taktteil an den vorausgehenden unbetonten Taktteil angebunden oder durch eine Pause ersetzt wird.

Taktnenner, Taktzähler
Die Taktangabe besteht aus einem Taktnenner und einem Taktzähler:
- Taktnenner = Notenwert / untere Zahl
- Taktzähler = Anzahl der entsprechenden Notenwerte im Takt / obere Zahl

Tempo
Tempo ist die Geschwindigkeit der Ereignisse in der Zeit.
Das **Schlagtempo** wird durch eine Tempoangabe zugewiesen z. B. ♩ = 110.

Tempounterteilung
Tempowert auf einer schnelleren Unterteilungsebene als das Schlagtempo.

Tempomodulation / metrische Modulation
Wechsel des Schlagtempos über eine konstante und hörbare Tempounterteilung vor und nach dem Taktwechsel.
Es werden drei Arten unterschieden:
1. Tempomodulation durch rhythmische Vermehrung oder Verringerung einer Gruppierung
2. Tempomodulation durch Notenwertumwandlung
3. Tempomodulation durch Kombinationen aus 1. und 2.

X-tole
Erweiterung der Teilungsmöglichkeiten der Grundnotenwerte, d.h. nicht nur halbierende oder verdoppelnde Teilung. Ableitung in **Über-** oder **Unterzahl** von Grundnotenwerten und Kennzeichnung durch eine Proportionsangabe wie *5*, *5:3*, *5 statt 4*, etc. Dadurch bleibt die Orientierung im Takt, der exakt durch Grundnotenwerte ausgefüllt sein muss, bestehen.

Verzeichnis der Notenbeispiele

Bach, Johann Sebastian (1685–1750), Fuge XI in F-Dur zu drei Stimmen, aus *Das Wohltemperierte Klavier* Teil 1, München (Henle) 1950.

Bartók, Béla (1881–1945), *Streichquartett IV* (1929), 1. Satz, Wien (Universal Edition) 1956.

Beethoven, Ludwig van (1770–1827), *Sonate Nr. 8 c-Moll* für Klavier *„Pathétique"* op. 13 (1798), Allegro di molto e con brio, München (Henle) 1952.

Beethoven, Ludwig van (1770–1827), Variation XXXII, aus *32 Variationen c-Moll* für Klavier WoO80 (1806), München (Henle) 1961.

Berg, Alban (1885–1935), *Lulu* (1935), Prolog, Wien (Universal Edition) Studienpartitur, 1985.

Boulez, Pierre (*1925), „l'artisanat furieux", aus *Le Marteau sans maître* (1952–1955), Wien (Universal Edition) 1954.

Brahms, Johannes (1833–1897), 1. Variation, aus *Variationen über ein Thema von Joseph Haydn* op. 56a (1873), Wiesbaden (Breitkopf und Härtel) 1989.

Carter, Elliot (*1908), „March", aus *Eight Pieces for Timpani* (1968), New York (Associated Music Publisher, Inc.) 1968.

Chin, Un-suk (*1961), Piano Etude No. 5 „Toccata", aus *12 Piano Etudes* (2003), New York u.a. (Boosey & Hawkes) 2003.

Denissow, Edison (1929–1996), *Oktett* für 2 Oboen, 2 Klarinetten, 2 Fagotte und 2 Hörner (1991), Hamburg (Sikorski) 1991.

Messiaen, Olivier (1908–1992), *Sept Haîkaî. Esquisses japonaises* für Klavier und Kammerorchester (1962), 2. Satz „Le parc de Nara et les lanternes de pierre", Paris (Leduc) 1962.

Schönberg, Arnold (1874–1951), *Fünf Stücke für Orchester* op. 16 (1922), 2. Stück „Vergangenes", New York u. a. (C. F. Peters) 1952.

Skrjabin, Alexander (1872–1915), *Sonate Nr. 7* op. 64 für Klavier (1912), Frankfurt (C.F. Peters) 1972.

Webern, Anton (1883–1945), 1. Stück, aus *Sechs Stücke* op. 6 (1909), Wien (Universal Edition) 1956.

Xenakis, Iannis (1922–2001), *Jonchaies pour grand orchestre* (1977), Paris (Salabert) 1977.

Verzeichnis der verwendeten und weiterführenden Literatur

Altenmüller, Eckart, „Hirnphysiologische Grundlagen des Übens", in: *Handbuch Üben*, hrsg. von Ulrich Mahlert, Wiesbaden (Breitkopf und Härtel) 2005, S. 47–66.

Bach, Carl Philipp Emmanuel, *Versuch über die wahre Art, das Clavier zu spielen I*, Berlin 1753 und 1762, Faksimile hrsg. von Lothar Hoffmann-Erbrecht, Wiesbaden (Breitkopf & Härtel) 1986.

Bartók, Béla, *Essays*, hrsg. von Benjamin Suchoff, Lincoln / London (University of Nebraska Press) 1976.

Berg, Alban, „Warum ist Schönbergs Musik so schwer verständlich?", in: *Musikblätter des Anbruchs* 6 (1924) (Sonderheft Arnold Schönberg zum 50. Geburtstag), S. 329–341 (auch in: ders., *Glaube, Hoffnung und Liebe. Schriften zur Musik*, hrsg. von Frank Schneider, Leipzig (Reclam) 1981, S. 205–220).

Besseler, Heinrich, *Das Musikalische Hören der Neuzeit*, Berlin (Akademie-Verlag) 1959.

Boulez, Pierre, *Werkstatt-Texte*, aus dem Französischen von Joseph Häusler, Berlin u.a. (Ullstein) 1972.

Carter, Elliot, „The Time Dimension in Music" (1965), in: *Elliott Carter: Collected Essays and Lectures, 1937–1995*, hrsg. von Jonathan W. Bernard, Rochester, New York (University of Rochester Press) 1997 S. 224–228.

Dahlhaus, Carl, „Was ist musikalischer Rhythmus?", in: *Probleme des musiktheoretischen Unterrichts*, Berlin (Merseburger) 1967, Bd. 7, S. 16–22.

Dürr, Walther / Gerstenberg, Walter, „Rhythmus, Metrum, Takt", in: *Die Musik in Geschichte und Gegenwart*, Bd. 11, hrsg. von Friedrich Blume, Kassel (Bärenreiter) 1963, S. 383–419.

Georgiades, Thrasybulos, *Musik und Rhythmus bei den Griechen*, Hamburg (Rowohlt) 1959.

Goldman, Richard Franko, „Review of Elliott Carter's Sonata for Violoncello and Piano", in: *Selected Essays and Reviews 1948–1968*, hrsg. von Dorothy Klotzman, Brooklyn, New York (ISAM) 1980, S. 69–74.

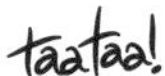

Harnoncourt, Nikolaus, „Zur Interpretation historischer Musik", in: *Musik als Klangrede*, Kassel (Bärenreiter) 1985.

Hauptmann, Moritz, *Die Natur der Harmonik und der Metrik. Zur Theorie der Musik*, Leipzig (Breitkopf & Härtel), 1853, Nachdruck Hildesheim (Olms) 2002.

Herrmann-Bengen, Irmgard, *Tempobezeichnungen* (Münchner Veröffentlichungen zur Musikgeschichte, Bd. 1), Tutzing (Schneider) 1959.

Kaiser, Ulrich, *Gehörbildung; Satzlehre, Improvisation, Höranalyse. Grundkurs,* Kassel (Bärenreiter) 2003, darin besonders „Rhythmus", S. 2–45.

Karkoschka, Erhard, *Das Schriftbild der Neuen Musik*, Celle (Moeck) 1966.

Koch, Heinrich Christoph, „Von dem Metrum oder Tactgewichte", in: *Versuch einer Anleitung zur Composition*, 3 Bde., Rudolstadt und Leipzig (Böhme) 1782–93, Nachdruck Hildesheim (Olms) 1969, S. 13–38.

Kubik, Gerhard, „Kreuzrhythmen", *Zum Verstehen afrikanischer Musik*, Wien (LIT Verlag) 2004.

Langner, Jörg, *Musikalischer Rhythmus und Oszillation* (Schriften zur Musikpsychologie und Musikästhetik 13), Wien (Lang) 2002.

Mattheson, Johann, *Der vollkommene Capellmeister*, Hamburg (Herold) 1739, Neuauflage hrsg. von Friederike Ramm, Kassel (Bärenreiter) 1999.

Messiaen, Olivier, *Traité de Rythme, de Couleur et d'Ornithologie* (1949–1992), 7 Bde., Paris (Leduc) 1994–2002.

Miehling, Klaus, *Das Tempo in der Musik von Barock und Vorklassik*, Wilhelmshaven (Florian Noetzel) 2003.

Perl, Helmut, *Rhythmische Phrasierung in der Musik des 18. Jahrhunderts*, Wilhelmshaven (Florian Noetzel) 1998.

Riemann, Hugo, *Musikalische Dynamik und Agogik. Lehrbuch der Musikalischen Phrasirung* [sic], Hamburg (Verlag D. Rahter) 1884.

Riemann, Hugo, *System der musikalischen Rhythmik und Metrik,* Leipzig (Breitkopf & Härtel) 1903.

Rötter, Günther, „Zeitabläufe und Zeitwahrnehmung in der Musik", in: *Rhythmus. Ein interdisziplinäres Handbuch*, hrsg. von Katherina Müller / Gisa Aschersleben, Bern u.a. (Huber) 2000, S. 111–132.

Scherchen, Hermann, *Lehrbuch des Dirigierens*, Mainz (Schott) 1929.

Scherliess, Volker, *Igor Stravinsky und seine Zeit*, Regensburg (Laaber) 1983.

Schmidt, Dörthe, „Formbildende Tendenzen der Musikalischen Zeit", in: *Jahrbuch des Staatlichen Instituts für Musikforschung Preußischer Kulturbesitz 1999*, hrsg. von Günther Wagner, Stuttgart (Metzler/Poeschel) 1999, S. 118–136.

Seidel, Wilhelm, *Über Rhythmustheorien der Neuzeit* (Neue Heidelberger Studien zur Musikwissenschaft, Bd. 7), Bern und München (Franke) 1975.

Stockhausen, Karlheinz, „Einheit der musikalischen Zeit", in: *Texte zur elektronischen und instrumentalen Musik,* Köln (DuMont Dokumente), 1963, Bd.1, S. 211–221.

Stockhausen, Karlheinz, „... wie die Zeit vergeht ...", in: *Texte zur elektronischen und instrumentalen Musik*, Köln (DuMont Dokumente) 1963, Bd.1, S. 99–139.

Strawinsky, Igor, *Musikalische Poetik*, Mainz (Schott) 1957.

Torrebruno, Leonida, *Rhythmusschulung. Elemente der Rhythmik, Isorhythmik und Polyrhythmik für den Musikstudenten und Laien*, Wien (Universal Edition) 1972.

Sulzer, Johann Georg / Schulz, Johann Abraham Peter / Kirnberger, Johann Philipp, *Allgemeine Theorie der Schönen Künste*, 4 Bde., 2. Aufl. Leipzig 1794, Nachdruck Hildesheim (Olms) 1967.

Winold, Allen, „Rhythm in Twentieth-Century Music", in: *Aspects of Twentieth-Century Music*, hrsg. von Richard DeLone / Gary E. Wittlich, Englewood Cliffs, New Jersey (Prentice-Hall) 1975, S. 208–269.

Zaminer, Frieder, „Rhythmus", in: *Riemann Musiklexikon*, Sachteil, hrsg. von Willibald Gurlitt / Hans Heinrich Eggebrecht, 12. Auflage Mainz (Schott)1967, S. 803–808, darin besonders „2. Das Prinzip des multiplikativen (und zugleich divisiven) Rhythmus".

Zaminer, Frieder, „Metrum", in: *Riemann Musiklexikon*, Sachteil, hrsg. von Willibald Gurlitt / Hans Heinrich Eggebrecht, 12. Auflage Mainz (Schott)1967, S. 568–570.

Stichwortverzeichnis

taataa!

taataa!